한눈에 보는
맥체인 요점정리

김홍양 지음

신교횃불

한눈에 보는 맥체인 요점정리

2025년 11월 25일 초판 1쇄 발행

지 은 이 김홍양
발 행 처 선교횃불
디 자 인 디자인이츠
등 록 일 1999년 9월 21일 제54호
등록주소 서울시 송파구 백제고분로 27길 12(삼전동)
전 화 (02) 2203-2739
팩 스 (02) 6455-2798
이 메 일 ccm2you@gmail.com
홈페이지 www.ccm2u.com

발간사

한 책의 사람이라 불려진 목회자 요한 웨슬리.
한 영혼을 위하여 성경을 읽도록 성경읽기표를 만든 목회자 로버트 맥체인.
오늘날 하나님은 성경을 통해 한 편의 설교를 전할 때 티가 없이 오직 복음과 성령의 역사가 나타나도록 외치는 말씀의 사자들을 찾고 계신다. 얼마나 잘 전하느냐보다 얼마나 바르고 정확하게 전하느냐에 관심을 갖고 끊임없이 찾고 계신다.

아주 오래 전부터 맥체인 성경읽기표를 수없이 성경책 속에 넣고 다녔다.
그리고 읽으면 볼펜으로 그 표에 사선으로 줄을 그었다.
그러던 1984년, 나는 감동이 물밀 듯 밀려와 서울신학대학교에 들어가 신학을 공부한 후 목사가 되었다. 그리고 교회를 개척한 후 38년 동안 목회를 하면서 2,000교회에 부흥회를 다니고 약 20,000여 편의 설교를 한 지금, 나는 60세 목회자가 되었다.

5년 전, 미국 오클라호마로 부흥회를 갔었다. 그리고 그 곳에서 거의 어떤 관광지도 가지 않은 채 두 주간을 맥체인성경만 읽게 되었다. 그 때 비로소 그 동안에 경험해 보지 못한 말씀의 세계가 열리기 시작했다. 왜, 이렇게 편집을 했는지.. 편집하기 위해 얼마나 수고가 많았는지..
그리고 그 동안 설교를 준비하면서 단면적인 사고에 갇혀 있었다는 사실을 알게 되었다. 하나님의 역사는 시대를 초월하고 공간을 초월하는 점을 다시 깨닫게 된 것이었다. 성경읽는 것이 너무 기쁜 일이었다. 생활이 바뀌었다. 날마다 새로운 음성을 듣는 감동이 있었다.

이제 모든 목회자들과 함께 맥체인성경의 통독과 정독의 구조 그리고 방법을 나누면서 새로운 감동을 나누고 싶다. 성경을 읽는 목회자, 성경 속에서 I.T 사회의 문제들과 코로나 엔데믹 시대의 각종 두려움들을 어떻게 답하고 위로해야 하는지 입체적으로 접근하여 답을 찾는 목회자가 되도록 돕고 싶다.
물론 편찬자가 부족하여 모든 것을 다 말할 수는 없다. 그렇지만 처음 맥체인성경을 대하는 목회자들에게 조금은 편안한 안내자는 될 수 있을 것 같아 이 책을 쓴다.
수없이 많은 교회성장의 방법론 속에 만신창이가 되고 번영신학의 한계에 빠진 한국교회에 말씀으로 돌아가는 목회자가 넘쳐남으로 제2의 종교개혁이 일어나는 한국교회가 되길 감히 꿈꿔본다.
이를 위하여 말씀에서 길을 찾고 기도로 힘을 얻으려 한다.

2025년 11월 김홍양

❖ 맥체인성경 2면4책 통일(연합)주제 및 말씀연결(Word Link) ❖

날짜	통일(연합)주제 / 말씀연결(Word Link)	
1/1	**시작 (始作, 어떤 일이나 행위를 처음으로 함)**	
	창1 / 만물의 창조시작	마1 / 예수의 탄생시작
	스1 / 성전의 건축시작	행1 / 교회의 태동시작
2	**선물 (膳物, 남에게 인사나 정을 나타내는 뜻으로 물건을 줌)**	
	창2 / 배필의 출현 선물	마2 / 박사의 경배 선물
	스2 / 백성의 귀환 선물	행2 / 성령의 강림 선물
3	**회복 (回復, 원래의 좋은 상태로 되돌리거나 원래의 상태를 되찾음)**	
	창3 / 원복음과 가죽옷으로 회복하심	마3 / 회개와 세례로 천국을 회복하심
	스3 / 제단과 제사로 관계를 회복하심	행3 / 은혜와 치유로 건강을 회복하심
4	**시험 (試驗, 사람이나 일이 잘못되도록 하기 위해 유혹하거나 힘들게 하는 것)**	
	창4 / 가인의 살인 시험	마4 / 마귀의 예수 시험
	스4 / 사마리아인들의 훼방 시험	행4 / 관리들의 위협 시험
5	**동행 (同行, 일정한 곳으로 길을 같이 가거나 오거나 함)**	
	창5 / 하나님과 동행하는 자	마5 / 예수와 함께하는 제자들
	스5 / 선지자와 함께하는 자들	행5 / 성령과 동행하는 성도
6	**주뜻 (하나님과 예수님의 생각과 마음과 견해)**	
	창6 / 방주를 만들라는 뜻	마6 / 주께 기도하라는 뜻
	스6 / 성전을 봉헌하라는 뜻	행6 / 일꾼을 세우라는 뜻
7	**사역 (事役, 하나님의 일 또는 하나님의 일을 행함)**	
	창7 / 구원의 방주에 거하라	마7 / 좁은문으로 들어가라
	스7 / 하나님의 율법을 준행하라	행7 / 복음 전하다가 순교하라
8	**감사 (感謝, 고마움을 표시하는 인사)**	
	창8 / 노아의 번제 감사	마8 / 백부장의 고백 감사
	스8 / 에스라의 금식기도 감사	행8 / 내시의 세례 감사
9	**변화 (變化, 사물의 모양이나 성질이 바뀌어 달라짐)**	
	창9-10 / 언약을 통한 새 환경	마9 / 치유를 통한 새 생활
	스9 / 회개를 통한 새 신앙	행9 / 체험을 통한 새 변화
10	**감찰 (監察, 하나님이 뜻에 따라 모든 인간의 행동을 감독하여 살핌)**	
	창11 / 인간의 마음을 살피시다	마10 / 제자의 위험을 살피시다
	스10 / 선민의 불법을 살피시다	행10 / 이방의 제자를 살피시다
11	**약속 (約束, 장래의 일을 상대방과 미리 정하여 어기지 않을 것을 다짐함)**	
	창12 / 하나님의 약속과 보호하심	마11 / 예수님의 약속과 돌보심
	느1 / 하나님의 약속과 회복하심	행11 / 성령님의 약속과 구원하심
12	**방향 (方向, 어떤 현상이나 의지가 일정한 목표를 향하여 나아가는 쪽)**	
	창13 / 다툼을 피하는 쪽으로 이주를 선택함	마12 / 영혼을 살리는 쪽으로 사고를바꿈
	느2 / 성을 세우는 쪽으로 관심을 돌림	행12 / 교회를 세우는 쪽으로 생활을 집중함
13	**세움**	
	창14 / 전쟁에서 영적 권위를 세움	마13 / 세상에서 영원한 천국을 세움
	느3 / 가난 중에 성벽을 세움	행13 / 이방에 보낼 선교사를 세움
14	**믿음**	
	창15 / 아브람이 하나님을 믿음	마14 / 제자들이 예수님을 믿음
	느4 / 훼방 중에도 성벽을 중수하는 믿음	행14 / 핍박 중에도 전파하는 믿음
15	**정돈 (整頓, 어지럽게 흩어진 것을 정리하여 바로 잡고 가지런히 함)**	
	창16 / 가정의 갈등을 정돈함	마15 / 장로의 전통을 정돈함
	느5 / 가난의 문제를 정돈함	행15 / 할례의 문제를 정돈함

날짜	통일(연합)주제 / 말씀연결(Word Link)	
16	**표적 (表迹, 겉으로 나타난 흔적 또는 현상)**	
	창17 / 언약의 표적으로 할례를 제정	마16 / 요나의 표적으로 교회를 세움
	느6 / 성벽중수가 임재의 표적이 됨	행16 / 사역열매가 임재의 표적이 됨
17	**탁월 (卓越, 남보다 두드러지게 뛰어남)**	
	창18 / 아브라함 중보기도의 탁월함	마17 / 베드로의 은혜결단의 탁월함
	느7 / 돌아온 자들의 헌신의 탁월함	행17 / 베뢰아인의 영적 자세의 탁월함
18	**개입 (介入, 하나님이 인간의 삶과 상황 속에 간섭하심)**	
	창19 / 롯을 구원하기 위해 개입하심	마18 / 죄를 용서하시위해 개입하심
	느8 / 은혜를 주시기위해 개입하심	행18 / 교회를 세우기 위해 개입하심
19	**간섭 (干涉, 하나님이 특정한 자의 일이나 상황에 섭리하심)**	
	창20 / 언약의 씨를 지키기 위해 간섭	마19 / 잘못된 가치관을 고치기 위해 간섭
	느9 / 선민의 죄를 인내의 성품으로 간섭	행19 / 바울을 향한 박해를 서기관을 통해 간섭
20	**응답 (應答, 부름이나 물음에 응하여 대답을 함)**	
	창21 / 사라와 하갈에게 하신 약속을 응답하심	마20 / 품꾼에게 약속하신 것을 응답하심
	느10 / 식물과 동물의 소산으로 응답하심	행20 / 말씀을 전할 때 기적으로 응답하심
21	**드림**	
	창22 / 아브라함이 이삭을 번제로 드림	마21 / 예수님이 자신을 속죄제물로 드림
	느11 / 주어진 성에 제비뽑아 자신을 거주케 함	행21 / 바울이 복음을 위하여 자신을 드림
22	**준비 (準備, 어떤 일에 필요한 물건을 미리 마련하여 갖춤)**	
	창23 / 아브라함이 사라의 무덤을 준비	마22 / 잔치에 청함을 받은 자가 예복을 준비
	느12 / 이스라엘의 사역자는 축제의 예배를 준비	행22 / 바울은 박해하는 유대인에게 복음을 준비
23	**기준 (基準, 기본이 되는 표준)**	
	창24 / 언약의 씨 이삭이 아내를 얻는 기준	마23 / 예수가 바리새인을 저주하는 기준
	느13 / 백성과 영적 사역자의 위치와 몫을 정하는 기준	행23 / 바울이 박해로부터 자신을 지키는 기준
24	**종말 (終末, 계속되어 온 일이나 현상 또는 세상의 마지막)**	
	창25 / 아브라함과 이스마엘의 개인종말	마24 / 이스라엘과 이방의 세상 끝 종말
	에1 / 왕후 와스디의 개인종말	행24 / 바울이 벨릭스에게 전한 재림종말
25	**지혜 (智慧, 사물의 이치나 상황을 제대로 깨닫고 그것에 현명하게 대처할 방도를 생각해 내는 정신의 능력)**	
	창26 / 시기와 다툼을 피하는 지혜	마25 / 예비하고 장사하며 돌아보는 지혜
	에2 / 모르드개와 에스더의 분별하는 지혜	행25 / 변명보다 가이사 재판을 요청하는 지혜
26	**계획 (計劃, 장차 행할 일에 내해 구체적인 절차나 방법, 규모 따위를 미리 헤아려 구상함)**	
	창27 / 축복기도를 받기 위한 야곱의 계획	마26 / 예수를 죽이기 위한 대제사장들의 계획
	에3 / 유대인을 몰살키 위한 하만의 계획	행26 / 변명을 통한 바울의 복음 계획
27	**보호 (保護, 위험이나 곤란 등이 미치지 않도록 잘 지키고 보살핌)**	
	창28 / 도망자 야곱과 함께하시며 보호하심	마27 / 예수가 사명을 다할 때까지 보호하심
	에4 / 사명자 에스더와 함께하시며 보호하심	행27 / 압송자 바울과 함께하시며 보호하심
28	**반전 (反轉, 일의 형세가 반대로 됨)**	
	창29 / 도망자가 가정을 이루는 행복의 반전	마28 / 십자가의 죽음을 이긴 부활의 반전
	에5 / 왕이 금 규를 내미는 사랑의 반전	행28 / 독사와 유대를 극복한 바울의 반전
29	**방법 (方法, 목적을 달성하기 위해 취하는 방식이나 수단)**	
	창30 / 자기의 수익을 얻기 위한 방법	막1 / 죄인이 속죄를 받을 수 있는 방법
	에6 / 은인을 복주기 위한 지혜로운 방법	롬1 / 바울이 로마인에게 복음을 전하는 방법
30	**해결 (解決, 어떤 문제나 사건 따위를 풀거나 잘 처리함)**	
	창31 / 야곱의 20년된 숙제가 하나님 안에서 해결됨	막2 / 중풍병자와 마태의 죄가 주 안에서 해결됨
	에7 / 하만의 음모가 잔치에서 공개됨으로 해결됨	롬2 / 율법과 할례의 문제가 믿음으로 해결됨
31	**씨름**	
	창32 / 야곱이 어떤 사람과 씨름하여 축복받음	막3 / 예수님이 반대자, 서기관들과 씨름하여 교훈을 남김
	에8 / 모르드개가 긴박한 상황과 씨름하여 민족을 구함	롬3 / 바울이 불신, 편견, 이견과 씨름하여 복음을 정립함

날짜	통일(연합)주제 / 말씀연결(Word Link)	
2 / 1	**승리 (勝利, 겨루거나 싸워서 이김)**	
	창33 / 야곱이 에서의 두려움에서 승리	막4 / 제자가 무지와 풍랑의 한계에서 승리
	에9 / 유다인들이 대적의 두려움에서 승리	롬4 / 믿는 자가 불가능의 상황에서 승리
2	**역경 (逆境, 일이 순조롭게 되지 않는 불행한 경우나 환경)**	
	창34 / 야곱과 디나가 겪은 수치스러운 역경	막5 / 귀신과 질병에 걸린 자들의 괴로운 역경
	욥1 / 경건한 욥이 사단의 시험을 당하는 역경	롬5 / 죄인을 살리기 위한 한 사람의 역경
3	**반복 (反復, 같은 일을 거듭해서 되풀이 함)**	
	창35 / 예배와 죽음의 반복	막6 / 가르침과 배척의 반복
	욥2 / 칭찬과 시험의 반복	롬6 / 은혜와 죄의 반복
4	**곤고 (困苦, 어렵고 고생스러움)**	
	창37 / 꿈을 꾼 요셉에게 닥친 곤고	막7 / 귀신들린 딸을 둔 여자의 곤고
	욥3 / 질병 속에 신음하는 욥의 곤고	롬7 / 선과 악이 공존하는 바울의 곤고
5	**역전 (逆轉, 일의 형세나 경기의 흐름이 반대 상황으로 뒤집힘)**	
	창38 / 변장을 통해 유다를 이긴 며느리 다말의 역전	막8 / 기적을 통해 연약한 자를 돌보신 예수의 역전
	욥4 / 평가를 통해 나를 더 돌아보게 되는 욥의 역전	롬8 / 성령을 통해 곤고함을 뛰어넘은 바울의 역전
6	**떠남**	
	창39 / 요셉이 달콤한 유혹과 시험으로부터 떠남	막9 / 예수와 제자가 악한 세상과 범죄로부터 떠남
	욥5 / 엘리바스가 벗의 이해와 공감으로부터 떠남	롬9 / 믿는 자는 주님의 진노와 심판으로부터 떠남
7	**알림**	
	창40 / 요셉이 꿈을 꾼 관원장들에게 해석을 알림	막10 / 주님이 찾아 온 자들에게 진리를 알림
	욥6 / 욥이 충고한 엘리바스에게 중심을 알림	롬10 / 바울이 이스라엘에게 복음전파 과정을 알림
8	**권위 (權威, 다른 사람을 통솔하여 이끄는 힘)**	
	창41 / 애굽을 통치하는 요셉의 권위	막11 / 만물을 통치하는 예수의 권위
	욥7 / 인생을 주관하시는 하나님의 권위	롬11 / 남은 자를 주관하시는 하나님의 권위
9	**생활 (生活, 생명이 있는 동안 살아서 경험하고 활동함)**	
	창42 / 어려운 일을 만났을 때 가족의 지혜로운 생활	막12 / 불신앙의 사회 속에서 성도가 지켜야 할 생활
	욥8 / 고통 중에 있는 욥을 향한 빌닷의 그릇된 생활	롬12 / 세상 속에서 살아가는 참 그리스도인의 생활
10	**결단 (決斷, 결정적인 판단을 하거나 단정을 내림)**	
	창43 / 베냐민을 내려놓아야 하는 이스라엘의 결단	막13 / 재림의 주를 기다리는 모든 성도의 결단
	욥9 / 전능자의 주권앞에 자신을 내려놓는 결단	롬13 / 임박한 구원을 알고 삶을 단정케 하는 결단
11	**헌신 (獻身, 어떤 일이나 남을 위해서 자신의 이해관계를 생각하지 않고 몸과 마음을 바쳐 있는 힘을 다함)**	
	창44 / 야곱에게 약속을 지키기 위한 유다의 헌신	막14 / 예수의 장례를 예비하는 한 여자의 헌신
	욥10 / 처절한 상황 중에 주님의 주권을 따르는 헌신	롬14 / 강한 자와 연약한 자가 비판하지 않는 헌신
12	**마침**	
	창45 / 야곱의 인생의 아픔이 요셉을 통해 마침	막15 / 예수의 대속의 고난이 십자가를 통해 마침
	욥11 / 친구를 통해 위로받지 못한 욥의 기대의 마침	롬15 / 교회의 하나됨을 위하여 이기심의 악을 마침
13	**새 삶**	
	창46 / 고센이란 낯선 곳에서 새 삶을 시작하는 야곱	마16 / 부활을 목격하고 새 삶을 시작하는 제자들
	욥12 / 소발의 충고를 듣고 신앙적 새 삶을 꿈꾸는 욥	롬16 / 바울로 인해 복음 안에서 새 삶을 사는 성도
14	**고생 (苦生, 어렵고 고된 일을 겪음)**	
	창47 / 험악한 인생을 살아온 147년의 야곱의 고생	눅1:1-38 / 흠없이 살아온 엘리사벳의 자식없음의 고생
	욥13 / 벗의 정죄와 하나님의 침묵에 대한 욥의 고생	고전1 / 교회 내의 파벌과 분쟁에 따른 바울의 고생
15	**미래 (未來, 앞으로 올 날이나 때)**	
	창48 / 축복안수를 받은 므낫세와 에브라임의 미래	눅1:39-80 / 사가랴와 엘리사벳의 아들 요한의 미래
	욥14 / 하나님의 침묵으로 욥이 느끼는 부정적 미래	고전2 / 주의 마음을 가진 자의 능력과 감추인 미래

날짜	통일(연합)주제 / 말씀연결(Word Link)	
16	**선포 (宣布, 세상에 널리 알림)**	
	창49 / 임종 즈음 12아들에게 축복을 선포하는 야곱	눅2 / 목자들에게 구주 예수 탄생을 선포하는 천사
	욥15 / 욥에게 자신의 가치관을 선포하는 엘리바스	고전3 / 성도에게 위치, 사역, 존재를 선포하는 바울
17	**행위 (行爲, 사람이 의지를 가지고 행하는 언행)**	
	창50 / 요셉은 덕스러운 행위로 평화를 이룸	눅3 / 죄인은 회개에 합당한 행위로 열매를 맺음
	욥16-17 / 욥은 정결이라는 행위로 신앙을 지킴	고전4 / 일꾼은 충성이라는 행위로 본을 보임
18	**권세 (權勢, 권력과 세력을 아울러 이르는 말)**	
	출1 / 영아살해 중 생명을 지키시는 하나님의 권세	눅4 / 마귀와 질병을 물리치시는 예수님의 권세
	욥18 / 빌닷이 악인 욥에게 설명하는 심판의 권세	고전5 / 교회 안에 있는 범죄한 형제를 치리하는 권세
19	**도움**	
	출2 / 영아살해 중에 모세를 살리는 세 여자의 도움	눅5 / 제자와 환자를변화시키는 예수님의 도움
	욥19 / 하나님만이 자신의 도움이라는 욥의 고백	고전6 / 성도 간에 도움이 되어야 함을 가르치는 바울
20	**견해 (見解, 사물이나 현상을 바라보는 생각이나 입장)**	
	출3 / 학대받는 이스라엘 자손에 대한 하나님의 견해	눅6 / 안식일과 생활태도에 대한 예수님의 견해
	욥20 / 고난당하는 자 욥에 대한 소발의 주관적 견해	고전7 / 결혼과 독신에 대한 바울의 신앙적 견해
21	**능력 (能力, 어떤 일을 해낼 수 있는 힘)**	
	출4 / 사명감당을 위해 주신 기적을 일으키는 능력	눅7 / 죽음을 생명으로 바꾸는 진실한 믿음의 능력
	욥21 / 포기하지 않고 견디며 설명하는 변론의 능력	고전8 / 약한 양심을 지켜주는 덕스러운 지식의 능력
22	**순종 (順從, 다른 사람이나 윗사람의 말과 의견을 순순히 따름)**	
	출5 / 모세와 아론이애굽왕 바로 앞에 나간 순종	눅8 / 광풍과 귀신과 죽음이 예수의 명령에 순종
	욥22 / 벗의 악평에도 침묵하시는 하나님에게 순종	고전9 / 모든 사람을 구원하기 위해 복음에 순종
23	**무지 (無知, 아는 것이나 지식이 없음)**	
	출6 / 하나님의 계획에 대한 이스라엘 자손과 바로의 무지	눅9 / 예수의 메시야되심에 대한 제자들과 헤롯의 무지
	욥23 / 하나님의 주권적인 다스리심에 대한 욥의 무지	고전10 / 하나님의 인도하심과 은혜에 대한 선민의 무지
24	**역사 (役事, 하나님이 일을 행하여 이룸)**	
	출7 / 바로 앞에서 기적을 행하게 하시는 하나님의 역사	눅10 / 70인에게 영적 권능의 사역을 주신 예수님의 역사
	욥24 / 종국에는 악인을 심판하시는 하나님의 역사	고전11 / 예법을 통해 교회 안에 질서를 세우는 바울의 역사
25	**은사 (恩賜, 하나님이 주시는 재능)**	
	출8 / 바로와 애굽에 재앙을 내린 모세의 초자연적인 은사	눅11 / 바리새인과 율법교사에게 화를 전하는 말씀의 은사
	욥25-26 / 빌닷의 선입견에도 하나님을 찬양하는 욥의 지적인 은사	고전12 / 한 성령이 각 지체에게 나눠주신 신령한 은사
26	**최후 (最後, 일이나 순서의 맨 끝)**	
	출9 / 계속되는 세 가지 재앙을 경험한 바로의 최후	눅12 / 물질과 세상을 쫓아가는 악한 자들의 최후
	욥27 / 하나님의 숨결과 온전함을 잃은 악인의 최후	고전13 / 사랑없는 말, 능력, 구제를 행한 자들의 최후
27	**차이 (差異, 서로 어긋나거나 다름)**	
	출10 / 하나님이 다스리시는 대상에 대한 은혜의 차이	눅13 / 생활 속의 사건에 대한 관점과 이해의 차이
	욥28 / 하나님과 자연법칙에 대해 깨닫는 지혜의 차이	고전14 / 교회에 덕을 세우기 위해 사용하는 은사의 차이
28	**생명 (生命, 유기체가 태어나서 죽을 때가지의 살아 있는 상태)**	
	출11-12:1-21 / 장자진멸 재앙 속에서 건진 이스라엘의 생명	눅14 / 자기 십자가를 지고 따른 제자들의 새 생명
	욥29 / 역경 속에서 신앙으로 이겨낸 욥의 참 생명	고전15 / 죽음을 통해 새롭게 얻게 되는 부활의 생명

날짜	통일(연합)주제 / 말씀연결(Word Link)	
3 / 1	**구원 (救援, 인류를 고통과 죄악과 죽음에서 구하는 일)**	
	출12:22-51 / 430년의 종살이로부터 건져 주시는 구원	눅15 / 세리와 죄인들과 탕자를 용서하시는 구원
	욥30 / 욥을 모든 것으로부터 버림받게 하신 후 정한 때에 구원	고전16 / 연보를 통해 바울과 다른 교회를 세워가는 구원
2	**대가 (代價, 어떤 일에 들인 노력이나 희생에 대해 받는 값)**	
	출13 / 구원받은 이스라엘 자손이 지불해야할 대가	눅16 / 청지기나 부자가 구원받기 위해 지불해야할 대가
	욥31 / 욥이 바른 신앙을 지키기 위해 지불한 대가	고후1 / 성도를 위해 사도와 제자가 지불해야할 대가
3	**동역 (同役, 하나님이 맡기신 일을 같이 함)**	
	출14 / 하나님은 이스라엘을 구원하기 위해 모세와 동역	눅17 / 용서와 믿음과 감사가 있는 자들과 동역
	욥32 / 하나님이 욥과 세 벗을 향해 젊은 엘리후와 동역	고후2 / 근심케 하는 자를 용서하고 사랑으로 동역
4	**찬양 (讚揚, 주의 위대함과 아름다움과 훌륭함 따위를 기리고 드높임)**	
	출15 / 하나님의 구원하심에 대한 모세와 미리암의 찬양	눅18 / 예수님의 사랑에 대한 과부와 아이와 맹인의 찬양
	욥33 / 범죄한 자가 은혜를 입어 치유된 후 반성하며 찬양	고후3 / 그리스도의 편지와 함께 큰 영광에 참여하는 바울의 찬양
5	**주심**	
	출16 / 하나님이 양식으로 만나와 메추라기를 주심	눅19 / 하나님이 각 사람에게 예수와 므나를 주심
	욥34 / 하나님이 이 세상에 정의와 은혜를 주심	고후4 / 하나님이 전파하는 자에게 복음과 직분을 주심
6	**불만 (不滿, 만족스럽지 않아 언짢거나 불쾌함)**	
	출17 / 물이 없음에 대한 이스라엘 자손들의 불만	눅20 / 예수의 비유에 대한 서기관들과 대제사장들의 불만
	욥35 / 욥의 주장에 대한 엘리후의 불만	고후5 / 육체의 한계 속에 있는 바울의 선한 불만
7	**지식 (知識, 교육, 경험, 또는 연구를 통해 얻은 체계화된 인식의 총체)**	
	출18 / 재판 앞에 나온 백성을 다스리는 지식	눅21 / 값진 헌금과 멸망의 때를 분별하는 지식
	욥36 / 하나님의 속성과 능력을 아는 지식	고후6 / 믿는 자의 자기이해와 성별하는 지식
8	**예비 (豫備, 필요한 때를 위해 미리 준비해 놓음)**	
	출19 / 이스라엘 자손이 성결함으로 여호와의 임재를 예비	눅22 / 제자들이 객실,성찬,기도로 예수님의 유월절을 예비
	욥37 / 하나님이 자연의 창조와 다스리심으로 질서를 예비	고후7 / 바울과 성도는 하나님의 일꾼으로서 거룩함으로 구원을 예비
9	**관계 (關係, 둘 또는 여러 대상이 서로 연결되어 얽혀 있음)**	
	출20 / 십계명을 통한 하나님과 이스라엘 백성의 관계	눅23 / 십자가의 예수와 선한 강도, 여자, 요셉의 관계
	욥38 / 창조주 하나님과 우주, 자연만물의 관계	고후8 / 연보를 통한 마게도냐교회와 바울의 관계
10	**자유 (自由, 남에게 구속을 받거나 무엇에 얽매이지 않고 자기 뜻에 따라 행동하는 것)**	
	출21 / 신분과 채무에 매였던 억압으로부터의 자유	눅24 / 죽음과 의심에 매였던 절망으로부터의 자유
	욥39 / 동물과 가축에게도 허락하신 생존의 자유	고후9 / 다른 이를 위해 정한대로 즐겨내는 연보의 자유
11	**지불 (支佛, 돈을 내어 줌)**	
	출22 / 피해를 입힌 자가 그 상응하는 대가를 지불	요1 / 허물과 죄로 물든 죄인의 죄값을 대신 지불
	욥40 / 하마를 위해 모든 것을 준비하시고 양식으로 지불	고후10 / 사도 바울은 고린도교회 앞에 진실한 사역을 지불
12	**지킴**	
	출23 / 하나님의 백성이 공평과 절기와 계명을 지킴	요2 / 예수님이 어머니의 부탁과 유월절을 지킴
	욥41 / 여호와가 모든 것을 창조하시고 주권으로 지킴	고후11 / 바울이 다른 복음으로부터 고린도교회를 지킴
13	**만남**	
	출24 / 모세가 말씀을 받기 위하여 하나님을 만남	요3 / 니고데모가 거듭남을 위하여 예수님을 만남
	욥42 / 욥이 참 회개와 축복을 위하여 여호와를 만남	고후12 / 바울이 연약함을 극복하기 위하여 기도 중 하나님을 만남
14	**제시 (提示, 글이나 말로 어떤 의사나 근거를 드러내 보이거나 가리킴)**	
	출25 / 하나님은 모세에게 임재 장소인 성소를 제시함	요4 / 예수님은 수가성 여자에게 생명의 복음을 제시함
	잠1 / 솔로몬이 백성을 향하여 지혜 와 명철을 제시함	고후13 / 바울이 고린도교회 죄에 대해 권징치 않기를 제시함
15	**이유 (理由, 어떤 일을 일어나게 하는 까닭이나 근거)**	
	출26 / 하나님이 모세에게 성막을 만들게 하신 이유	요5 / 예수님이 38년된 중풍병자를 고치신 이유
	잠2 / 솔로몬이 백성에게 지혜와 지식을 강조한 이유	갈1 / 바울이 갈리디아교회 성도에게 편지를 쓴 이유

날짜	통일(연합)주제 / 말씀연결(Word Link)	
	사명 (使命, 맡겨진 임무)	
16	출27 / 밤낮 성막의 등불을 보살피는 제사장들의 사명 잠3 / 주를 신뢰하고 인정하여 복된 삶을 살 아들의 사명	요6 / 생명의 떡으로 오신 구원자 예수님의 사명 갈2 / 유대인과 헬라인에게 복음을 전한 두 사도의 사명
	단절 (斷絶, 어떤 대상과의 관계나 교류 등을 끊어 버리거나 피함)	
17	출28 / 여호와께 성결하기 위해 거룩한 옷을 입어 속된 것으로부터 단절 잠4 / 의인의 복된 삶을 살기 위해 악한 마음과 굽은 말로부터 단절	요7 / 사명을 감당하기 위해 때가 이를 때까지 위험으로부터 단절 갈3 / 믿음으로 얻은 구원과 성령을 지키기 위해 율법으로부터의 단절
	위임 (委任, 어떤 일을 다른 사람에게 맡김)	
18	출29 / 아론과 아들들이 거룩한 제사장의 직분을 위임받음 잠5 / 다음세대가 자기 자신 및 삶의 돌봄을 위임받음	요8 / 예수님이 하나님에게 구원자의 사명을 위임받음 갈4 / 성도가 아빠 아버지에게 아들의 유업을 위임받음
	구별 (區別, 어떤 것과 다른 것을 차이에 따라 나눔)	
19	출30 / 하나님 앞에서 거룩한 것과 속된 것을 구별 잠6 / 법을 지키는 자와 거역하는 자를 구별	요9 / 예수를 믿는 자와 믿지 않는 자를 구별 갈5 / 율법을 따르는 자와 성령을 따르는 자를 구별
	판단 (判斷, 일정한 논리나 기준에 따라 사물의 가치와 관계를 결정함)	
20	출31 / 성구를 잘 만들기 위해 명령하신 바를 정확히 판단함 잠7 / 젊은이가 미래를 위해 단호하게 성적 유혹을 판단함	요10 / 예수의 아들 됨을 믿기 위해 그의 한 일을 옳게 판단함 갈6 / 형제의 범죄를 보고 자신을 향한 시험과 유혹을 판단함
	축복 (祝福, 하나님이 복을 내림)	
21	출32 / 우상숭배한 백성을 진멸치 않고 용서하신 축복 잠8 / 지혜와 명철을 얻고 행할 때 얻는 놀라운 축복	요11 / 병으로 죽은 나사로를 다시 살리신 재생의 축복 엡1 / 예정하사 그리스도 안에서 아들이 되게 하신 축복
	자세 (姿勢, 사물이나 현상에 대해 가지는 마음가짐이나 태도)	
22	출33 / 하나님과 동행하기 위해 옛 생활을 버리는 자세 잠9 / 지혜를 얻기 위해 거만과 어리석음을 버리는 자세	요12 / 예수를 믿은 자들이 모든 것으로 헌신하는 자세 엡2 / 은혜로 구원을 받은 자들이 성전 되어가는 자세
	부탁 (付託, 어떤 일을 해 달라고 당부하거나 맡김)	
23	출34 / 철저한 우상숭배의 금지와 절기 지킴을 부탁 잠10 / 재물과 장수의 복을 받도록 의인의 언행을 부탁	요13 / 섬김을 통해 서로 사랑하라는 새 계명 지킴을 부탁 엡3 / 예수 사랑의 너비 길이 높이 깊이를 깨닫기를 부탁
	성령 (聖靈, 성부, 성자와 함께 성삼위의 한 분)	
24	출35 / 하나님의 영에 감동된 자가 자원하여 드리고 정교하게 만듬 잠11 / 여호와의 신을 경외하는 자가 정직 성실 공의롭게 행동함	요14 / 보혜사 성령을 받은 자가 주의 일도 하고 보다 더 큰 일도 함 엡4 / 성령으로 하나되어 한 몸으로 세워져가는 새사람을 입음
	풍성 (豊盛, 넉넉하고 많음)	
25	출36 / 회막과 성소를 위해 자원하여 드린 예물의 풍성함 잠12 / 훈계 지혜 성실 참음 진실로 맺는 열매의 풍성함	요15 / 포도나무이신 예수에 붙어 맺는 열매의 풍성함 엡5 / 주의 사랑과 성령의 충만함으로 맺는 열매의 풍성함
	연결 (連結, 어떤 대상을 다른 대상과 서로 이어서 맺음)	
26	출37 / 성소 등잔대의 꽃받침과 가지들과 줄기가 연결 잠13 / 의인의 삶이 형통과, 죄인의 삶이 패망과 연결	요16 / 승천하신 예수와 강림하신 성령이 사역으로 연결 엡6 / 부모와 자녀, 상전과 종, 예수와 성도가 도리로 연결
	감당 (堪當, 어떤 일이나 사실을 견디어 내거나 받아들임)	
27	출38 / 성막 성소에 제반 기구와 비용을 온전히 자원함으로 감당 잠14 / 여호와를 경외하고 복을 받기 위하여 감정과 수고를 감당	요17 / 맡은 일을 이루신 예수의 소망인 하나됨을 제자들이 감당 빌1 / 바울과 빌립보교회가 복음을 위하여 협력과 고난을 감당
	성결 (聖潔, 천박하고 속된 것이 없이 거룩하고 깨끗함)	
28	출39 / 아론과 아들들 제사장의 거룩한 직분과 성결 잠15 / 대답 말 혀 입술을 다스리는 의인의 성결	요18 / 빌라도의 심문 후 무죄선언과 예수의 성결 빌2 / 예수의 마음을 닮은 빌립보성도의 흠없는 삶의 성결
	달성 (達成, 뜻한 바를 이루어 목적에 다다름)	
29	출40 / 하나님이 명령하신 성막제작의 모든 작업을 달성 잠16 / 응답 감찰 인도 작정하시는 하나님의 뜻과 기준을 달성	요19 / 하나님이 주신 대속의 사명을 십자가 위에서 달성 빌3 / 가장 고상한 예수 그리스도의 사명을 달려감으로 달성
	오름 (미숙한 곳에서 성숙한 곳으로, 땅에서 하늘로 올라감)	
30	레1 / 가축의 번제가 여호와께 향기로운 냄새로 오름 잠17 / 주를 향한 자가 연단과 참음을 통해 지혜에 오름	요20 / 부활의 주님이 성령을 주시고 하나님께로 오름 빌4 / 주 안에서 자족함을 배움으로 모든 것을 행할 능력에 오름
	화목 (和睦, 서로 뜻이 맞아 바른 관계로 정다움)	
31	레2-3 / 소제와 화목제를 드림으로 하나님과 화목 잠18 / 관계의 소중함을 알고 바른 말을 함으로 화목	요21 / 예수님의 찾아오심과 질문으로 제자와 화목 골1 / 예수와 바울의 고난으로 골로새성도가 하나님과 화목

1월 01 January

시작

창1 / 마1 / 스1 / 행1

● 창세기 1장 만물의 창조시작

구약성경 각 책에는 본래 이름이 없었다. 각각의 책 첫머리에 나오는 단어를 따서 그 책의 이름으로 사용하였다. 본서의 이름도 창세기의 첫 단어인 '빼레쉬트'(태초, 시작, 기원)를 그대로 사용하였다. 이것이 헬라어로 Genesio, 영어로 Genesis, 한글성경에는 창세기로 번역하였다.

핵심 내용으로는 모든 만물의 창조주는 하나님이시며, 보이지 않는 하나님의 영광을 표현하기 위하여 당신의 형상으로 사람을 창조하셨다. 사람은 사탄의 유혹으로 인해 선악과를 먹고 하나님의 생명에서 끊어졌으나 사람을 구원하기 위한 구속의 역사가 끊이지 않고 이어지고 있는 것을 보여주고 있다. 우주만물의 창조, 인간의 타락, 죄, 국가, 문명의 기원을 밝히고 있으며. 예수 그리스도를 통한 하나님의 영원한 구속계획이 제시되고 있다.

✚ 묵상 : 왜 둘째날에는 보시기에 좋았더라는 말씀이 없을까요?(창1:6~8)
왜 사람이 마지막 번째로 창조되었을까요?(창1:26~29,31)

● 마태복음 1장 예수의 탄생시작

하나님께서 유대인의 족보를 얼마나 질서정연하게 기록하시는지를 충분히 알지 않고서는 이 장의 첫 부분을 읽을 수 없다. 그리스도께서는 요셉의 후손에게서 세우심을 받았다. 그리스도가 태어나는 대목에서 '낳다'라는 말이 사용되지 않는 점을 주목해야 한다.

특히 신약성경의 첫 번째 책인 마태복음 첫 장 초두의 아브라함과 다윗의 자손 예수 그리스도의 계보는 구약성경이 예언하고 기다리던 메시야가 도래했음을 선포한다. 특히 1장은 만왕의 왕 되신 예수그리스도의 출현에 대한 기사이다. 신약의 첫 책인 본서는 예수께서 누구의 가문을 통해 세상에 왔는지를 보여주는 족보와 그분의 탄생에 대해 기록하고 있다.

✚ 묵상 : 왜 예수님의 족보에 품행이 좋지 못한 여자 네 명이 등장하는 것일까요?(마1:3,5~6)
예수님이 성령으로 잉태되셨다는 사실은 무엇을 뜻하나요?(마1:18,20~21,23)

통일 주제 시작(始作, 어떤 일이나 행위를 처음으로 함)

연합 내용 하나님은 만물을 창조하신 후 사람에게 맡기시고, 교제하시기 위하여 구약에서는 성전 중심으로, 신약에서는 예수 안에서 교회 중심으로 모이게 하셨다.

● 에스라 1장 성전의 건축시작

바사왕 고레스의 제위 기간은 주전 550-530년이다. 하나님은 이사야를 통해 고레스를 "내 목자…"(사 44:28)라고 예언하셨다. 하나님의 강권적인 섭리 덕분에 고레스가 포로들의 본국 귀환을 허용하는 조서를 내렸다. 일찍이 하나님은 이스라엘을 선택하셨지만 그들이 계속해서 언약을 거스르자 그들을 징계하셨다. 하지만 이제 남은 자를 회복시키심으로 다윗 가문을 영구히 보존하겠다고 하신 언약(삼하 7:16)을 성취하신 것이다.

✚ 묵상 : 어떻게 이방 바사왕 고레스가 하나님의 감동을 받을 수 있을까요?(스1:1~3)
성전을 건축하기 위해 준비된 두 종류의 성물은 무엇일까요?(스1:4~7)

● 사도행전 1장 교회의 태동시작

성령 강림의 약속과 그 준비에 대한 메시지는 전 세계의 교회 설립의 준비라고 할 수도 있다. 그러므로 그만큼 사도행전 1장의 내용은 성령 충만에 대한 전제 조건적으로 주를 믿는 그리스도인 각자와 주의 몸된 교회에 중대한 교훈을 준다.

사도행전 1장은 누가의 첫 책인 누가복음과의 연결성을 확인 시켜주고(1-5절), 예수가 친히 명한 선교 명령(6-11절)과 약속한 성령을 기다리며 기도에 힘쓴 초대 교회 성도들의 모습(12-14절), 가룟 유다를 대신할 사도를 택한 내용(15-16절)이 소개되고 있다.

✚ 묵상 : 부활의 주님의 관심과 제자들의 관심은 어떻게 다를까요?(행1:4~8)
마가다락방에 모인 사람들은 오로지 어떤 기도에 힘썼을까요?(행1:4~5,14~15)

기 도

- 지난해의 아쉬움으로 좌절하지 않고 말씀 의지하여 다시 시작하겠습니다.
- 시작함에 있어서 모든 시작은 하나님의 섭리(손)에 달려 있다는 것을 기억하겠습니다.
- 그렇지만 나의 준비가 요구됩니다. 성령을 의지하고, 오로지 기도하며, 부활의 증인된 삶을 살아가겠습니다.

1월 02 January 선물

창2 / 마2 / 스2 / 행2

● 창세기 2장 배필의 출현 선물

천지 창조 중 최대 관심사는 하나님의 형상을 닮은 인간이었다. 하나님은 영육을 가진 인간에게 만물의 영장이라는 권한을 주셨고, 그분의 정원 에덴에 거하게 하셨으며 또 그분과 인격적 교제를 나누게 하셨다. 인간은 본질적으로 하나님과 더불어 살아야 하는 존재로서 그분을 떠나서는 살 수가 없다(요 15:1-9).

제2장의 창조의 사역은 만물의 영장인 인간 창조와 직접 관련된 부가적 물질 창조 역사의 기록이다. 창세기 2장에 나타난 인간 창조는 1장 26절에 나타난 창조와는 구별된다. 1장을 하나님의 영상(靈像)을 창조함을 강조한 것이라면, 2장에서 창조한 인간은 육신에 속한 부분을 창조함을 강조하고 있다. 창조주는 1장에서는 엘로힘 즉 '능력의 하나님'으로 일컬어졌으나, 2장에는 여호와 하나님 곧 '언약과 완전의 하나님'으로 표현하고 있다. 이것은 모든 만물의 창조 사역을 완성하시는 것과 관계된다. 하나님께서는 영혼과 육신을 소유한 인간을 완전하게 창조하시고, 그들이 거할 장소까지 특정하여 주셨으며, 그들이 무엇을 먹어야 할 것까지 지정하여 주셨다.

✚ 묵상 : 하나님이 사람에게 주신 생기와 계명은 어떤 관계를 가지고 있을까요?(창2:7,17)
하나님이 사람에게 주신 돕는 배필은 어떤 존재일까요?(창2:20~23)

● 마태복음 2장 박사의 경배 선물

본장은 예수 탄생 이후의 사건을 기록하고 있다. 이 부분은 기록에 의하면 맨 먼저 예수께 경배하러 온 자들은 동방 박사들인데, 이방인을 대상으로 하는 누가복음에는 목자들이 먼저 경배하러 왔다고 기록되어 있다. 이 두 기사를 종합해 볼 때 목자들이 먼저 도착하고, 후에 박사들이 도착한 것 같다. 이 같은 사실에는 예수께서 자기 백성에게서는 처음부터 배척받으셨으나, 이방인들로부터는 존경을 받았다는 점이 암시 되어 있다.

✚ 묵상 : 믿는 자에게 있어서 꿈은 어떤 의미가 있을까요?(마2:12~13,19,22~23)
예수님 중심으로 사는 사람에게는 어떤 은혜가 있을까요?(마2:2,9~12)

통일 주제 선물 (膳物, 남에게 인사나 정을 나타내는 뜻으로 물건을 줌)

연합 내용 하나님은 아담에게는 배필을 선물로, 박사를 통해 아기예수에게는 황금과 유향과 몰약을 선물로, 스룹바벨에게는 함께 돌아와 성전을 건축할 백성을 선물로, 교회에는 성령을 선물로 주셨다.

에스라 2장 백성의 귀환 선물

바벨론에서 예루살렘으로 돌아온 제1차 포로 귀환이 역사적 사건임을 증거해 준다. 한편 이 명단은 느 7장의 명단과 거의 같다. 그러나 귀환민들의 종족과 계보가 중요하게 다루어진 점은 유다 혈통의 순수성과 유다 왕국의 정통성, 제사장과 레위인들의 직분의 거룩함을 강조하는 기자의 관점을 드러내고 있다.

✚ 묵상 : 왜 돌아온 자들의 이름과 인원과 역할을 자세히 기록했을까요?(스2:1~58)
성전을 건축할 예물을 기쁘게 드릴 수 있는 힘은 어디에서 왔을까요?(스2:68~69)

사도행전 2장 성령의 강림 선물

"오순절"은 '오십 번째'라는 뜻으로 칠칠절(출 34:22, 23) 또는 맥추절(출 23:16)이라고 하며, 유월절 이후 50일째 되는 날로 5월 또는 6월에 지키도록 되어 있었다(레 23:15-22). 이 날은 온 나라가 매년 예루살렘에 모여야 하는 세 번의 절기 가운데 하나였다.

주께서는 부활하시고 승천하신 후 제자들에게 나타나셔서 "성령을 받으라."(요 20:22)라고 하시고, 또한 성령께서 보혜사로 오시면 그가 어떻게 사역하실 것까지 모두 다 말씀 하셨다(요 14:26; 15:26; 16:7-14).

예수께서 약속하셨던 성령이 마침내 강림하신 사건(1-13절), 성령을 체험한 제자들의 신령한 반응을 보고 놀란 오순절 순례자들에게 베드로가 설교하여 일어난 대회개사건(14-41절), 성령의 충만함을 입은 초대 교회의 나눔과 교제(42-47절) 등이 소개 되고 있다.

✚ 묵상 : 왜 성령님은 오순절에 임하셨을까요?(행2:1~4)
왜 120명의 성도들은 모두 방언을 했을까요?(행2:4~11)

기 도

- 무너지고 넘어져도 하나님은 하나님 나라 씨에게 새로운 시작을 주십니다.
- 새로운 시작에 오직 '믿음으로 반응'하겠습니다.
- 성령과 기도로 시작합니다.

1월 03 January 회복

창3 / 마3 / 스3 / 행3

● 창세기 3장 원복음과 가죽옷으로 회복하심

창세기는 하나님의 목적을 기록한 책이며, 요한계시록은 그 목적의 성취의 책이다. 본장에서는 대적 마귀가 어떻게 세상에 들어왔으며, 요한계시록은 사탄의 종말이 어떻게 될 것인가를 보여주고 있다(계 12: 9). 창세기 2장에서 동산을 보고 요한계시록 21장과 22장에서 성(城)을 본다. 그리고 창세기에서 뱀을 보고 계시록에서 마귀를 본다. 창세기에서 여인을 유혹한 것을 보며 계시록에서는 불 못에 던지어짐을 본다(계 20:10). 창세기 3장에서 타락을 보고, 계시록 21,22장에서 회복을 본다.

✚ 묵상 : 타락하기 전 사람에게 어떤 약점이 있었을까요?(창3:1~6)
선악을 알게 하는 나무의 열매와 동산에 있는 모든 나무의 열매와의 공통점은 무엇일까요?(창3:3:6, 창2:9 참고)

● 마태복음 3장 회개와 세례로 천국을 회복하심

본장에서는 30년의 세월을 뛰어넘어 예수께서 공생애 사역을 시작하기 직전 세례 요한의 출현은 메시야의 앞길을 예비하고 있는 사역이다(막 1:18; 눅 3:1-18; 요 1:15-34). 그런데 누가와 달리 마태가 세례 요한의 출생과 배경(눅 1:5-25, 39-45, 57-80)에 대해서 전혀 언급하고 있지 않은 까닭은 당시 사람들이 이에 대해 이미 잘 알고 있기 때문인 듯 하다.

✚ 묵상 : 세례요한과 예수님은 어떤 관계일까요?(마3:11,13~15)
세례를 받는 자에게는 어떤 놀라운 일이 일어날까요?(마3:16~17)

기 도

- 죄 가운데 있습니까?
- 회개함으로 십자가의 은혜 앞으로 나아가십시오.
- 하나님 앞에 용서받지 못할 죄는 없습니다. 회복케 하시는 하나님을 찬양합니다.

통일 주제 회복(回復, 원래의 좋은 상태로 되돌리거나 원래의 상태를 되찾음)

연합 내용 하나님은 벌거벗은 사람에게 가죽옷을 입혀 회복시키고 세례를 통해 용서하신 후 회복을, 그리고 제단에서 예배를 온전히 드리게 함으로 영육간에 치유와 회복을 받게 하신다.

● 에스라 3장 제단과 제사로 관계를 회복하심

제1차 포로 귀환자들이 마침내 예루살렘으로 귀환한 약 3개월 후에 유대인들은 제단을 쌓아 초막절을 지키고 이후 날마다 하나님께 번제를 드렸다. 그리고 다음 해 2월에 성전 재건 작업에 착수하여 지대를 놓았다. 한편 그들에게 있어서 하나님과의 관계 정상화보다 더 시급한 일은 없었던 것이다.

✚ 묵상 : 돌아온 이스라엘 자손이 성전제단을 쌓을 때 두려워했던 것은 무엇일까요?(스3:2~3)
왜 이스라엘 자손이 성전기초를 놓고 대성통곡도 하고 함성을 지르며 기뻐하기도 했을까요?(스3:10~13)

● 사도행전 3장 은혜와 치유로 건강을 회복하심

본서의 1, 2장에서는 그리스도의 교회와 사도들 및 새로 입교한 신도들이 거의 반대 당하거나 박해에 직면하지 않았다. 그러나 전도활동이 시작되자 상황이 달라진다. 우선 베드로와 요한이 나면서 못 걷게 된 사람을 걷게 하고, 그 일에 놀라 모여든 군중에게 일장 오순절 설교를 하자 5,000명의 신입교인이 더하여졌다. 이러한 무시할 수 없는 예루살렘교회의 부흥과 전도활동을 교권주의자들이 무심하게 볼 이유가 없다.

그러므로 본격적 전도활동은 필연적으로 기독교의 박해가 직면하는 결과를 가져오고 그 박해 행위는 스데반 집사의 순교를 가져왔으며, 순교의 피는 복음 전도의 원동력이 되어 도리어 하나의 교회가 무수한 세계 교회를 낳는 결과를 가져오게 한 동기가 된 것이다.

3장에서 7장까지는 성령 강림 후 초대 교회가 마침내 예수의 명령(1:8)을 따라 예루살렘 선교를 시작하는 장면이 나온다. 그 중 3장은 베드로와 요한이 걷지 못하는 이를 고친 이적(1-10절)과 생명의 주 예수를 증언하면서(11-18절) 회개하고 죄사함을 받으라는 베드로의 설교(19-26절)를 소개하고 있다.

✚ 묵상 : 앉은뱅이가 일어날 수 있었던 것은 무엇 때문일까요?(행3:6~7)
베드로가 예수를 담대히 전하고 기적을 행할 수 있었던 것은 무엇 때문일까요?(행3:12~16)

1월 04 January 시험

창4 / 마4 / 스4 / 행4

● 창세기 4장 가인의 살인 시험

아담 이후 인류는 타락했다. 그들은 하나님으로부터 추방되고, 하나님과 단절된 생활을 한 것으로 보여 진다. 그러나 하나님은 그에게 가정의 희락과 기쁨을 허락하셨다. 아내를 사랑하고 자녀를 사랑하며, 형제를 사랑함에서 구체적(救滯的)인 하나님의 사랑을 발견할 수 있다. 이러한 사랑이 존재하는 한 인류는 구원의 희망이 있다. 그 희망은 가정이요 그 소망은 자손들이다. 가정과 형제자매에게 사랑이 넘칠 때 그곳은 행복의 샘을 소유한 낙원이 될 것이다.

하와는 두 아들을 낳아 하나님 앞에 감사와 은혜의 노래를 불렀을 것이다. 여호와로 말미암았다는 것은 곧 여호와의 선물이란 것이다. 두 아들의 성장이 각기 다른 것처럼 그들의 신앙도 달랐다. 가인은 농업을, 아벨은 목축을 하였다. 그러므로 그들의 생업도 달랐다. 농업도 신성하고 목축도 신성한 직업이다. 그들은 노동을 맛봄으로 신성한 땀의 대가를 얻었다. 그 대가에 대한 감정은 하나님의 경배와 직결되었다. 가인은 곡식으로, 아벨은 가축으로 제사를 드렸다. 그러나 그 제사의 결과는 다른 결과를 초래하였다. 하나님은 아벨의 제물은 받으시고, 가인의 제물을 거절하였다.

✚ 묵상 : 가인은 살인 후 유리하는 자가 되었을 때에 누가 자신을 죽일까 두려워하였나요?(창4:8,12~14)
가인의 자손은 어떤 문화를 이루며 살아갔으며 우리와 어떤 관계를 갖을까요?(창4:19~22)

● 마태복음 4장 마귀의 예수 시험

예수께서 공생애에 들어가시기에 앞서 사탄에게 시험 받으신 데 대한 기사이다(막 1:12, 13; 눅 4:1-13). 성령의 지혜와 능력으로 시험을 통과한 예수께서는 선지자 이사야에게 예언한 하나님의 말씀을 이루기 위해 나사렛을 떠나 스불론과 납달리 지경 해변 가버나움으로 가신다. 이때로부터 예수께서는 죄로부터 회개와 천국복음을 전파하신다. 하나님은 결코 시험하는 분이 아니지만(약 1:13), 욥기에서 그렇듯 여기서도 하나님은 사탄의 시험까지 사용해 자신의 주권적인 목적을 이루신다. 그리스도는 철저하게 시험을 받으셨다(히 4:15; 요일 2:16). 사탄은 '육신의 정욕'(2, 3절), '안목의 정욕'(8, 9절), '이생의 자랑'(5, 6절)으로 그리스도를 유혹했다.

✚ 묵상 : 예수님이 성령에 이끌리어 시험을 받으러 가셨다는 말씀의 뜻은 무엇일까요?(마4:1~2)
마귀의 시험을 이긴 자에게는 어떤 능력과 어떤 삶이 펼쳐질까요?(마4:11)

통일 주제 시험(試驗, 사람이나 일이 잘못되도록 하기 위해 유혹하거나 힘들게 하는 것)

연합 내용 마귀는 가인과 예수, 사마리아인들과 관리들을 시험하여 하나님의 뜻을 거역케 한다. 언제든지 하나님의 사람을 시험할 뿐만이 아니라 하나님의 일을 훼방한다.

● 에스라 4장 사마리아인들의 훼방 시험

본문은 예루살렘 성전 재건과 성벽 복구 사업을 방해한 자들이 있었음을 보여 준다. 성전 건축을 방해한 자들은 사마리아인 들이었다. 스룹바벨과 예수아가 그들의 성전 재건 동참의사를 거절하자 방해 공작을 편 것이다. 백성의 지도자가 사마리아인들의 참여를 거절한 이유는 종교적 혼합주의 사상을 막기 위해서였다.

✚ 묵상 : 왜 스룹바벨이 성전건축에 동참하려는 사마리아인들을 거부했을까요?(스4:1~6)
고레스왕과 아닥사스다왕의 차이점은 무엇일까요?(스4:17~24)

● 사도행전 4장 관리들의 위협 시험

본장에서는 베드로와 요한의 수감을 살펴보게 된다. 사도들로 말미암아 많은 기사와 표적이 나타났다(2:43). 그 가운데서도 특기할만한 점은 나면서 걷지 못한 사람을 베드로와 요한이 낫게함으로 예루살렘 성전에 큰 소동이 벌어졌고, 그것을 선용하여 베드로가 일장 전도 설교를 은혜롭게 하자 누구나 상상할 수 있는 대로 엄청난 결과를 가져온다.

성령 강림 후 사도들의 복음 전파 사역이 본격화 되는 것과 동시에 기존 종교 세력(유대교)의 적대감이 고조 되고 있다. 그러한 상황하에서 베드로와 요한이 투옥(1-4절) 되고, 그럼에도 제자들이 담대히 그리스도를 증언한 일(5-14절), 베드로와 요한이 산헤드린의 침묵 명령을 거부한 일(15-22절), 교회가 합심하여 기도에 힘쓴 일(23-31절), 성도들의 교재와 구제 활동(32-37절) 등을 다루고 있다.

✚ 묵상 : 베드로의 대상을 초월한 선포는 어떤 결과를 가져왔을까요?(행4:4,5~14)
예루살렘 초대교회가 크게 부흥할 수 있었던 요인은 무엇일까요?(행4:18~20)

기 도

- 예수 그리스도를 왕으로 받아들이는가?
- 죄에 대해서는 철저히 거절하고 있는가?
- 예수는 받아들이고 죄는 거절(피 흘리기까지 싸우는)하는 용기 있는 삶을 선택하십시오.

1월 05 January 동행

창5 / 마5 / 스5 / 행5

● 창세기 5장 하나님과 동행하는 자

창조에서 대홍수에 이르기까지 세계의 초기에 관한 역사로서 현존하며 이러한 근거 있는 역사의 기록이다. 여기에 나오는 족장들의 이름을 쉽사리 계산하기는 어려우나 노아를 낳기까지의 1,656년만의 역사가 들어 있다. '다윗 자손의 족보'란 말로부터 시작한 요지는 모두 '그루터기의 거룩한 씨'(사 6:13)의 후손들이다. 육신으로 말하면 그리스도의 조상이라 할 수 있다(눅 3:36-38; 롬 9:5). 어떤 족보를 보든지 '끝없는 족보'(딤전 1:4)임을 알 수 있으나 결코 족보가 무의미한 것만은 아니다. 모세는 그의 기도에서 "우리에게 날 계수함을 가르치사 지혜의 마음을 얻게 하소서"(시 90:12)라고 하였다. 우리는 대홍수 이전에 5명의 족장, 즉 셋, 에노스, 게난, 마할랄렐 및 야렛에 관한 기록을 보면서 그들의 경건하고 신중한 신앙을 볼 수 있다. 그리고 아담의 후손인 에녹과 노아를 보면서 그의 덕망과 신앙에 치하를 보낸다.

✚ 묵상 : 에녹시대의 사람들이 장수할 수 있었던 것은 무엇 때문일까요?(창5:18~27)
하나님과 동행하는 사람들의 특징은 무엇일까요?(창5:21~24)

● 마태복음 5장 예수와 함께하는 제자들

널리 알려진 감람산에서의 설교, 즉 산상 설교의 내용으로 1-16절은 팔복으로, 산상 설교 전체의 주제를 요약하고 있을 뿐 아니라 천국 시민의 윤리 강령이라고 할 수 있다. 여기서 주님은 천국 시민의 요건과 그에 대한 상급을 약속하고 있다. 이어 모세 율법의 몇 가지 특징적인 규례들(살인, 간음, 이혼, 맹세 등)이 언급되며, 이에 대한 주님의 새로운 해석과 명령이 제시되고 있다. 우리는 여기서 구약 율법을 철폐하지 않으면서도(율법의 연속성) 율법의 완성자로서의 주님의 모습을 발견할 수 있다.

✚ 묵상 : 예수님이 제자들에게 가르쳐 주신 팔복의 공통점과 차이점은 무엇일까요?(마5:3~10)
율법과 예수님이 가르쳐 주신 계명은 어떻게 다를까요?(마5:17~19,21~28,38~42)

통일 주제 동행 (同行, 일정한 곳으로 길을 같이 가거나 오거나 함)

연합 내용 성삼위일체 하나님과 동행하는 사람은 은혜를 받아 구별된 삶을 살게 되고, 그 생활을 통해 구속의 역사를 이루게 된다.

● 에스라 5장 선지자와 함께하는 자들

사마리아인들의 방해 공작으로 인해 성전 재건 작업은 한동안 중단되었다. 그러나 선지자 학개와 스가랴가 백성들을 위로하고 격려한 끝에 작업은 재개될 수 있었다. 본문은 이러한 상황에서 유다에 새로 부임한 총독 닷드내가 성전 재건 사역의 합법성을 확인하기 위해 다리오 왕에게 보낸 편지내용이다.

✚ 묵상 : 학개와 스가랴 선지자의 예언은 예루살렘에 거주하는 유다 사람들에게 어떤 감동과 힘을 주었나요?(스5:1~2,4~5)
하나님의 일을 하는 사람들에게 가장 필요한 것은 무엇일까요?(스5:8~17)

● 사도행전 5장 성령과 동행하는 성도

본장에는 시련 속에서도 성장하는 교회의 모습과 오순절 성령 강림을 계기로 태동된 교회는 처음부터 핍박을 받으며 성장해 갔다. 이러한 본장은 육적 소욕으로 하나님을 속인 아나니아와 삽비라 부부의 부정직한 행위(1-11절), 더욱 능력 있게 전파되는 복음(12-16절), 거듭된 투옥과 구원(17-32절), 사도들이 가멜리엘의 도움으로 풀려난 사건(33-42절) 등 그리고 산헤드린 공회로부터 핍박을 받은 내용을 소개하고 있다.

✚ 묵상 : 율법교사 가말리엘의 등장은 베드로의 사역에 어떤 영향을 주었나요?(행5:33~40)
사도들이 능욕 받는 일을 기쁘게 여기고 날마다 예수를 그리스도라 전하는 힘의 원천은 무엇일까요?(행5:41~42)

기 도

- 하나님과 동행하고 있습니까?
- 천국의 규범을 가지고 하나님과 동행하십시오.
- 넘어져도 다시 일어서십시오.
- 하나님께 순종하십시오.

1월 06 January

주뜻

창6 / 마6 / 스6 / 행6

● 창세기 6장 방주를 만들라는 뜻

옛 세계에 관한 기사 가운데 가장 특기할 만하고, 가장 두려운 사건에 대홍수로 인하여 그 세계가 멸망한 사건이다. 현대 신학자들은 이 홍수 기사를 바벨론과 헬라의 홍수 설화라고 주장하지만 실질적으로 신앙과 도덕적 가치란 비교할 수 없는 큰 교훈이라 할 수 있다. 인간의 죄악에 대한 하나님의 큰 분노는 모든 인간에게 큰 상처이며 모욕이다. 불순종의 자식이나 세속화되고 타락한 자식들을 하나님께서는 절대로 방관하지 않고, 한탄하시고, 복을 거두시며, 시대의 사악함을 형벌로 다스리신다.

✚ 묵상 : 하나님의 아들들과 사람의 딸들은 누구를 가리키는 것일까요?(창6:1~2,4)
하나님이 구원을 위해 방주를 만들라 하셨을 때 강조한 내용은 무엇일까요?(창6:14~16)

● 마태복음 6장 주께 기도하라는 뜻

예수님은 사람에게 보이려고 사람 앞에 자신의 의를 행하지 않도록 주의하라고 제자들에게 당부한다. 곧 오른손이 하는 구제를 왼손이 모르게 행하고, 기도할 때 사람이 보는 곳이 아닌 골방에 들어가서 은밀한 중에 보시는 하늘 아버지께 기도하라고 말씀한다. 또한 기도할 때 의미 없는 중언부언하지 말고 주님이 가르치신 주기도문을 통해 분명한 목적과 의도를 갖고 기도할 것을 부탁한다.

✚ 묵상 : 예수님이 가르쳐 주신 기도와 우리가 하는 기도와는 어떤 차이점이 있을까요?(마6:7,9~13)
재물의 유혹과 세상의 염려에서 벗어나는 가장 좋은 방법은 무엇일까요?(마6:22~28,30~34)

통일 주제 주뜻 (하나님과 예수님의 생각과 마음과 견해)

연합 내용 하나님은 구원을 위하여 방주와 성전을 세우게 하시되, 일꾼과 기도를 통해서 이루어 가신다.

● 에스라 6장 성전을 봉헌하라는 뜻

다리오 왕은 성전 건축을 완공토록 하라는 조서를 내렸다. 작업을 시작한 지 20년 만에 성전은 완공될 수 있었다. 이는 하나님이 인간의 모든 역사를 주관하시며 섭리하시는 분임을 깨닫게 해준다. 한편 성전이 완공되자 온 백성은 솔로몬의 성전 봉헌식에 비할 바는 아니지만 최선을 다해 봉헌식을 거행하고 유월절을 지켰다.

✚ 묵상 : 성전을 건축하고 봉헌하는 것이 하나님의 뜻임을 어떻게 알 수 있을까요?(스6:6~12,22)
다리오왕이 다시 성전을 건축하도록 조서를 내린 것은 무엇 때문이었나요?(스6:13~14)

● 사도행전 6장 일꾼을 세우라는 뜻

구제와 관련하여 교회 내부적으로 문제가 일어났으나 그로 인하여 일곱 집사 임직과 스데반의 순교는 예루살렘교회의 또 하나의 새 국면을 보여 준다. 역사적으로 하나씩 예루살렘교회를 중심하여 일어나는 일들은 훗날에 전 세계 교회의 전형(type)으로서 중대한 의미를 전하여 준다. 그들의 사역을 통하여 교회가 좀 더 체계화된 사건이 언급되고 있다(1-7절). 이어서 은혜와 권능이 충만한 스데반의 활동과 유대인들에게 고소당한 사건(8-15절)이 소개 되고 있다.

✚ 묵상 : 교회 내의 문제와 일꾼을 세우는 일은 어떤 상관관계가 있을까요?(행6:1~6)
음모에 의해 공회에 잡혀간 스데반의 얼굴이 천사의 얼굴 같았던 이유는 무엇일까요?(행6:8,10,15)

기 도

- 죄악이 가득한 세상 가운데서 하나님과 어떻게 동행하십니까?
- 구제와 기도와 금식함으로 동행하십시오.
- 나의 몸을 성령이 거하는 성전으로 온전히 세워 나가심으로 동행하십시오.
- 능욕 받는 일을 기쁘게 여기며 오로지 기도와 말씀사역에 힘쓰심으로 동행하십시오.

1월 07 January 사역

창7 / 마7 / 스7 / 행7

● 창세기 7장 구원의 방주에 거하라

하나님께서 노아에게 세상을 물로 멸망시키시고 그의 일가족을 구원하시리라는 예언을 성취하는 것이다. 앞 장에서 노아는 하나님의 계시를 따라 120년간이나 방주를 만드는 일에 몰두하였다. 그리하여 그는 구원을 받았다. 물로 세상을 심판하실 것이라고 하신 말씀대로 실행하신 하나님은 장차 세상을 불로 심판할 것이다(벧후 3:6,7).

하나님께서 노아의 가족과 짐승들과 곤충들까지 방주로 들어가게 하시고 홍수를 내렸다. 노아와 그 가족이 하나님으로부터 구원받은 것은 그들의 의로움 때문이었다(창 6:8; 7:5; 히 11:7). 노아와 그 식구들의 믿음을 보면 하나님의 계시를 받았고(창 6:14-16), 의를 전파했으며(벧후 2:5), 하나님의 말씀에 충성하였기 때문이다(창 7:1). 노아는 하나님의 경고를 받고 120년 동안 방주 준비에 충실하였다(마 24:37-39).

✚ 묵상 : 큰 깊음의 샘들이 터지고 하늘의 창문들이 열렸다는 말은 무슨 뜻일까요?(창7:11)
방주 밖에서 홍수로부터 살아남은 생명체는 무엇이 있을까요?(창7:21~22,참고1:20~21)

● 마태복음 7장 좁은문으로 들어가라

산상수훈 마지막장으로 계속해서 위선과 거짓, 순종에 관한 교훈이 등장한다. 위선자는 하나님이 아닌 자신을 위한 활동을 한다. 겉으로 보기에는 구별되지 않을 수 있다. 그러나 아무리 열심히 종교활동을 하는 것 같아도 결정적으로 위선자는 삶의 열매가 없다. 하나님을 경외하며, 그의 뜻대로 행하는 삶이 없다면 마지막 날에 "불법을 행한 자들아 내게서 떠나가라"는 주의 음성을 듣게 될 지도 모른다. 그러므로 우리는 마음이 어디로 향하고 있는지 늘 점검하면서 참된 신자가 되기를 날마다 결단해야 한다.

✚ 묵상 : 구하라, 찾으라, 문을 두드리라는 말은 어떻게 기도하라는 뜻일까요?(마7:7~8)
좁은 문은 무엇이며 그리로 들어갈 때 감수해야할 세 가지 내용은 무엇일까요?(마7:13~14)

통일 주제 사역 (事役, 하나님의 일 또는 하나님의 일을 행함)

연합 내용 각 시대마다 하나님의 뜻을 따라 감당해야 할 영적 사역이 있다.

● 에스라 7장 하나님의 율법을 준행하라

본서의 기자인 에스라의 족보와 그가 제2차 포로 귀환민들과 함께 고국으로 돌아오게 된 경위를 밝히는 부분이다. 이 족보가 중요한 이유는 에스라가 아론의 혈통을 지닌 제사장임을 보여 주기 때문이다. 더욱이 그는 율법에 정통한 학자이기도 했다. 그는 아닥사스다 왕이 제2차 포로 귀환을 허용한 덕분에 귀환 길에 오를 수 있었다.

✚ 묵상 : 에스라가 바벨론에서 예루살렘으로 올라온 것은 무엇 때문일까요?(스7:1,5~10)
왜 아닥사스다왕은 하나님을 찬양하고 에스라를 전적으로 지원했을까요?(스7:11~23)

● 사도행전 7장 복음 전하다가 순교하라

스데반의 설교를 요약하면, 이스라엘 역사는 하나님의 활동의 역사이며, 하나님은 사람의 손으로 지은 성전을 필요로 하지 않으시고 예수님의 죽음은 곧 하나님께 대한 이스라엘의 또 다른 반역이라고 할 수 있다. 이같이 이 본문은 스데반 집사의 대 변론이요 이스라엘 역사의 요약이다. 이 설교로 인해 스데반은 순교의 피를 흘리게 된다. 스데반의 이 설교를 가리켜 본서 가운데 '가장 긴 설교'라고 주석가들은 말하고 있다.

하지만 스데반의 반응은 대제사장의 질문에 답하는 것이 아니었다. 대신 그는 구약을 근거로 기독교 신앙을 탁월하고 상세하게 변호했으며, 유대지도자들이 예수를 배척한 잘못을 정죄하는 것으로 결론을 내렸다.

✚ 묵상 : 스데반의 복음제시를 요약하면 어떤 내용을 담고 있을까요?(행7:51~52)
스데반의 복음전파와 순교할 때 부르짖은 기도는 어떤 상관관계가 있을까요?(행7:55~60)

기 도

- 오늘 계획하는 모든 일에 하나님의 선한 손의 도우심을 기대하십니까?
- 기도할 때 응답하시며, 순전한 백성으로 구별하시고, 대적에게서 보호하심을 기대하십시오.
- 사명의 길을 가도록 선택하시고 준비하시는 모든 과정은 하나님의 선한 손의 도우심임을 기억하십시오.

1월 08 January 감사

창8 / 마8 / 스8 / 행8

● 창세기 8장 노아의 번제 감사

하나님은 노아와 그 일행이 배에서 살아 있다는 것을 기억하셨다. 물론 하나님께서 노아 일행을 언제나 잊지 않으신다는 것이다. 그러나 여기에서 하나님께서 '노아와 그 배에 탄 생물들을 잊지 않으셨다'는 것도 두 가지 의미로 생각할 수 있다. 하나는 하나님께서 특별히 그들을 기억하시고 보살펴 주셨다는 뜻이고, 다른 하나는 하나님께서 그들을 살리기 위해서 기적적인 능력을 행하셨다는 뜻이다. 또한 제8장은 '씨'를 통한 세상 회복과 확장을 의미한다. 세상은 죄악과 주검의 냄새로 진동하다가 물이 휩쓸자 모두 사라졌다. 물이 빠지기 시작한 지 40일이 된 후 노아는 까마귀와 비둘기를 내보냈다. 산봉우리가 드러난 지 2개월 후에 물은 걷히고 지면은 말랐으나(창 8:13), 다시 2개월이 지난 후에 사람이 땅으로 내려갈 수 있었다. 노아는 하나님의 은혜에 감사하여 인간적인 방법으로 하나님께 번제를 드렸다.

✚ 묵상 : 하나님이 방주에 탄 모든 존재를 기억하시고 행하신 일은 무엇일까요?(창8:1,16~17)
하나님이 홍수심판 이후에 결심하신 두 가지 일은 무엇일까요?(창8:21~22)

● 마태복음 8장 백부장의 고백 감사

8장의 전반부에는 병 고침에 대한 이야기가 전개되고 있다. 유대인에 관계된 것, 이방인에게 관계된 것, 그리고 친구에게 관계된 것으로 나눌 수 있다. 본장에서는 예수께서 나병환자를 고치신 일, 중풍병자를 고치신 일, 열병환자를 고치신 일, 귀신들린 자를 고치신 일, 또 바람과 풍랑을 잔잔하게 하신 일을 증언하였다.

마태는 선지자 이사야의 말을 인용함으로써 우리 주님의 병 고치시는 일이 기적이라기보다는 자비를 베푸심이라고 강조하고 있다. 마태는 또 그리스도의 의로우심을 언급하면서 그의 복음 속에 '인자'라는 표현을 서른 두 차례에 걸쳐 사용하고 있다.

✚ 묵상 : 예수님은 많은 병자들을 치료하실 때 그들의 무엇을 보셨을까요?(마8:2~3,5~7,10,13)
귀신의 간구를 듣고 돼지 떼에 들어 갈 것을 명령한 예수의 의도는 무엇일까요?(마8:28~32)

통일 주제 감사 (感謝, 고마움을 표시하는 인사)

연합 내용 어려움 속에서 영적으로나 육적으로 해방된 사람은 기쁜 마음으로 감사의 제사를 드린다.

에스라 8장 에스라의 금식기도 감사

본문은 제2차 귀환자들의 명단과 귀환 길에 오르기 전에 에스라가 취한 준비 및 도착 후 행한 경배 행위를 보여 준다. 한편 에스라가 금식을 선포하고 성전 봉사를 담당할 레위인들을 챙긴 사실은 하나님이 함께하시지 않으면 모든 일이 헛것이며, 아무것도 이룰 수 없음을 믿은 그의 경건한 신앙을 나타낸다.

✚ 묵상 : 에스라가 레위 사람을 찾은 이유는 무엇일까요?(스8:15,17~20)
성전에 드려진 예물이 풍성했던 이유는 무엇일까요?(스8:25~30,36)

사도행전 8장 내시의 세례 감사

본장은 예루살렘에 큰 핍박이 있어서 믿는 이들이 사방으로 흩어졌고 그 결과 복음이 사마리아에까지 전파되었음을 증언한다. 이미 서론 가운데서 지적한 대로 사도행전의 시발점이 예루살렘이고, 이어서 온 유대와 사마리아 그리고 땅 끝까지(1:8) 주님의 증인이 될 것을 지상 명령으로 사도들이 받았으니 이러한 방법으로 나아가야 할 것은 너무도 당연한 것이다.

그리고 스데반의 순교로 예루살렘 성도들이 흩어진 사실(1-3절), 빌립의 사마리아 전도(4-13절), 사도들의 사마리아 방문(14-25절), 에디오피아 내시에게 복음을 전하는 빌립(26-40절) 등이 소개되고 있다.

✚ 묵상 : 빌립과 두 사도 베드로와 요한의 공통점은 무엇일까요?(행8:14~17,25~35,40)
왜 예루살렘에서 간다게 내시를 다시 볼 수 없었을까요?(행8:27,39)

기 도

- 어떤 부분에 하나님의 선한 손의 도우심을 간구하십니까?
- 생육하고 번성함에 있어 하나님의 선한 손의 도우심을 간구하십시오.
- 나의 모든 연약함이 고침받기를 간구하십시오.
- 하나님이여 나를 도우소서!

1월 09 January

변화

창9-10 / 마9 / 스9 / 행9

● 창세기 9-10장 언약을 통한 새 환경

9: 본장은 가정(家庭)에 관한 기사이다. 인간은 누구나 조상의 후손이므로 가정 문제는 보다 깊은 관심을 가지고 연구해야 한다. 하나님께서는 홍수를 통하여 종교적 의의를 보이셨다. 모든 생물이 어우러져 평화로이 살던 황금시대는 지나가고(창 1:29,30), 인간끼리 살상과 싸움이 일기 시작했다. 하나님께서는 어떤 경우에도 생명을 존중히 여기고, 보호하기 위하여 피를 먹는 것을 금하셨다. 그러므로 살인은 하나님의 형상을 손상하는 일로서 이스라엘뿐만 아니라 이방인까지도 이 법을 적용토록 하였다(레 7:27; 17:10; 19:26; 신 12:16; 15:23; 겔 33:25).

10: 서론적인 면에서 본장에서는 총괄적으로 말한 바를 더 상세하게 보여준 히브리인의 기원을 볼 수 있다. 외형적으로 볼 때 노아 자손의 계보처럼 보인다. 그러나 단순한 가족적인 족보의 개념을 넘어 당시 히브리인에게 알려져 있었던 전 세계와 인종별 계통을 기록하고 있다. 노아의 자손들은 온 땅에 퍼져 살게 되었다. 이것은 하나님의 축복의 결과이다(창 9:1,7). 특히 여기서 성경의 족보는 단순한 이름의 나열이 아니라 지금까지의 역사 마감과 새 시대의 시작이라는 전환과 변화의 메시지를 담은 압축판 역사이자 구원 계획의 흐름을 한눈에 볼 수 있는 요약판 구속사이다.

✚ 묵상 : 하나님이 노아와 피조물을 상대로 무지개 언약을 자기 자신에게 맺은 이유는 무엇일까요?(창9:12~16)
왜 노아에게 저주를 받은 함의 자손에게서 용사가 나왔을까요?(창9:20~27,10:6~9)

● 마태복음 9장 치유를 통한 새 생활

그리스도께서 가버나움에 돌아가셔서도 병 고치는 일을 계속하고 계신다. 마태가 우리에게 보여주는 인상적인 기록을 통하여 주님의 새로운 면모를 깨닫게 된다. 그러므로 복음서에 기록된 예수의 생애를 살펴보면 예수의 순수한 구원 사역이 당시의 정치, 종교 지도자들의 경계와 핍박의 대상이 되었음을 보게 된다. 본장에서도 중풍병자의 치유, 세리 마태 집에서의 공동 식사, 두 맹인의 치유와 귀신의 추방 등의 이적 뒤에는 이에 대한 당시의 사회적 기득권층의 질시와 비방 내용이 거의 후렴 식으로 첨가되어 있다.

✚ 묵상 : 사람이 각종 질병에 걸리는 이유는 무엇일까요?(마9:2,5~6)
예수님은 자신 앞에 온 병자들을 치료하실 때 그들에게서 무엇을 찾으셨나요?(마9:18,20~22,27~29)

통일 주제 변화 (變化, 사물의 모양이나 성질이 바뀌어 달라짐)

연합 내용 하나님은 언약과 치유를 통해서 새로운 환경과 삶을 영위할 있도록 변화를 주시고, 회개와 체험을 통해 영적 변화의 삶을 살게 하신다.

● 에스라 9장 회개를 통한 새 신앙

제1차 포로 귀환 후로부터 제2차 포로 귀환이 이루어지기까지 그동안 마땅한 영적 지도자가 없던 상황에서 유대인들은 이방인과 혼인을 맺고 그들의 우상을 숭배하는 죄악에 빠져 있었다. 본문은 이런 사실을 알게 된 에스라는 자신과 온 이스라엘이 범죄 하였음을 거듭 고백하였다.

✚ 묵상 : 이스라엘 백성이 범한 가장 부끄럽고 무서운 죄는 무엇일까요?(스9:1~2,4,6,11~12)
이스라엘 백성의 회개를 위한 에스라의 중보기도는 어떤 특징을 갖고 있나요?(스9:5~15)

● 사도행전 9장 체험을 통한 새 변화

초대 교회 역사상 두 중심적 인물인 사울(바울)과 베드로에 관련된 내용을 다루고 있다. 사울이 회심하고 기독교로 개종한 일은 너무나 충격적 사건이었다. 그러므로 그의 회심에 대하여 주석가들은 저마다 한마디씩 거창한 표현을 했다. 벵겔 같은 이는 "사울의 회심은 로마의 콘스탄틴 황제가 환상 가운데서 십자가를 본 것과 같다."라고 하였고, 브루스는 "히말라야의 성자 썬다 싱이 빛을 보고 예수 그리스도의 형상을 본 것과 같다."라고 하였다.

이와 같이 사울이 열정적인 유대교에서 회심한 사건(1-31절), 예루살렘과 유대와 사마리아 전도 사역을 주도한 베드로의 활동(32-43절)이 언급되고 있다.

✚ 묵상 : 구약 성경(특히 토라-모세오경)을 통해 하나님의 강림현상을 잘 알고 있었던 사울은 왜 하늘의 부르심 앞에서 누구냐고 반문했을까요?(행9:3~5)
사울이 예수를 하나님의 아들이라 전하게 될 때까지 걸린 기간은 얼마였을까요?(행9:19~22)

기 도

- 약속하신 번성을 위해 어떤 태도를 가지십니까?
- 번성을 명하신 하나님의 명령에 순종하여 회개의 기도로 나아가십시오.

1월 10 January
감찰

창11 / 마10 / 스10 / 행10

● 창세기 11장 인간의 마음을 살피시다

홍수가 끝나고 사람들은 아라랏 산에서 동쪽으로 조금씩 이동하여 시날이라는 평지에 도달했다. 사람들은 이때까지만 해도 하나의 언어를 사용했다. 그러다가 사람들이 시날 평지에 가서 아주 중요한 사실을 발견하게 된다. 그것은 인간의 건축 기술에 있어서 획기적인 발견인 것이다. 본문 2-3절을 보면, "이에 그들이 동방으로 옮기다가 시날 평지를 만나 거기 거류하며 서로 말하자, 벽돌을 만들어 견고히 굽자하고 이에 벽돌을 대신하여 역청으로 진흙을 대신하고"라고 되어 있다. 인간들은 홍수가 끝난 후에 옛날같이 모두 힘을 합쳐서 살 수 있는 거대한 도시를 생각했다. 그 대답이 바벨의 기사이다. 인류의 불행은 사람의 오만으로부터 시작되었다. 유목민들은 홍수 후 죽음을 면하고 이름을 후대에 남기고 싶었다. 이러한 바벨의 욕망은 인간 역사가 계속 되는 한 나타날 것이다. 세상 사람들은 무너진 바벨탑을 보면서도 좌절하지 않고 고집스럽게 바벨탑을 쌓아 올리기를 주저하지 않는다.

✚ 묵상 : 하나님을 섬기는 것과 바벨탑을 쌓는 것과는 어떤 관계가 있을까요?(창11:2~8)
데라가 고향 갈대아 우르를 떠난 이유는 무엇일까요?(창11:31~32)

● 마태복음 10장 제자의 위험을 살피시다

예수께서 열두 제자를 세우시고 그들을 전도 여행에 파송하시면서 주신 교훈을 정리한 것으로서 마태의 편집방법에 의하면 제2강화에 속한다(막 6:6-13; 눅 9:1-6). 한편 여기 열두 제자 파송은 예수께서 제3차 갈릴리 사역 초기에 행하신 것으로서 훗날 유대 땅에서 70명의 제자를 파송한 사건(눅 10:1-24)과는 구분된다.

✚ 묵상 : 예수님은 12제자를 선택하실 때 그들의 무엇을 보셨을까요?(마10:1~4,16)
예수님은 제자들에게 두려움의 대상을 어떻게 가르치셨나요?(마10:28~33)

통일 주제 **감찰 (監察, 하나님이 뜻에 따라 모든 인간의 행동을 감독하여 살핌)**

연합 내용 하나님은 어느 시대나 사람을 살피시되, 악한 자는 심판하시고 선한 자는 구원하시며 사명을 주신다.

● 에스라 10장 선민의 불법을 살피시다

자신의 기도를 들은 백성들이 통회하자 에스라는 철저한 개혁을 단행하였다. 즉 그는 이방 여인과 혼인한 자들을 조사하여 그 명단을 공개하고 관계 청산을 요구하였다. 이 명단을 보면 종교 지도자들의 타락이 백성들의 범죄를 부추겼음을 알 수 있다. 따라서 이스라엘 공동체는 이방인 아내는 물론 자식과도 헤어지는 뼈를 깎는 거듭남이 요구되었다. 이 상황을 해결하는 데 석 달이 소요한 사실을 감안한다면 113명의 명단은 지도자 자리에 있던 사람만 대상으로 했을 가능성이 있다(참고, 13절의 "백성이 많고"). 백성의 숫자는 훨씬 많았을 것이다. 이렇게 문제를 직접적으로 다루었음에도 나중에 이런 일이 재발한다(참고, 느 9- 10장, 13장).

✚ 묵상 : 에스라가 자복하며 회개하였던 죄는 무엇이었나요?(스10:1~4,11)
유다와 예루살렘 모든 백성이 아내로 맞아들인 이방여인을 다 끊고 떠나보내는 이유는 무엇일까요?(스10:11~14)

● 사도행전 10장 이방의 제자를 살피시다

베드로가 고넬료의 가정에서 가정집회를 인도하고 그가 하나님의 말씀을 전할 때에, 오순절 때처럼 고넬료의 가족과 그의 친지들에게 성령께서 충만하게 임하시자 베드로 자신이 놀라고 함께 갔던 유대인 형제들이 놀라는 일이다.

초대 교회가 복음을 전파하는 사역에서 이방 선교라는 새로운 계기를 맞는 장면이다. 로마군 장교 고넬료의 환상(1-8절), 베드로의 환상(9-18절), 고넬료를 방문하여(19-33절) 그 집에서 설교한 베드로(34-43절), 고넬료의 가정에 성령이 임하신 사건(44-48절) 등이 소개되고 있다.

✚ 묵상 : 이방사람 고넬료가 기도와 구제를 통하여 하나님께 인정을 받은 것을 볼 때 하나님의 어떤 의도(뜻, 섭리)를 엿 볼 수 있을까요?(행10:1~4,14~15,24,28,34~43)
초대교회시대에 유대인이나 이방인에게 성령을 부어주시면 왜 방언을 말하게 되있을까요?(행10:44~46,행2:4~5참고)

기 도

- 하나님 나라 씨의 번성에 대해 어떤 태도를 가지시겠습니까?
- 씨의 번성을 위한 인본주의적 생각을 배제하십시오.

1월 11 January 약속

창12 / 마11 / 느1 / 행11

● 창세기 12장 하나님의 약속과 보호하심

아브람은 무수한 이름들 중에 뛰어난 이름이다. 그 이유는 앞으로 한 민족의 아버지뿐만 아니라, 세계 종교 사상과 신앙의 아버지가 될 것이기 때문이다. 아브람은 정신적 자질이 훌륭한 사람이었다. 그는 신앙의 영웅으로 이스라엘은 아브람의 훌륭한 인격에 감화되어 그를 아버지라 부르는 것을 큰 영광으로 생각하였다.

아브람은 정치적 영웅도 아니고, 예술적 명인도 아니며 다만 신앙인의 영웅이었다. 그러므로 아브람의 인격은 이스라엘의 신앙 정신사의 기초가 되었다. 하나님께서는 그의 뜻을 이루시기 위하여 택한 사람으로 아브람이 그 첫째 사람이다.

아브람은 완전한 사람은 아니었다. 그렇다고 해도 창세기에 기록된 인물 중에 무흠한 사람은 한 사람도 없다. 그는 한때 하나님을 의심할 때도 있었고(창 17:17), 거짓말을 할 때도 있었다(창 12:11-20). 아브람은 언제나 결과에는 관심이 없었다. 다만 "하나님의 계획하시고 지으실 터가 있는 성을 바랐음이라."(히 11:10)고 한 믿음뿐이었다.

✚ 묵상 : 아브람에게 있어서 고향과 가나안 땅과 애굽은 어떤 의미를 갖을까요?(창12:1,5,10)
목숨을 위해 아내를 누이라고 말한 아브람을 왜 하나님은 보호하셨을까요?(창12:11~13,17)

● 마태복음 11장 예수님의 약속과 돌보심

본장에서는 천국복음에 대한 당시 사람들의 관심에 대한 반응을 말해주고 있다. 그 반응은 세례 요한(2절), 갈릴리 여러 성읍 거민들(21, 23절)을 통해서 나타나는 것을 볼 수 있다. 이들의 다양한 모습 속에서 예수님의 메시야 직분이나 사역에 대해 오해하거나 불신하고 심지어는 핍박까지 하는 등 부정적인 반응이 두드러지게 나타나고 있다.

✚ 묵상 : 예수님은 자신 앞에 나온 무리와 나오지 않는 세대를 어떻게 표현하셨나요?
(마11:16~17,21~23,25~27)
예수님에게"화 있을진저!"라고 저주를 받은 동네의 잘못은 무엇일까요?(마11:20)

통일 주제 약속 (約束, 장래의 일을 상대방과 미리 정하여 어기지 않을 것을 다짐함)

연합 내용 성삼위일체 하나님은 선택한 자를 보호하시고 돌보시며 회복하시고 구원하신다.

● 느헤미야 1장 하나님의 약속과 회복하심

느헤미야는 바벨론의 포로가 된 자들 중에서는 드물게 바사의 고위 관리로 임명된 인물들 가운데 한 사람이다. 그는 유다에서 자신을 방문한 하나니로부터 동족들의 소식을 듣고 금식 기도를 하며 하나님의 도우심을 간구하였다. 그는 먼저 동족들과 자신을 하나의 신앙 공동체로 보고 그들의 죄를 자신의 죄처럼 고백하였다.

✚ 묵상 : 느헤미야 선지자는 백성의 신앙회복을 위하여 어떤 기도를 드렸을까요?(느1:2~4)
느헤미야 선지자가 언급한 두 종류의 기도내용은 무엇일까요?(느1:5~11)

● 사도행전 11장 성령님의 약속과 구원하심

본장은 13장에서부터 본격화되기 시작하는 바울의 이방 선교의 서론적 내용이라 하겠다. 장차 이방 선교의 전진 기지로 중요한 일익을 담당할 안디옥교회의 설립과 이방인도 하나님의 자녀가 될 수 있음을 확인한 예루살렘교회의 유대계 신자들의 사상적 전환이 언급되어 있다.

그리고 본장은 10장에서 일어난 고넬료와 그 가족의 구원 사건에 대한 베드로의 변론과 예루살렘교회의 공식적인 추인 장면(1-18절), 수리아 지방에서 안디옥교회가 설립되어 이방 선교가 본격적으로 추진되는 내용(19-30절)이 소개 되고 있으며, 본장은 예루살렘교회의 사도들을 대표하는 베드로에게서 이방 교회인 안디옥교회에서 최초로 선교 활동을 편 바울에게로 선교 사역의 중심이 이양되는 모습을 암시적으로 보여 주고 있다.

✚ 묵상 : 성령은 어떤 방법으로 이방인을 구원하였나요?(행11:1~5,12,15~18)
성령은 큰 흉년 때에 제자들을 어떤 방법으로 사용하셨나요?(행11:28~30)

기 도

- 모든 일에서 하나님께 은혜를 입게 하옵소서.
- 명하는 모든 말씀에 즉각적으로 순종하겠습니다.
- 성령과 함께 행하는 하루 되겠습니다.

1월 12 January

방향

창13 / 마12 / 느2 / 행12

● 창세기 13장 다툼을 피하는 쪽으로 이주를 선택함

아브람은 자신과 자기에게 속한 모든 것을 데리고 다시 가나안으로 돌아왔다. 그는 애굽으로 내려가 유혹에 빠질 뻔하였으나, 거기서 속히 빠져 나옴으로써 신앙에 큰 위기를 면하였다. 모든 것이 협력하여 선을 이룬 것이다(롬 8:28). 아브람은 출애굽하면서 바로 왕으로부터 가축과 금은보화도 함께 받아왔다(잠 10:22). 그는 벧엘로 이동하여 옛날에 장막을 치고 제단을 쌓던 곳에 이르렀다. 아브람이 과거에 하나님과 교제하였던 사실을 기억하고 또 다시 교제하기를 바랐는지 알 수 없다.

아브람의 일행인 롯도 동행하였다. 그러나 함께한 친족, 이웃들과 분쟁의 원인이 될 줄은 알지 못했다(딤전 6:9). 아브람은 분쟁의 원인이 초장과 물 때문임을 알고 불행이 깊어지기 전에 분가할 것을 요구했다. 롯이 아브람을 떠난 후 분쟁도 끝나고, 하나님께서 새로운 약속을 하기 위하여 나타나셨다. 이러한 하나님의 나타나심은 롯의 일로 마음이 울적해진 아브람의 겸손한 마음을 달래기 위함인지도 모른다. 하나님은 아브람에게 보이는 땅을 모두 주시기로 약속하셨다.

✚ 묵상 : 아브람의 거주지와 경건생활은 어떤 관계를 가지고 있을까요?(창13:1~4,8~9,12~13,18)
하나님이 아브람에게 주신 가장 큰 선물은 무엇이었을까요?(창13:14~17)

● 마태복음 12장 영혼을 살리는 쪽으로 사고를 바꿈

앞서 8, 9장과 마찬가지로 본장도 몇 가지 이적과 그에 대한 예수와 지도자들 간의 점증되는 갈등을 묘사하고 있다. 특히 당시 정치, 종교 지도자들의 예수에 대한 오해와 핍박은 점점 구체화되고 조직화 되어 마침내 예수를 모함하여 처형하는 결정에 이르기까지 내내 파국으로만 치닫는다. 게다가 본장은 그 끝 부분에 예수 가족의 불신까지 보도되고 있다.

✚ 묵상 : 예수님은 바리새인들과 사람들에게 안식일(주일)에 대해 어떤 성서적 가치관을 갖도록 교훈하셨나요?(마12:6~8,12~13)
예수님은 한 사람에게 진정한 가족에 대해 어떤 성서적 가치관을 갖도록 교훈하셨나요?(마12:46~50)

통일 주제 방향 (方向, 어떤 현상이나 의지가 일정한 목표를 향하여 나아가는 쪽)

연합 내용 각 시대의 믿음의 영웅들은 하나님의 뜻에 맞추어 마음과 생활의 방향을 돌렸다.

● 느헤미야 2장 성을 세우는 쪽으로 관심을 돌림

아닥사스다 왕이 근심에 차 있는 느헤미야에게 이유를 묻자 느헤미야는 조국의 수도 예루살렘이 황폐해진 사실 때문이라고 답변하고 성벽 중건을 하도록 허락해 달라고 간청한다. 이에 아닥사스다 왕은 느헤미야의 간청을 허락하고, 성벽 재건을 위한 자제를 확보 할 수 있도록 조소를 작성해 주었다.

느헤미야는 예루살렘으로 돌아온 지 삼 일만에 야간 암행으로 성막을 둘러보고 조사한 후 구체적 계획을 세우고 지도층 인사들을 모으고 성벽 재건의 당위성을 역설한다.

✚ 묵상 : 느헤미야는 자기 하나님의 선한 손이 어떤 일을 하신다고 믿었나요?(느2:2~10,18)
느헤미야는 예루살렘 성을 건축할 때 반대하는 자들에 대하여 어떻게 말과 행동을 했나요?(느2:10,19~20)

● 사도행전 12장 교회를 세우는 쪽으로 생활을 집중함

헤롯 왕의 박해로 사도 야고보가 순교당하고 베드로마저 투옥되는 일연의 사건들이 끊임없이 계속되었다. 여기서 언급된 핍박의 양상 또한 이전까지 초대 교회에 가해진 핍박과 맥을 같이한다. 그러나 하나님의 지상 명령인 복음 전파에 대해서 아직도 유대적 민족주의 우월감에 심취되어 이방인 전도에 소극적인 예루살렘교회를 하나님께서 흩어 버리신 것이다. 이는 복음 선파 사역의 주체가 하나님이심을 나타낸다.

그리고 야고보와 베드로의 투옥되는 장면(1-6절), 베드로가 옥에서 나오는 장면(7-19절), 박해자 헤롯의 죽음(20-25절) 등이 소개되고 있으며, 세상의 어떤 권세라도 복음의 진보를 막을 수 없다는 사실을 웅변적으로 묘사해 주고 있다.

✚ 묵상 : 헤롯이 야고보를 죽이고 베드로를 옥에 가둔 이유는 무엇일까요?(행12:1~3)
교회 지도자에 대한 핍박이 심할 때 마리아와 교회는 어떻게 대처했나요?(행12:5,12)

기 도

- 익숙한 것들과의 떠남이 슬픔만은 아님을 기억하고 믿음으로 실행할 것은 무엇이 있습니까?
- 떠남은 새 역사를 위한 걸음임을 기억하고 하나님과 함께, 기도와 말씀과 함께 그 길을 떠나보십시오.
- 새 역사를 위해 기도와 말씀에 더욱 힘쓰십시오.

1월 13 January 세움

창14 / 마13 / 느3 / 행13

● 창세기 14장 전쟁에서 영적 권위를 세움

본장에 나타난 기록은 성경에서 말한 최초의 전쟁 기사이다. 그것도 국제간의 분쟁이라는데 의미가 있다. 이 전쟁에 가담한 왕들은 4명의 왕이었다. 여기에 나타난 왕은 시날 왕 아므라벨인데 구약에서는 애굽이 바벨론임을 가리킨 때도 있다(창 10:10; 11:2). 다음은 엘라살 왕 아리옥이다. 아리옥은 유브라데 상류 지방의 왕으로 함무라비 시대의 시므리임의 아들인 듯하다. 그리고 그돌라오멜과 디달 왕이다. 그돌라오멜은 엘람 왕으로 4개국 연합군의 수장으로 팔레스타인까지 왔다. 디달은 헬 왕국 두달리인 듯하다. 그 성이 사해 가까이 있었던 모양이다. 이들은 모두 그들의 발생지인 땅 이름을 보유하고 있었다. 침략을 받은 도시는 요단 근처에 모여 있는 5개 도시이다. 소돔, 고모라, 아드마, 스보임, 그리고 소알의 왕들이다. 4왕의 이름은 나와 있으나 다섯째인 소알 왕은 언급되지 않았다.

전쟁은 그돌라오멜의 통치에 대한 다섯 왕들의 반역으로 시작되었다. 그들은 12년간이나 그를 섬겼다. 그들은 조공을 바치느라 자기들의 비옥한 땅에서 거두어들이는 것으로 살기가 어려웠으며 그 땅 마저도 자기들의 소유라고 생각하기 어려웠다. 소돔 사람들은 노아가 일찍이 셈의 종이 될 것을 예언했던 그 가나안 후예들이다. 엘람도 그들의 계통을 이은자들이다.

✚ 묵상 : 아브람이 적은 인원으로 연합군과의 전쟁에서 싸워 이긴 것은 어떤 힘 때문일까요?(창14:14~16)
아브람은 왜 지극히 높으신 하나님의 제사장 멜기세덱에게 전쟁에서 얻은 것의 십분의 일을 드렸나요?(창14:17~20)

● 마태복음 13장 세상에서 영원한 천국을 세움

본서의 5대 강화 중 제3강화이다. 이 제3강화는 한마디로 천국 비유집이라 할 수 있다. 모두 일곱 가지의 천국 비유가 나오는데 이 천국 비유들은 천국의 현재성에서 미래성까지를 종합적으로 망라하고 있다. 즉 예수의 탄생과 함께 이 땅에 도래한 천국이 최종적으로 새 하늘과 새 땅에 완성되어 가는 과정을 몇 가지로 나누어 비유한 것이다.

✚ 묵상 : 씨뿌리는 비유를 통해 볼 때 천국은 어디에서부터 시작될까요?(마13:2~8,19~23)
예수님은 큰 무리에게 천국의 일곱 가지 비유를 통해 천국의 어떤 모습(특성)을 보여 주셨나요?(마13:2~8,24~33,44~50)

통일 주제 세움

연합 내용 하나님의 자녀는 세상의 침략자와 죄인, 그리고 정복자와 우상숭배자로부터 영혼을 구출하여 새로운 주의 나라를 세운다.

● 느헤미야 3장 가난 중에 성벽을 세움

3장을 구분한 방법을 가장 잘 알 수 있는 길은 성곽 건축자들이 그 일을 어떻게 나누었는가를 살피는 것이다. 건축자들 각자가 자기들이 해야 할 일을 알게 하고, 선한 경쟁심이나 좀더 잘하려는 마음을 가지고 일하게 하기 위해서 일을 분할했을 것이다. 그러나 여기서 어떤 분쟁이나 원한 그리고 파벌 의식은 없었을 것이다. 3장은 내용을 보면, 그들은 어떤 분쟁을 일으키지 않고 오직 공적인 유익을 위해 그들의 최선을 다한 것으로 나타나 있다.

✚ 묵상 : 포로에서 돌아와 예루살렘 성벽을 세운 사람들의 특징(성별,직업,빈부 등)은 어떠했나요?(느3:1~4,8,12~15,22,28~29,31~32)
예루살렘 성벽을 중수할 때 공사를 분담하지 않은 자들은 누구일까요?(느3:5)

● 사도행전 13장 이방에 보낼 선교사를 세움

사도행전은 내용상 13장을 기점으로 양분된다. 즉 이전까지는 열두 제자와 일곱 지도자의 사역을 중심으로 한 내용이지만 이후부터는 바울과 그 동역자들의 이방 선교를 중심으로 한 내용들이다. 바울의 제1차 전도여행에 대하여 기록하고 있다. 교회사적 의미에서 바울의 전도 여행은 그 중요성이 막중하다. 그것은 지금까지 예루살렘과 사도 중심적인 유대교적 기독교에서 환골탈태하여 전세계에로 향한 범민족적인 기독교로 전환하게 된 분기점을 바울의 전도 여행에서 잦을 수 있기 때문이다. 특히 바울의 제1차 전도여행은 이방인의 세속사를 향한 하나님의 구속사 진입의 제일보에 해당하는 이정표로서 본장에서 구브로 섬 선교(1-13절)와 비시디아 안디옥 선교(14-52절) 장면을 소개하고 있다.

✚ 묵상 : 성령이 충만한 바울은 거짓 선지자인 마술사 바예수에게 어떤 은사를 사용했나요?(행13:6~11)
바울이 바나바와 함께 예수를 전파할 때 가지고 있었던 확실한 것 세 가지는 무엇일까요?(행13:9~10,16,22~26,34,38~39,46)

기 도

- 하나님 나라의 백성으로 하나님 나라를 이루어가기 위해 선택해야 할 것은 무엇입니까?
- 천국은 침노하는 자의 것이라고 했습니다. 적극적이고 긍정적이며 능동적으로 하나님 나라를 이루어 가기 위해 취할 행동을 생각해 보세요.
- 하나님 나라의 비밀을 삶에 적용해보세요.

1월 14 January

믿음

창15 / 마14 / 느4 / 행14

● 창세기 15장 아브람이 하나님을 믿음

본장에서는 하나님과 아브람 사이에 세워질 계약에 관한 엄숙한 조약을 볼 수 있다. 앞 장에서 군왕들과 싸웠던 아브람을 보았으나 여기서는 하나님과 더불어 산 위에 있는 아브람을 보게 된다. 그가 전쟁에서도 위대하게 보였지만 여기에서는 더 한층 위대하게 보인다. 세인들이 싸움터에서 전승의 영광을 누린다면 본장에서는 모든 성도의 영광을 누림을 말한다. 아브람과 하나님 사이에 이룬 계약은 영적 축복의 절정이라 하겠다.

아브람이 자기의 처지를 불평하는 것으로 표현하고 있다. 하나님의 약속이 있었음에도 불구하고 자식이 없는 것은 자연스러운 불평이라 할 것이다. 그러나 하나님께서는 환상 중에 하늘의 별과 같이 아브람의 자식이 번성할 것을 말씀하였다. 하나님께서는 재차 이 땅을 주어 업을 삼게 하겠다는 언약은 아브람에게 새로운 하나님의 친절에 감사할 뿐이다.

✚ 묵상 : 하나님이 아브람을 언약과 예언으로 축복하실 때 아브람은 무엇으로 응답했나요?(창15:1,4~6,17~18)
왜 하나님은 아브람에게 후손이 이방에서 400년 동안 괴롭힘을 당할 것이라고 예언해 주셨나요?(창15:13~16)

● 마태복음 14장 제자들이 예수님을 믿음

예수께서 나사렛에서 배척을 받을 때 세례 요한은 부도덕하고 교활한 안디바의 옥에 갇혀 순교를 당한다. 이에 예상되는 대대적 박해를 피해 예수는 갈릴리 지방의 빈들로 가시지만 무리들은 그곳까지 따라오고 여기서 오병이어의 놀라운 기적이 행해진다. 후반부에서는 물 위로 걸으신 이적과 질병 치유 사건이 계속 진행된다.

✚ 묵상 : 예수님이 오병이어의 기적을 행하신 이유는 무엇일까요?(마14:14~21)
예수님이 물 위를 걸으신 이유는 무엇일까요?(마14:22~33)

통일 주제 믿음

연합 내용 하나님의 약속과 예수님의 기적, 포로에서 돌아오게 하심과 성령의 충만함으로, 하나님의 사람은 어떠한 상황 속에서도 믿음의 삶을 산다.

● 느헤미야 4장 훼방 중에도 성벽을 중수하는 믿음

산발랏과 도비야는 예루살렘 성벽을 보수하려는 유대인들의 노력을 계속 조소하고 조롱하였다. 느헤미야는 그 점에 관하여 기도하였다. 성벽의 높이가 절반까지 이르자 산발랏과 도비야와 이웃 민족들은 반대를 강화하여 예루살렘을 대적하여 싸울 음모를 꾸밀 정도까지 되었다. 느헤미야는 그 도시 가까이에 사는 유대인들로부터 그런 취지의 보고를 거듭거듭 받았다. 그러나 느헤미야는 하나님의 뜻대로 재건공사가 완료될 것이라는 사실을 믿으며, 그는 백성들을 독려하여 공사를 계속 진행하도록 하였다.

✚ 묵상 : 예루살렘 성벽을 중수할 때 내적 외적 방해를 극복할 힘은 무엇이었나요?(느4:1~14)
느헤미야의 신앙과 성벽 중수 즉 민족사랑은 어떤 관계를 가지고 있을까요?(느4:15~23)

● 사도행전 14장 핍박 중에도 전파하는 믿음

바울의 전도 여행은 계속되는데 특별히 여기서의 전도 장소는 핍박을 예상하고 찾아간 곳이라 할 수 있다. 이런 까닭에 본장에서는 복음을 중심으로 한 긴장과 갈등이 구석구석에서 확인되고 있다. 그리하여 그 내용을 '복음을 위한 사람들'과 '복음을 반대하는 사람들'로 구분할 수 있을 정도이다.

바울과 바나바의 이고니온 전도(1-7절)와 루스드라 전도(8-20절)는 지금까지 전도했던 지역을 재차 방문하여 성도들을 격려하고 그 모든 활동 내용을 교회에 보고하는 장면(21-28절)이라고 할 수 있다. 한편 불순종한 유대인들은 바울과 바나바의 이방 전도에 제일 큰 걸림돌로서 바울 일행의 진로를 방해했을 뿐 아니라 그들의 목숨까지도 노렸던 사람들이다.

✚ 묵상 : 앉은뱅이를 일으킴으로 제우스와 헤르메스 신으로 여겨졌던 바나바와 바울에게, 왜 고난과 핍박은 사라지지 않고 계속 되었을까요?(행14:2,8~12,19)
바울도 스데반처럼 돌에 맞아 죽게 되었는데, 다음 날 거뜬히 일어나 복음을 전한 힘은 어디에서 왔을까요?(행14:3~6,19~23)

기 도

- 오직 하나님만을 믿는 믿음에 서 있는가?
- 믿음의 증거가 내 삶에서 나타나고 있는가?

1월 15 January 정돈

창16 / 마15 / 느5 / 행15

● 창세기 16장 가정의 갈등을 정돈함

사래의 인간적인 생각 때문에 아브람은 하갈을 둘째 아내로 맞아들인다. 여기에 대하여 아브람은 어떤 변명도 할 수 없다. 그리고 어떤 정당성도 주장할 수 없다. 결혼의 법은 당초부터 일부일처제였기 때문이다. 가정을 일으켜야 하겠다는 사래의 옹졸한 욕망 때문에 사탄은 그것을 빌미로 하여 그 가정에 시험을 준 것이다. 아브람은 어리석은 사래의 계획을 따르지 않고 하나님의 법을 존중했더라면 후일의 불행을 미연에 방지하였을 것이다.

그러나 정당하지 못한 행동은 불행한 결과를 가져올 뿐이다. 아브람의 결혼 후유증은 즉각 큰 불행으로 나타났다. 그것은 인간이 자기 본분의 길을 떠날 때 발생하는 죗값이며 고통이다. 그러므로 범죄자는 누구도 원망할 수 없을 것이다. 이 기사에서 이스마엘과 이스라엘의 두 종족의 혈연을 볼 수 있으며 정실의 아들과 첩의 아들의 차이점을 보게 된다. 하갈이 사래의 질투로 쫓겨났으나 천사가 하갈을 아브람의 집으로 돌아가도록 종용한 것으로 보아 두 종족의 출현은 하나님의 어떤 섭리가 있었음을 계시한다.

✚ 묵상 : 하갈의 멸시와 사래의 학대인 서로간의 갈등문제는 무엇 때문에 일어났나요?(창16:1~6)
하나님이 하갈의 아들 이스마엘 후손에게 창대한 복을 약속하신 이유는 무엇일까요?(창16:9~11)

● 마태복음 15장 장로의 전통을 정돈함

얼마나 다양한 경험이 선교 여행길에 있었던가를 앞 장의 숭배와 찬양과 열정이 이 장에서는 가혹함과 적대감으로 바뀐다. 그리스도의 가장 사악한 적은 종교적 직분을 가진 자들이었다. 예수께서 바래새인과 서기관들을 상대로 장로들의 전통에 대해 논쟁하는 장면과 가나안 여인의 딸을 치유하신 사건 그리고 칠병이어의 기적이 소개된다. 논쟁이나 이적의 초점은 예수가 하나님이 보내신 메시야이심을 선포하는 데 있다.

✚ 묵상 : 바리새인과 서기관들의 장로적 전통이 오늘날 무엇과 비슷할까요?(마15:2~11,18~20)
예수님은 자신을 찾아온 자들의 영적 귀신들림과 육적 배고픔을 어떻게 해결해 주셨나요?(마15:22~28,32~38)

통일 주제 정돈 (整頓, 어지럽게 흩어진 것을 정리하여 바로 잡고 가지런히 함)

연합 내용 하나님은 각 시대에 하나님의 뜻을 훼방하는 각종 문제를 영적 지도자를 통해서 정돈하셨다.

● 느헤미야 5장 가난의 문제를 정돈함

외부의 도전을 일단락지은 직후 유다 내에는 식량 고갈, 기근, 무거운 세금 등의 내부적인 문제가 뒤따랐다. 이에 대해 느헤미야는 자기의 청렴결백을 내세워 연약한 백성을 억압하는 자들을 책망한다. 하지만 부유층과 지도층의 사람들이 사리사욕만 채우지 않고 동족의 어려움을 함께 나눈다면 문제는 충분히 해결될 수 있었다. 그래서 느헤미야는 개혁적 조치를 단행하였다.

✚ 묵상 : 느헤미야는 백성들의 가난의 원인을 어디에 있다고 보았나요?(느5:1~8,10)
느헤미야가 유다 땅 총독으로 세움을 받았을 때에 아닥사스다 왕이 주는 녹을 받지 않은 이유는 무엇일까요?(느5:14~15,18)

● 사도행전 15장 할례의 문제를 정돈함

본장에서는 할례에 관해 논쟁한 예루살렘 공의회와 바울의 제2차 전도여행이 기록되어 있다. 이방인의 구원 사실과 관련하여 바울 일행과 유대인 신자들이 논쟁을 벌이게 되었고, 이로 인하여 역사적인 예루살렘 공의회가 소집되었으며 바울의 이방 전도는 드디어 예루살렘교회의 공식적인 승인을 받게 되었다.

그래서 예루살렘 공회는 유대인들의 율법적 태도를 일축하는 결정을 내렸고(1-21절), 안디옥교회를 향해서는 더 이상의 갈등이 빚어지지 않도록 권고함으로써 이방인 성도 문제는 일단락되었다(22-35절). 또한 바울이 제2차 전도여행에 앞서 바나바와 결별하게 되는 일이 소개되고 있다(36-41절).

✚ 묵상 : 이방 선교에 가장 큰 장애가 되었던 할례를 폐지하는데 근거가 되었던 것은 무엇이었나요?(행15:1~2,4~5,7~20,28)
바울과 바나바가 전도를 떠나려 할 때 다툼이 일어난 원인과 해결책은 무엇이었나요?(행15:36~40)

기 도

- 믿음은 약속 뒤에 오는 부정의 환경을 인내함으로 넘어가는 것입니다.
- 하나님의 약속이 있었지만 성취되지 않음으로 실망하지 마십시오. 인내하며 기다리십시오.
- 믿음으로 왕이신 예수님과 동행하십시오. 믿음의 열매들이 있게 됩니다.
- 믿음으로 자신에게 주어진 기득권을 내려놓고, 믿음으로 장애들을 극복하시기 바랍니다.

1월 16 January 표적

창17 / 마16 / 느6 / 행16

● 창세기 17장 언약의 표적으로 할례를 제정

본장에는 자비로우시고 크신 여호와 하나님과 신앙인의 조상인 경건한 아브라함과의 계약의 체결과 협약의 조항들이 나타나 있다. 아브라함은 하나님의 계약의 대상자로서 '하나님의 친구'와 같은 대접을 받았다. 여기서 하나님과 아브라함의 계약에 언급된 비밀을 바르게 이해할 필요가 있다. 하나님께서 아브라함을 찾아주실 때는 아브라함의 나이가 99세였다. 오랫동안 아브라함에게 나타나지 않았던 여호와 하나님께서는 침묵을 깨고 은총으로 임한 것이다. 그에게 나타나신 목적은 하나님 편에서나 아브라함 편에서 볼 때 중대한 계약의 체결을 위해서이다.

하나님과 아브라함 사이에 이 계약의 체결이 없었다면, 인류 역사는 큰 소용돌이 속에 빠지고 말았을 것이다. 이 계약은 한 번 세우면 어느 편에서도 변경이나 취소가 불가능한 것이었다. 그 계약은 '할례'인데 아브라함과 그 아들들에게서 영원히 끊어지지 않을 계약이었다.

✚ 묵상 : 하나님이 아브라함에게 언약의 표징으로 주신 두 가지는 무엇일까요?(창17:2~11)
아브라함이 이스마엘을 낳은지 13년 뒤에 하나님은 어떤 기적을 보여 주셨나요?(창17:15~16,19,21)

● 마태복음 16장 요나의 표적으로 교회를 세움

바리새인들이 다시 와서 예수에게서 하늘로서 오는 표적을 보이라고 말하는 장면이다. 예수께서는 구체적으로 제자들에게 자신이 메시야이심을 선포하면서 고난과 십자가에서의 죽음을 처음으로 말씀하신다. 이와 아울러 본문에서 예수를 향한 베드로의 신앙고백과 올바른 제자의 도(道)가 언급되고 있다. 또한 교회의 기초는 주님이신 예수 그리스도이시다.

베드로는 분명히 유대인과 이방인들을 위해 문을 열도록 하라는 분부를 받기는 했으나 이러한 하나님의 뜻을 전하는데 실패했다. 육체는 얼마나 쉬운 길을 사랑하는가를 보여주고 있으며, 그러나 본향에 이르는 길은 십자가의 길임을 보여주고 있다.

✚ 묵상 : 예수님이 보여주신 요나의 표적은 무엇이며 그 결과 무엇이 세워졌나요?(마16:4,18,21)
예수님이 베드로의 신앙고백 위에 교회를 세우신 가장 큰 이유는 무엇일까요?(마16:15~19,24~25)

통일 주제 표적 (表迹, 겉으로 나타난 흔적 또는 현상)

연합 내용 하나님은 매 시대마다 주의 일을 하는 자들에게 표적을 주심으로 흔들리지 않게 하셨다.

● 느헤미야 6장 성벽중수가 임재의 표적이 됨

산발랏 일당의 암살 계획을 눈치 채고 이에 지혜롭게 대처하여 위기를 넘긴 느헤미야는 더욱 더 하나님만을 의지하였다. 한편 종교 지도자들이 매수되어 느헤미야를 제거하라는 정치적인 악한 목적에 이용당한 것은 정치와 종교가 분리되어서도 안 되지만 서로 연합하여 시대 조류에 편승해서도 안 된다는 사실을 교훈해 주고 있다.

✚ 묵상 : 느헤미야가 많은 음모 가운데서도 결국 성벽건축 역사를 마친 것은 어떤 은혜때문일까요?(느6:1~16)
산발랏과 도비야의 간교한 계략은 오늘날 교회사역에 어떤 교훈을 줄까요?(느6:14)

● 사도행전 16장 사역열매가 임재의 표적이 됨

바울의 제2차 전도여행에 대해 집중적으로 다루고 있다. 이것은 이방 세계로 기독교가 뻗어 나가고 있음을 보여 주는 증거이다. 바울의 활약으로 복음은 소아시아를 떠나 지중해를 건너 유럽까지 진출하게 되었다.

그리고 바울이 디모데를 동역자로 택한 일(1-15절), 그리고 투옥된 바울과 실라(16-24절), 빌립보 간수의 회개와 바울과 실라가 석방(25-40절) 되는 장면이 소개되고 있다.

✚ 묵상 : 바울에게 있어서 디모데와 루디아는 어떤 존재였을까요?(행16:1~3,12~15)
바울은 복음사역을 하다가 고난을 당할 때 로마시민권을 어떻게 사용했나요?(행16:19~32,35~39)

기 도

- 우리는 하나님 나라의 씨입니다.
- 오직 예수 그리스도를 믿고 그분을 그리스도요 하나님의 아들로 고백합니다.
- 오늘도 성령의 인도하심을 따라 구원의 백성을 만나기를 기뻐하세요.

1월 17 January 탁월

창18 / 마17 / 느 7 / 행17

● 창세기 18장 아브라함 중보기도의 탁월함

본장의 기사는 아브라함이 할례를 받은 후 첫 기사로서, 그가 영광스러운 하나님과의 교통 안에 삶으로 인도하심을 본다. 이것은 아브라함에게 명하신 할례법에 기꺼이 순종함에 하나님의 상급이라 할 수 있다. 하나님께서 아브라함에게 나타나신 것을 보면 과거에 나타나실 때와 많은 비교가 된다. 할례 전까지는 하나님께서 권위적으로 나타났으나 할례 후 첫 번째 나타나심은 소탈하고 절친하며 특별한 장엄함이나 위엄 같은 것은 모두 배제 되었다.

아브라함은 하늘의 손님에게 최선을 다하여 친절을 베풀었다. 아브라함은 부지중에 천사를 맞은 것으로 성경은 기록하였다(히 13:2). 그들을 접대한 보상으로 그리고 사라에게 내년 이때쯤 아들을 안을 것이라 한다(마 10:41; 창 18:10). 그러나 하늘에서 온 천사들은 복음만 전한 것이 아니다. 그들이 전해준 비보는 아브라함을 당혹스럽게 하였다.

✚ 묵상 : 아브라함과 사라가 이삭 잉태의 예고를 받았을 때 웃은 이유는 무엇일까요?(창18:9~15)
아브라함의 소돔을 향한 50의인 중보기도는 어떤 판단에서 기인한 것일까요?(창18:20~26)

● 마태복음 17장 베드로의 은혜결단의 탁월함

가이사랴 빌립보의 수난 예고에 이어서 예수가 영광스러운 광채를 입고 변모하는 사건이 나온다. 이어 후반에는 산 아래로 내려온 예수께서는 간질병 걸린 아이를 고치시고, 갈릴리 지방으로 돌아온 뒤 가버나움에서 성전세를 납부하는 일화가 소개되고 있다. 여기서 베드로가 배웠던 또 하나의 교훈은 주님께서 어떠한 조건도 충족시킬 수 있는 능력을 지니고 계시다는 진리였다.

✚ 묵상 : 예수님의 변화 사건을 체험한 베드로는 왜 초막 셋을 짓자고 했을까요?(마17:1~4)
예수님이 베드로에게 물고기를 잡아 입 속에 있는 한 세겔로 세금을 내라고 말씀하신 이유는 무엇일까요?(마17:24~27)

통일 주제 탁월 (卓越, 남보다 두드러지게 뛰어남)

연합 내용 은혜를 사모하는 자들에게는 놀라운 체험이 있고 그 체험을 한 자들에게는 탁월한 영적 고백과 자세가 있다.

● 느헤미야 7장 돌아온 자들의 헌신의 탁월함

성벽 재건 공사는 마무리되었다. 그러나 대적들의 위협이 계속되고 있음으로 느헤미야는 경비 책임자들을 세우고, 외곽 지역에 흩어져 살던 백성들을 불러 모아 예루살렘 성읍에 정착하도록 하였다. 본문에 나와 있는 귀환민들의 명단은 이러한 이주 정책을 효과적으로 수행하기 위하여 실시한 인구 조사를 정리하고 기록한 것이다.

✚ 묵상 : 느헤미야가 돌아온 자의 계보와 수를 기록한 이유는 무엇일까요?(느7:5~6)
예루살렘으로 돌아와 성벽을 중수한 자들은 어떤 신분을 갖고 있었나요?(느7:66~67,70~73)

● 사도행전 17장 베뢰아인의 영적 자세의 탁월함

16장에 이어 바울의 제2차 전도여행을 계속해서 언급하고 있다. 본장의 내용은 바울의 전도 여행 중 가장 핵심이라 할 수 있다. 왜냐하면 사도 바울을 통해 하나님께서 성취하시고자 하는 '세계 전도'는 당시 세계의 중심인 남부 유럽 지방(그리스, 로마 등)을 기독교화 함으로써 이루어졌기에, 이 지역의 복음화를 다루고 있는 본장이 핵심이라 할 수 있다.

빌립보를 떠난 바울 일행이 암비볼리와 아볼로니아를 거쳐 데살로니가에 이른 장면(1-9절), 베뢰아에서 전도하는 장면(10-15절) 그리고 아덴에서의 전도 장면(16-34절) 등이 소개 되고 있다.

✚ 묵상 : 바울이 전도할 때에 가장 많이 사용된 방법은 무엇일까요?(행17:2~3,11,16~17)
바울의 복음제시 내용의 요점은 무엇일까요?(행17:3,18,22~31)

기 도

- 하나님은 우리 각 사람을 택하여 하나님의 도를 지켜 의와 공도를 행하게 하려 하십니다.
- 하나님 나라의 왕이신 예수 그리스도만을 바라보고 있습니까?
- 그의 말씀을 날마다 상고하고, 충성스러울 뿐 아니라 하나님을 경외하며 살아가십시오.

1월 18 January 개입

창19 / 마18 / 느8 / 행18

● 창세기 19장 롯을 구원하기 위해 개입하심

인간적인 입장에서 볼 때 창세기 19장의 사건은 차라리 없었으면 좋을 뻔하였다. 그러나 본장에서도 하나님의 함축된 진리가 내포되어 있다. 그렇다면 창세기 19장은 우리에게 무엇을 보여주고 있는가? 경고이다. 그리고 본장에서 본을 받을 것이 있다. 특히 젊은이들이 봐야 할 말씀이다. 우리는 창세기 18장에서 아브라함의 적극적인 기도와 이 장에서 롯의 소극적인 태도에 놀란다. 롯은 매우 수동적인 인물이다(창 11:31; 12:5). 그래서 의존적인 신앙을 가졌다. 그러므로 아브라함에 비하면 매우 빈약한 믿음의 소유자로 능동적이지 못했다. 아브라함의 뒤를 따르는 것이나 물질적인 것에 매여 사는 것이나(창 13:5-13), 그가 악하고 죄 많은 땅을 택하는 것이나(창 13:11, 12; 19:1-13), 부인의 불신앙이나, 자녀들의 부패함을 볼 때(창 19:12-13; 눅 17:32; 17:28-33) 롯은 의인답지 못했다.

✚ 묵상 : 아브라함과 롯이 자신 앞에 나타난 하나님의 사람을 대접할 때 그 차이점은 무엇일까요?(창19:1~3)
아브라함이 애굽에서 사라를 누이라고 한 점과 롯이 두 딸을 소돔사람에게 내어주겠다고 한 점은 어떤 공통점과 차이점이 있을까요?(창19:6~8)

● 마태복음 18장 죄를 용서하시기 위해 개입하심

수난 예고와 부활에 대한 말씀을 듣고도 제자들은 자리다툼을 한다. 이에 예수는 어린 아이를 통해 겸손을 가르치면서 교만하여 어린 아이를 실족하게 하는 것이 얼마나 큰 죄인지에 대해 언급하신다. 이어서 잃은 양을 찾으라는 권면과 죄 지은 형제를 용서하라는 교훈을 주신다.

✚ 묵상 : 예수님을 믿는 작은 자 중 하나를 실족하게 하면 차라리 연자맷돌을 누구 목에 달라고 하셨나요?(마18:5~6)
예수님이 제자들에게 가르쳐 주신 참된 용서는 어떻게 하는 것일까요?(마18:21~35)

통일 주제 개입 (介入, 하나님이 인간의 삶과 상황 속에 간섭하심)

연합 내용 하나님은 각 시대에 구원과 용서, 은혜와 교회를 위해 상황 속에 개입하심으로 놀라운 역사를 이루신다.

● 느헤미야 8장 은혜를 주시기 위해 개입하심

본장에서 '모세의 율법'에 나타난 대로 하나님의 말씀에 대한 긴급한 호소의 형태로 새로운 변화의 모습이 나온다. 그것은 새로운 변화의 숨결과 같은 것이고, 백성들도 그 율법을 듣고 운 바 있었다(9절). 하나님의 말씀은 언제나 하나님의 사역과 관계를 가진다.

이처럼 에스라가 예루살렘 성을 재건하고 백성들을 정착시키는 일이 일단락되자 느헤미야는 대성회를 열었다. 이는 백성들을 영적으로 재 각성시키며 하나님의 언약 백성으로서 그분께 순종하는 삶을 다짐토록 하기 위해서였다. 이윽고 율법에 능통한 학사 에스라가 율법 낭독을 통해 하나님의 말씀을 밝히 깨달은 백성들은 기록된 말씀대로 순종하여 초막절을 지키게 된다.

✚ 묵상 : 성벽중수를 마친 귀환백성들은 학사 에스라에게 무엇을 요청하였나요?(느8:1~3)
율법의 말씀을 밝히 알게 된 귀환백성들은 왜 다시 초막을 지었을까요?(느8:13~18)

● 사도행전 18장 교회를 세우기 위해 개입하심

제2차 전도여행이 끝나는 장면과 제3차 전도여행을 시작하는 장면이 수록되어 있다. 특별히 본장 전체에는 바울 이외에 명확한 이름이 밝혀진 인물들이 아홉 사람이나 등장하며, 이중에서 아가야 총독인 갈리오와 회당장 소스데네 두 사람을 제외한 나머지 일곱 사람은 모두 바울의 복음 전도 사역을 도운 복음의 일꾼들이었다.

바울 일행은 아덴에 이어 상업 중심지인 고린도에서 전도 활동을 전개하며(1-17절), 이어 에베소를 거쳐 수리아의 안디옥교회로 돌아옴으로써 전도 여행을 일단락 짓는다(18-23절). 그리고 고린도교회를 지도하게 될 아볼로에 관한 기사가 언급되고 있다(24-28절).

✚ 묵상 : 하나님은 바울을 통해 고린도교회를 세우시기 위해 어떤 사람들을 만나게 하셨나요?(행18:1~3)
알렉산드리아 출신 아볼로는 어떤 재능을 가졌으며 누구의 도움을 받아 복음을 전했나요?(행18:24~28)

기 도

- 하나님의 구원 계획은 은혜 자체입니다. 아브라함을 보시고 롯을 구원하심, 일곱 번을 일흔 번까지 용서하심으로 구원하심, 말씀을 듣고 아멘으로 응답하게 하심, 거주하는 성에 구원받을 백성을 남겨 두심이 그렇습니다.
- 하나님의 구원의 은혜를 깊이 생각하며 오늘도 용서를 실천하고, 구원 얻을 자를 찾아나서 보십시오.

1월 19 January

간섭

창20 / 마19 / 느9 / 행19

● 창세기 20장 언약의 씨를 지키기 위해 간섭

아브라함은 20년간이나 살던 마므레를 떠나 블레셋 땅으로 이주했다. 그가 무슨 이유로 이주했을까? 소돔과 고모라의 무서운 재앙에 충격을 받아서였는지 알 수 없다. 그 땅의 멸망이 두려워서였는지, 아니면 롯의 딸들의 근친상간으로 인하여 그 땅의 족속들로부터 비난이 너무 심하여서였는지 알 수 없다.

아무튼 아브라함의 이동에는 분명한 이유가 있었을 것이나 그것을 성경에서는 찾을 길이 없다. 그러나 그가 땅에서 그의 아내를 부인하는 일(창 12:13)로 보아 아브라함이 신앙 때문에 이주한 것으로 보기에는 의문점이 많다. 하나님께서 그 밤에 그랄왕 아비멜렉에게 현몽하셔서 책망하였기 때문이다(시 105:14, 15).

✚ 묵상 : 아브라함이 그랄에 거주할 때에 애굽에서 보였던 행동(아내를 누이라 함)을 다시 보인 이유는 무엇일까요?(창20:1~13)
하나님이 그랄 왕 아비멜렉에게 행하신 일은 오늘날 우리에게 어떤 깨달음을 주실까요?(창20:3,6~7,17~18)

● 마태복음 19장 잘못된 가치관을 고치기 위해 간섭

결혼 문제에 대해서 예수께서 하신 답변은 율법과 주님의 관계를 시사하고 있다. 예수께서는 이제 예루살렘을 향해 발걸음을 옮기신다. 19장부터 예수께서 예루살렘으로 가시는 도중에 발생한 사건들을 다루고 있다. 그 문제로서는 이혼과 독신의 문제, 어린 아이를 축복하는 장면, 재물과 영생 문제, 제자들이 받을 상급 등이 언급되고 있다.

✚ 묵상 : 어린아이를 용납하시고 또 어린아이를 통해 천국의 교훈을 가르치신 예수님은 어떤 유아관과 다음세대관을 가지고 계실까요?(마19:13~15)
부자청년과 12제자에게 말씀하신 영생과 재물의 관계는 어떤 것일까요?(마19:16~24,27~29)

통일 주제 간섭 (干涉, 하나님이 특정한 자의 일이나 상황에 섭리하심)

연합 내용 구약의 선민들의 범죄를 참고 또 해결하시며, 신약의 선민들의 이기적인 욕심을 가르침과 합리적인 말로 잠재우시는 하나님의 개입을 본다.

● 느헤미야 9장 선민의 죄를 인내의 성품으로 간섭

하나님의 관계 회복은 삶의 터전을 복구하는 것만으로 끝나는 것이 아니라 이전의 죄악된 삶을 내버리고 새로운 삶을 사는 것으로 성취된다. 율법의 말씀을 밝히 깨달은 유대인들이 초막절을 지킨데 이어 금식하며 자신들의 죄를 자복하고, 하나님을 경외하며 찬양한 것은 자연스런 귀결이 아닐 수 없다.

✚ 묵상 : 경건생활에 있어서 말씀과 기도의 가장 이상적인 시간비율은 어떻게 될까요?(느9:3)
레위사람 예수아와 함께한 자들은 백성 앞에서 하나님께 대표기도를 어떻게 드렸나요?(느9:4~38)

● 사도행전 19장 바울을 향한 박해를 서기관을 통해 간섭

바울의 제3차 전도여행에 대해 기록하고 있다. 바울은 제2차 전도여행을 마감하고 돌아오는 길에 에베소를 잠시 들렀으며, 거기서 호의적인 반응을 얻고 다시 만날 날을 기약한 바 있다. 이제 평소부터 염원했던 에베소에 약 2년간 머물면서 성도들을 양육했으며(1-7절), 각종 이적을 행함으로써 많은 사람을 회심시켰으나(8-20절) 아데미 여신 숭배자의 방해 공작으로 에베소를 떠나게 된다(21-41절).

✚ 묵상 : 데메드리오가 바울의 천국복음 전파를 박해한 이유는 무엇 때문일까요?(행19:23~27)
에베소의 서기장은 어떤 합리적인 말로 2시간이나 계속된 집회 소요를 해산시켰나요?(행19:32~41)

기 도

- 기도하십니까?
- 우리 삶의 모든 상황은 기도해야 할 상황입니다.
- 원수를 위해서도 기도하십시오.
- 손을 얹고 기도하십시오. 금식하며 기도하십시오.

1월 20 January

응답

창21 / 마20 / 느10 / 행20

● 창세기 21장 사라와 하갈에게 하신 약속을 응답하심

아브라함에게 오랫동안 고대하던 일이 드디어 성취되었다. 자식을 낳으리라는 언약은 예정된 시기가 되어 이루어졌다. 하나님의 약속은 결코 거짓이 없다. 구약의 인물 중에 이삭처럼 큰 기대를 한 몸에 안고 출생한 인물도 그렇게 많지 않다. 그것은 이삭이 위대한 일을 성취해서가 아니라 그가 그리스도의 한 모형이요, 예표가 되었다는 사실이기 때문이다. 이삭은 하나님께서 언약한 거룩한 씨다. 그의 출생은 그리스도와 같이 초자연적이다. 이삭은 약속에 따라 잉태되었고 약속에 의하여 출생하였다(히 11:11).

하나님의 언약을 믿는 일은 성경의 중심 진리이다. 다만 일반적으로 하나님의 존재, 권능, 은혜를 믿는 것이 아니라 특별한 약속을 얻어 하나님과 특별한 관계에 들어가는 것을 믿는 것이 약속에 대한 믿음이다. 그리고 이 약속에는 하나님의 진실과 신실함이 신앙과 함께 당연히 동반한다. 쌍방간에 성실과 믿음이 인간의 지식과 경험을 초월하여 성취될 때 그것이 곧 이삭의 출생이요 예수의 출현이다(롬 4:17-22).

✚ 묵상 : 하나님의 약속이 응답되기 전에 자기의 생각으로 행한 일들은 어떤 결과를 가져 올까요?(창21:9~12)
하나님께서 하갈과 이스마엘을 보호하시고 축복하신 이유는 무엇일까요?(창21:13,17~18)

● 마태복음 20장 품꾼에게 약속하신 것을 응답하심

본장에서는 포도원 품꾼 비유를 통해 19장에 이어 먼저와 나중의 의미에 대해 가르치신다. 그리고 계속해서 수난에 대한 세 번째 예고와 세베대의 아들들이 자리를 두고 서로 다투는 모습을 통해 제자들의 어두운 눈을 밝게 하시는 장면이 언급되고 있다.

✚ 묵상 : 천국 백성인 그리스도인에게 가장 중요한 성품과 자세는 무엇일까요?(마20:10~15)
여리고의 맹인 두 사람이 눈을 뜨게 된 것은 예수님의 이 세상에 오신 목적과 어떤 연관이 있을까요?(마20:30~34)

통일 주제 응답 (應答, 부름이나 물음에 응하여 대답을 함)

연합 내용 하나님은 믿는 자에게 약속하신 것을 반드시 응답하시되 자연적으로 또는 초자연적인 방법으로 응답하신다.

● 느헤미야 10장 식물과 동물의 소산으로 응답하심

이스라엘이 처음에 언약을 맺을 때에는 제사에 피를 뿌려서 하였다(출 24장). 그러나 이번에는 그와 같은 절차가 전혀 없고 지극히 자연스러운 방법으로 언약을 맺는다. 본문에는 그 언약에 인친 대표자들의 명단과 백성들이 하나님의 율법을 준수한 내용이 자세히 기록되어 있다. 그들이 하나님의 율법에 순종한 것은 단순한 법적 의무가 아니라 하나님과의 언약 관계에 따라 마땅히 살아야 할 삶 그 자체였다.

✚ 묵상 : 귀환한 모든 백성들이 바른 신앙생활을 할 수 있는 것은 어떤 믿음이 전제될 때 가능할까요?(느10:28,39)
성벽중수, 율법묵상, 회개기도를 통해 바른 신앙을 정비한 귀환백성은 날마다 생활함에 있어서 어떤 것을 결의했나요?(느10:29~37)

● 사도행전 20장 말씀을 전할 때 기적으로 응답하심

바울이 그동안 전도한 교회들을 두루 다니면서 그들을 권면한 내용이 기록되어 있다. 본장에서 바울은 아시아에서의 마지막 체류지였던 밀레도에서 고별 설교를 통하여 자신이 세계 전도를 위한 전도자로서 얼마나 하나님과 사람 앞에 희생적인 삶을 살았는가를 역설함을 보여 주고 있다. 바울 일행은 마게도냐에서 드로아까지의 여정(1-6절), 드로아에서 유두고를 되살린 일(7-12절), 그리고 드로아에서 밀레도까지의 여정(13-16절), 에베소 장로들을 밀레도로 초청하여 행한 고별 설교(17-38절) 등이 소개되고 있다.

✚ 묵상 : 바울은 강론을 길게 할 때 3층에서 떨어진 유두고를 어떻게 살렸나요?(행20:7~12)
바울이 말한 24절과 35절은 어떤 밀접한 관계를 가지고 있을까요?(행20:24,35)

기 도

• 하나님의 영원하신 경륜 안에서 택정함을 받은 하나님 나라의 씨로서 하나님의 뜻을 따르기 위해 어떤 결단을 하셨습니까?
• 그리고 그 뜻을 전하기 위해 어떤 말을 사용하십니까?

1월 21 January

드림

창22 / 마21 / 느11 / 행21

● 창세기 22장 만물의 창조시작

창세기 기사 중에 너무 아름다워 많은 사람들의 마음을 움직이는 말씀이 있다. "내가 네게 큰 복을 주고 네 씨가 크게 번성하여 하늘의 별과 같고 바닷가의 모래와 같게 하리니"(17절), 이제 하나님은 아브라함에게 오랜 안정된 생활 속에서도 하나님에 대한 사랑과 신앙이 어떠한지를 시험하시고자 한다. 그는 하나님의 말씀이 임할 때마다 하나님을 사랑함을 보였다. 고향과 친척과 부모보다 하나님을 더 사랑하였다. 그런데 지금의 환경은 그 때와 상당한 차이가 있다. 그것은 그가 100세에 아들을 얻어 남부럽지 않게 살고 있었기 때문이다.

하나님께서는 그를 시험하셨다. 그에게 임한 시험은 악의를 가지고 죄에 빠지도록 한 시험은 결코 아니다. 하나님의 은총에 얼마나 감사와 영광과 존귀를 돌리는가를 시험하는 선의의 것이다(벧전 1:7). 이 시험은 욥과 같은 성질의 시험이다. 복 주고 복 주시기를 위한 시험이다. 그 시험 방법을 보면 제일 먼저 자신의 물질(사업)을 통하여 오고, 다음으로 가족(육신)을 통하여 오며, 다음에는 욥과 같이 자신의 영육을 통하여 온다.

✚ 묵상 : 하나님이 아브라함을 시험하신 이유는 무엇일까요?(창22:1~12,16~18)
아브라함이 이삭을 번제로 드릴 때 수풀에 걸린 숫양은 어떻게 나타난 것일까요?(창22:14)

● 마태복음 21장 예수의 탄생시작

예수께서 마침내 예루살렘에 입성하신다. 입성하셔서 성전 정화, 무화과나무 저주, 성전에서의 논쟁, 두 아들 비유와 악한 농부 비유가 차례로 소개되고 있다. 특히 길가의 열매 없는 무화과나무에 대한 저주는 그리스도가 행하신 유일한 심판의 기적이다. 이스라엘이 열매 맺지 못했음을 나타내는 표징으로서 열매를 맺지 못한 무화과나무는 생생한 위선임을 보여준다. 그리고 두 아들과 한 집주인의 비유는 이스라엘의 열매 맺지 못함과 그들에 대한 그리스도의 정죄를 나타내는 증거이다.

✚ 묵상 : 예수님은 속죄제물이 되기 위하여 나귀새끼를 타시고 예루살렘으로 들어가셨습니다. 왜 다른 곳이 아닌 예루살렘이어야 할까요?(마21:1~10)
포도원농부 비유에서 '자기 종들', '다른 종들', '자기 아들'은 누구를 가리키는 것일까요?(마21:33~39,45)

통일 주제 드림

연합 내용 하나님의 뜻에 순종하기 위해 자신의 뜻을 굽히고 오직 믿음으로 순종하여 자신을 드린다.

● 느헤미야 11장 성전의 건축시작

예루살렘은 이스라엘의 수도일 뿐 아니라 종교의 중심지였다. 이는 그곳에 '성전'이 있기 때문이다. 그러나 그곳은 새로운 인구 정책이 필요했다. 그뿐 아니라 그곳은 유다 사람들의 정신이 집중된 것 외에도 이방인들의 집중적인 공격의 대상이기도 하였다. 그래서 느헤미야는 다시 그곳에 지방의 주민들을 유입시키는 정책을 쓴다.

이때에 유다의 전역에서는 50,000명 이상의 주민이 정착하고 있었다. 따라서 이들을 동원하여 그 일부를 예루살렘에 정착하게 하는 것이 느헤미야의 중요한 정책이었다.

✚ 묵상 : 귀환백성이 자신이 원하는 곳에 거주하지 못하고 제비뽑아 거주지를 결정하여 그 곳에 머물게 된 것은 어떤 의미를 갖을까요?(느11:1)
오늘날 믿는 자인 그리스도인의 거주지는 누가 결정할까요?(느11:22~24)

● 사도행전 21장 교회의 태동시작

밀레도에서 설교를 마친 바울은 유대인들의 핍박으로 투옥되게 된다. 바울은 예루살렘에서의 고난이 기다리고 있음을 알지만 일행과 함께 예루살렘 여정을 계속했고(1-16절), 예루살렘에 도착하여 성도들에게 지난 일들을 보고한 후 결례를 행했으며(17-26절), 마침내 유대인들에 의해 체포된다(27-40절).

✚ 묵상 : 제자들과 아가보가 성령의 감동을 받아 바울에게 예루살렘에 들어가지 말 것을 예언했을 때 바울이 자신의 뜻대로 행한 것은 죄가 될까요?(행21:4,8~14)
바울이 경우에 따라 헬라 말과 히브리 말을 사용한 것은 어떤 목적이 있었을까요?(행21:30~40)

기 도

- 하나님 나라를 위한 비전을 가졌습니까?
- 또한 그 비전을 포기할 수 있습니까?
- 믿음은 비전 성취를 위해 달려 나아가는 것도 포함되지만, 때로는 그 비전을 포기할 수도 있어야 함을 기억하십시오.

1월 22 January

준비

창23 / 마22 / 느12 / 행22

● 창세기 23장 아브라함이 사라의 무덤을 준비

본장에서는 아브라함 일가의 황혼기를 본다. 그 서막이 사라의 죽음으로 시작하여 모든 일이 미래적인 일로 끝난다. 여기서 절대 간과해서는 안 될 일이 있다. 아브라함이 하나님으로부터 이 가나안 땅을 주리라 하셨지만 처음부터 그 땅을 전부 기업의 땅으로 받은 것은 아니다. 아브라함은 처음으로 그 아내 사라를 위하여 몇 평 되지 않는 묘지를 돈을 주고 구입한 것이다. 이것이 '성지의 씨'가 되었다. 하나님께서는 이 땅을 점차적으로 확대하여 마지막에는 하나님으로부터 기업으로 받은 것이다. 하나님의 복에 대하여 아브라함과 같이 조급하지 말고 때를 기다리는 것이 필요하다. 하나님께서는 본장의 중요한 계시를 보여주고 있다. 본장의 초점은 막벨라 굴인 매장지에 초점을 맞추고 있다. 아브라함은 아내의 매장지를 주민에게 얻어서 장지로 삼은 것이 아니다. 합당한 대금을 지불하고, 합당한 거래를 통하여 매입한 후 그곳에 사라를 안치하였다. 이 사건은 매우 간단한 일 같으나 무덤의 위치, 무덤의 소유자, 구입방법, 아브라함이 매입하는데 지불한 돈의 액수에 대하여 정확한 기록을 남겼다. 그 이유는 사라의 무덤으로 끝날 것이 아니며 아브라함, 이삭, 리브가, 야곱, 레아도 묻힐 땅이기 때문이다(창 49:29-31).

✚ 묵상 : 아브라함이 헷 족속에게 존경을 받은 것은 무엇 때문일까요?(창23:5~15)
아브라함이 사라의 장사를 위하여 막벨라 굴을 값을 주고 구입한 이유는 무엇일까요?(창23:16~20)

● 마태복음 22장 잔치에 청함을 받은 자가 예복을 준비

예루살렘 방문 셋째 날에 접어들면서 예수에 대한 각계 지도자들의 도전은 더욱 거세진다. 혼인 잔치 비유를 통해 유대인들에 대한 심판 선언이 있은 후 예수를 정치적으로 궁지에 몰아넣으려는 지도자들은 납세 문제에 대한 질문을 제기한다. 또 바리새인들은 가장 큰 계명에 대한 질문을 제기한다. 그러나 예수는 명쾌한 가르침으로 사람들의 도전을 보기 좋게 꺾어버린다.

✚ 묵상 : 청함을 받은 자가 혼인잔치에 들어가기 위해 입어야 할 예복은 무엇일까요?(마22:12)
율법(구약) 중에 가장 큰 계명과 복음(신약) 중에 가장 큰 말씀은 무엇일까요?(마22:35~40)

통일 주제 준비 (準備, 어떤 일에 필요한 물건을 미리 마련하여 갖춤)

연합 내용 구원받은 하나님의 자녀들은 참된 처소에 거하게 된다. 그러기 위해서 믿는 자는 스스로 대가를 지불하고 구원에 합당한 준비를 해야 한다.

● 느헤미야 12장 이스라엘의 사역자는 축제의 예배를 준비

본장의 1-26절 단락에서는 제1차 포로 귀환 이후의 제사장과 레위인의 명단을 기술하고, 27-43절 단락에서는 하나님의 선민의 삶의 구심점이었던 성전이 있던 예루살렘 성벽의 낙성식에 대해, 그리고 44-47절 단락에서는 십일조를 수납할 레위인의 임명과 제사장과 레위인의 직무에 대한 개괄적 설명을 하고 있다.

✚ 묵상 : 성을 중수한 후 이스라엘의 제사장과 백성이 열심히 준비한 것은 무엇일까요?(느12:27~30)
이스라엘 백성은 제사장과 레위 사람에게 무엇을 준비하여 주었나요?(느12:44~47)

● 사도행전 22장 바울은 박해하는 유대인에게 복음을 준비

죽음의 위기 가운데서도 자신을 변증하는 바울의 모습을 볼 수 있다. 즉 자신의 혈통적, 종교적 배경과 회심 과정(1-16절), 그리고 이방인의 사도로 부름 받은 사실(17-21절), 분노한 유대인들의 살기등등한 위협을 피하기 위해 로마 시민권을 행사하여 천부장의 보호를 받게 된 일(22-30절) 등이 소개 되고 있다. 이처럼 바울의 무죄가 유대인이 아니라 로마 당국에 의해 밝혀지고 있는 것은 바울의 로마 전도와 긴밀한 연관을 갖는다.

✚ 묵상 : 바울이 다메섹에 있는 유대인 군중 앞에 섰을 때 어떤 메시지를 전했나요?(행22:3~21)
유대인의 소동으로 천부장이 바울을 심문하려고 할 때 바울은 자신이 가지고 있는 어떤 신분을 사용하였나요?(행22:24~29)

기 도

- 창세기와 느헤미야를 통해 땅의 확정과 그 땅을 향한 열망을 보았습니다. 약속한 그 땅(영역)을 향한 열망이 있습니까?
- 하나님이 약속하신 땅(영역)을 취하기 위해 열망을 갖고 나아가십시오. 하나님이 허락하십니다.
- 지금의 직장(영역)을 하나님 나라 만들기 위해 할 수 있는 일은 무엇이 있을까요?

1월 23 January 기준

창24 / 마23 / 느13 / 행23

● 창세기 24장 언약의 씨 이삭이 아내를 얻는 기준

앞장으로 사실상 아브라함의 역사는 끝이 나고 24장부터는 이삭의 족장사가 시작된다. 이삭은 이스라엘의 두 번째 족장이다. 아브라함에게 언약하신 바는 오직 이삭 안에서만 성취된다. 이삭 없이는 하나님의 경륜을 기대할 수 없다. 아브라함은 하나님의 약속의 땅에 들어와서 이삭을 기적으로 얻었다. 아브라함의 마음속에는 오직 이삭만 들어 있었다. 하나님께서는 아브라함과 이삭을 통하여 회복사업을 성취하려고 변함없이 역사하셨다.

하나님의 일은 이신득의(以信得義) 문제만 아니다. 의로움의 일이었다. 그러나 의로움의 문제는 이미 아브라함의 시대에 이루어졌기 때문이다. 이삭을 통한 문제는 의로움을 받은 '사람의 문제'를 다루고 있다. 하나님은 '의'를 원하신 것이 아니라, '의로운 사람'을 원하신다. 하나님은 이미 아브라함을 확보하시고 당신이 원하는 사람도 확보하셨다.

아브라함의 경험은 하나님의 백성을 다루시는 하나님의 표준이다. 오늘날에도 하나님께서 원하신 바는 아브라함과 같은 사람들도 원하시지만, 아브라함의 권속과 같은 조직을 원하신다. 그렇게 될 때 아브라함의 경험이 개개인의 경험을 통하여 민족적 조직으로 확대될 것이기 때문이다. 동일한 부르심과 동일한 경험은 모든 사람으로 한 지체를 이루는데 절대적인 문제이다. 오늘날 인류를 향한 하나님의 목적도 아브라함과 같은 경험을 가진 씨가 되는 것이다.

✚ 묵상 : 아브라함이 아들 이삭의 아내를 얻고자 할 때 기준은 무엇이었나요?(창24:3~4)
아브라함의 집 모든 소유를 맡은 늙은 종이 이삭의 아내를 찾을 때 제일 먼저 한 일은 무엇이었나요?(창24:10~14)

● 마태복음 23장 예수가 바리새인을 저주하는 기준

서기관과 바리새인 등 유대 종교 지도자들의 일곱 가지 외식에 대한 책망으로 마감된다. 이로 인해 유대 지도자들과의 갈등은 극에 달한다. 후반부에서는 장차 제자들이 당할 박해 예고와 예루살렘의 멸망이 선포되고 있다.

✚ 묵상 : 예수님이 서기관들과 바리새인들에게 일곱 번의 저주를 하신 이유는 무엇일까요?(마23:2~7,13~16,23~32)
예수님이 사용하신 낙타와 독사와 암탉은 무엇을 비유하신 것일까요?(마23:24,33,37)

통일 주제 기준 (基準, 기본이 되는 표준)

연합 내용 하나님과 하나님의 사람은 어떤 일을 할 때든지 분명한 성서적 기준을 갖고 있다.

● 느헤미야 13장 백성과 영적 사역자의 위치와 몫을 정하는 기준

느헤미야는 예루살렘을 떠나서 바벨론의 왕궁에 갔었다. 이것은 그가 성벽을 세우기 위하여 파송되기 전에 왕과 한 약속을 지키기 위함이었을 것이다. 그가 얼마나 오랫동안 그곳에 머물러 있는지는 알 수는 없으나 되돌아와서 유다의 형편을 보았을 때에 매우 심각한 상태였다.

그 사이 백성들은 하나님의 은혜를 망각하고 성전을 더럽히며 안식일을 어기고 이방인과 혼인하는 등의 죄를 범하였다. 이에 느헤미야는 백성들의 죄악을 척결하고 바로 잡는 개혁을 단행하였다.

✚ 묵상 : 느헤미야의 지도력은 국가와 종교, 사회와 분배에 어떤 영향을 주었을까요?
(느13:1,7,10~11,15~17,19,23~26,28)
느헤미야의 통치는 어떤 기준과 우선순위를 가지고 있었나요?(느13:3,30~31)

● 사도행전 23장 바울이 박해로부터 자신을 지키는 기준

바울이 유대교의 최고 법정 기관인 산헤드린 공회 앞에서 행한 변론을 기록하고 있다. 공회 앞에서 행한 바울의 변증은 유대인의 핍박을 더욱 가중시킴으로써 바울이 살해당할 위험으로까지 몰아간다.

그러나 바울은 산헤드린 공회원 앞에서 복음의 진리를 변론하고(1-10절), 반박할 증거를 찾지 못한 유대인들이 바울을 살해할 계획을 도모하지만 하나님은 그를 보호하셨다(11-22절). 마침내 바울은 가이사랴 주재의 로마 총독 벨릭스에게로 비밀리에 호송되었다(23-35절).

✚ 묵상 : 핍박 속에서 늘 생명의 위협을 느끼는 바울은 어떤 힘으로 견뎌냈을까요?(행23:11)
핍박과 반대 속에서 위협을 견디고 사역을 지속하는 바울은 자력적으로 어떤 힘은 가지고 일을 풀어갔나요?(행23:12~17,22~24)

기 도

- 하나님은 우리를 하나님 나라의 거룩한 씨로 불러 주셨습니다.
- 하나님 나라의 거룩한 씨로서 정결치 못한 어떤 것이 있습니까?
- 물질과 세상 지식 그리고 이단의 교훈들은 우리를 정결하지 못하게 합니다.
- 하나님께서 우리를 보호하시고 인도하심을 기억하고 자신을 늘 정결하게 유지하기 위해 할 수 있는 일은 무엇이 있을지 생각해 보세요.

1월 24 January 종말

창25 / 마24 / 에1 / 행24

● 창세기 25장 아브라함과 이스마엘의 개인종말

하나님과의 언약 체결 당사자인 아브라함이 향년 175세의 나이로 생을 마감하고 언약 계보가 이삭 그리고 야곱에게로 전달되는 과정을 숨 가쁘게 소개하고 있다. 아브라함은 이삭이 결혼한 후 35년 동안 살았다. 그동안 아브라함이 어떻게 살았는지는 기록이 없으므로 알 수 없다. 특별히 하나님께서 아브라함에게 나타나신 일도, 또는 그를 시험하신 일도 이제는 더 이상 찾을 수 없다. 이러한 일은 아브라함의 때가 기울고 있음을 보여준 것이다. 아무리 훌륭하고 위대한 성인이라 할지라도 그의 일생의 모든 날이 다 뛰어나게 유명해질 수 있는 것은 아니다.

아브라함도 하나님의 섭리를 다 이루었으므로 조용히 사라질 때가 된 것이다. "한 세대는 가고 한 세대는 오되 땅은 영원히 있도다."(전 1: 4)라고 말한 전도자의 술회가 아브라함에게도 적용될 수밖에 없다. 사라가 죽은 후 아브라함은 그두라와 결혼하였다. 그 후 처로부터 자식을 여섯이나 얻었으나 그들의 종족에 대하여는 특별한 언급이 없다. 그는 살아있을 동안에 자기 재산을 공평하게 분배하고 이삭을 상속자로 삼았다.

✚ 묵상 : 아브라함이 후처를 맞이하여 많은 자녀를 낳았는데 어떻게 가능했을까요?(창25:1~2)
아브라함이 175세로 죽은 후 아들 이삭에게는 어떤 일이 일어났나요?(창25:7~8,11)

● 마태복음 24장 이스라엘과 이방의 세상 끝 종말

신구약에 나오는 모든 예언이 그러하듯이 예수께서 예루살렘 멸망에 관해 예언하고 있는 이 부분도 '예언의 복합 성취'라는 개념을 가지고 이해해야 한다. 즉 이 부분은 1차적으로는 AD 70년에 있을 예루살렘의 멸망을 예언하고 있지만 그와 동시에 2차적으로는 세상 종말, 즉 주의 임재하심과 세상 끝 날에 관해 예언하고 있다. 따라서 우리는 이 부분의 각 구절을 해석함에 있어서 어느 한 구절을 따로 떼 내어 당시의 역사적 정황에 일대일로 적용시키려는 어리석음과 위험을 피해야 할 것이다.

✚ 묵상 : 예수님은 제자들에게 세상 끝에는 어떤 징조가 나타날 것이라고 말씀하셨나요?
(마24:3~14,23~24,29,37~38)
종말 징조 중에 현재 우리의 삶에 나타나고 있는 현상들은 무엇이 있을까요?
(마24:5~7,12,38)

통일 주제 **종말 (終末, 계속되어 온 일이나 현상 또는 세상의 마지막)**

연합 내용 하나님은 모든 사람에게 개인종말과 세상 끝 우주종말을 가르쳐 주시고 이 땅에 사는 동안 참된 구원을 얻도록 길을 열어 놓으셨다.

● 에스더 1장 왕후 와스디의 개인종말

에스더의 배경이 되는 내용으로 당시 근동의 맹주였던 통치자 아하수에로가 베푼 대연회에서 일어난 사건이다. 미모가 출중했던 왕후 와스디를 손님들 앞에서 자랑하려 했던 아하수에로 왕은 왕후 와스디가 이를 거절하자 권위의 손상을 입고 크게 진노하여 왕후를 폐위하고 만다. 이로써 주인공 에스더가 바사의 왕후로 등장하게 되는 계기가 주어졌다.

✚ 묵상 : 만물을 통치하시는 하나님은 이방 왕 아하수에로에게 어떤 복을 내리셨나요?(에1:1~4)
아하수에로 왕의 단점은 무엇일까요?(에1:5~8,10~12,18~19,21)

● 사도행전 24장 바울이 벨릭스에게 전한 재림종말

24장에서 26장까지는 바울이 2년 간 가이사랴 감옥에서 생활한 내용이다. 로마 총독 벨릭스 앞에서 변론하는 바울에 대해 기록하고 있다. 이것은 사도행전 21장 11절에서 선지자 아가보가 행한 예언이 성취된 것이다. 왜냐하면 바울이 유대인의 음모를 피하여 무사히 가이사랴에 도착하자 곧 벨릭스에게 인도되었고, 예루살렘 유대인들이 가이사랴까지 와서 변호사를 내세워 총독에게 바울을 고소하고(1-9절), 이에 맞서 바울은 총독 앞에서 자신의 무죄를 변호한 사실(10-21절)과 이에 전전긍긍한 총독이 판결을 2년 간 유보한 사건이 소개 되고 있다(22-27절).

✚ 묵상 : 대제사장 아나니아와 함께 내려온 변호사 더둘로는 벨릭스 총독에게 바울을 어떻게 표현했나요?(행24:1~5)
어떤 상황이나 누구 앞에서도 흔들리지 않고 복음전파와 자기변호를 당당히 행하였던 바울의 영성은 어떤 신학적 기반을 두고 있을까요?(행24:10~21)

기 도

- 개인의 종말과 거시적 역사적 종말은 반드시 있을 것인데, 그 날을 바라며 하나님께 향한 소망을 가지시기를 바랍니다. 그 소망은 부활의 소망입니다.
- 부활의 소망으로 이 땅의 고난을 견디며 끝까지 견딤으로 승리하시기 바랍니다.

1월 25 January 지혜

창26 / 마25 / 에2 / 행25

● 창세기 26장 시기와 다툼을 피하는 지혜

하나님은 그의 섭리 속에서 이삭을 시험하셨다. 이삭은 지금까지 하나님께 자기와 자기 후손들에게 가나안 땅을 주시기로 허락하셨다는 사실을 믿고 의지하며 자라 왔다. 그런데 이제 그 땅에 흉년이 들었다. 약속의 땅이 먹을 식량도 제공해 주지 못한다면, 그 약속의 땅에 대하여 어떤 태도를 가질 것인가? 하나님의 약속을 믿고 따를 것인가? 아니면 제2의 거주지를 물색해야 하는가? 깊이 생각해야 할 때가 왔다.

이삭은 애굽으로 내려갈 생각을 했다. 그 땅은 과거 아버지 아브라함이 수치를 당하였던 곳이다. 그러나 하나님께서는 아브라함의 실패를 되풀이 하도록 두지 않고, 하나님의 지시하는 땅으로 갈 것을 명하셨다. 그러나 이삭은 블레셋 왕 아비멜렉에게로 갈 때, 아버지와 같은 방법으로 자기의 위험을 면하려 했다. 아비멜렉의 특별한 호의로 농사를 하여 큰 수확을 얻었고 하나님께서 아버지 아브라함에게 주셨던 복을 받았다.

✚ 묵상 : 하나님은 고난을 당하는 자에게서 무엇을 찾으실까요?(창26:2,5)
하나님은 약속의 백성이 연약하여 세상과 타협할 때에도 어떤 은혜를 베푸셨나요?(창26:6~9)

● 마태복음 25장 예비하고 장사하며 돌아보는 지혜

본장에서 '열 처녀들의 비유'는 그리스도의 재림이 예상보다 늦어진다고 해도 어떤 일이 있어도 재림을 예비하는 일이 중요하다는 사실을 강조한다. 그리고 '달란트 비유', '양과 염소의 비유' 등 세 가지 비유들이 나온다. 재림이 늦어질 경우 신앙의 경계가 느슨해질 수도 있음을 감안하여 예수께서는 재림의 확실성과 재림 시 있을 최후의 심판을 상기시키시며 교훈하신다.

✚ 묵상 : 천국을 사모하는 성도는 항상 무엇을 준비해야 할까요?(마25:4,13)
하나님의 일꾼으로 선택된 자는 사역과 생활에 있어서 어떤 모습을 보여야 할까요?
(마25:16~17,19~23)

통일 주제 지혜 (智慧, 사물의 이치나 상황을 제대로 깨닫고 그것에 현명하게 대처할 방도를 생각해 내는 정신의 능력)

연합 내용 하나님의 자녀는 하나님의 통치하심을 믿고 주어진 상황 속에서 지혜를 발휘하여 하나님의 구속사를 성취해 간다.

● 에스더 2장 모르드개와 에스더의 분별하는 지혜

왕후를 폐위한 아하수에로는 새 왕후를 간택하는데 전국에서 모여든 처녀들 가운데 에스더가 왕후로 간택되었다. 또 에스더의 일로 바사 왕국에서 벼슬에 오른 모르드개는 아하수에로 왕 암살 음모를 사전에 막아내는 공을 세운다.

✚ 묵상 : 하나님이 에스더에게 주신 축복은 어떤 것들이 있을까요?(에2:5~9,15,17)
하나님을 믿는 모르드개는 어떤 능력을 가지고 있었나요?(에2:11,21~23)

● 사도행전 25장 변명보다 가이사 재판을 요청하는 지혜

본장에서는 후임 총독인 베스도 앞에서 변론하는 바울에 대해 기록하고 있다. 벨릭스 총독의 애매한 처세로 가이사랴에서 2년을 지체한 바울은 신임 총독 베스도가 부임하자 유대인들에게 재차 고소당하고(1-5절), 이에 강한 변론으로써 그들의 고소를 상대하고 있다(6-12절). 한편 총독 베스도는 로마 황제 가이사에게 직접 재판받고자 한 바울의 요구로 인해 자신을 환영하기 위해 찾아온 아그립바 왕에게 도움을 청한다(13-27절).

✚ 묵상 : 로마시대의 통지자인 베스도, 아그립바, 버니게는 무엇에 붙잡혀 살았을까요?(행25:4~5,9,12,23~27)
바울이 하나님에게로부디 받은 선천적 온혜는 무엇일까요?(행25:8,16)

기 도

- 지금 주어진 일에 충성하고 있습니까?
- 현재의 보상이 없어도 그 일에 끝까지 충성하십시오.
- 하나님이 기억하십니다. 충성된 하루하루가 되십시오.

1월 26 January 계획

창27 / 마26 / 에3 / 행26

● 창세기 27장 축복기도를 받기 위한 야곱의 계획

늙은 이삭의 이야기는 땅에 속한 것과 위에 속한 것으로 분리된다. 자신의 임종이 임박함을 알고 사랑하는 이들에게 족장의 복을 주려 했다. 이삭이 만일 영에 속한 사람이었다면 인류 불멸의 어떤 특별한 의식을 남겨 놓을 뻔했다. 아버지가 아들에게 복을 빌어주려는 마음에서 영원히 잊어지지 않을 만한 의식(儀式)을 유산으로 남겨놓았을 것이다. 그러나 이삭은 영적이지 못했다.

사람들은 늙는 것을 싫어하고 죽는 것을 잊으려 한다. 그러나 이삭은 어떤 것에도 현혹됨 없이 죽을 준비를 했다. 그는 죽기 전에 자식들에게 축복해 주어야 하겠다는 사명감 같은 것을 가지고 있었다. 여기에서 볼 수 있는 중요한 것은 하나님의 복이 하나님에게만 있는 것이 아니고 위임을 받은 자들에게도 허락한 범위 안에서 할 수 있음을 볼 수 있다.

✚ 묵상 : 족장 이삭의 축복기도가 어떤 절대성을 가지고 있었나요?(창27:4,19,23,25,27~29,33)
가인이 아벨을 죽임같이, 에서는 야곱을 죽이려고 했는데 결과는 어떻게 되었나요?(창27:41~44)

● 마태복음 26장 예수를 죽이기 위한 대제사장들의 계획

복음서 기자들은 예수 그리스도의 3년여의 사역 기간 중 마지막 주간의 교훈들과 사건들을 가장 자세하게 기록하였다. 이 책 또한 마찬가지로 십자가의 수난을 향해 치닫고 있는 예수의 마지막 행적이 노도처럼 전개되고 있다. 여기서는 예수를 죽이려는 종교 지도자들의 음모와 이를 준비하는 주님의 최후의 만찬, 이어서 계속되는 주님의 체포, 심문 등의 사건이 매우 급박한 속도로 전개되고 있다.

✚ 묵상 : 모두가 예수를 죽이려고 하는 상황가운데서 한 여자가 향유 한 옥합을 가지고 와서 예수의 머리에 부은 것은 어떤 의미를 갖을까요?(마26:7~12)
닭 울기 전 예언대로 베드로가 예수님을 세 번 부인한 일은 어떤 의미를 갖을까요?(마26:31~35,69~75)

통일 주제 계획 (計劃, 장차 행할 일에 대해 구체적인 절차나 방법, 규모 따위를 미리 헤아려 구상함)

연합 내용 사람은 이 세상에 살면서 나름대로 자신을 위한 계획을 세운다. 그렇지만 그 모든 계획은 결국 하나님의 구속사를 이루는 과정이 된다.

● 에스더 3장 유대인을 몰살키 위한 하만의 계획

바사 제국의 2인자인 하만이 유다 민족을 말살하려는 음모가 소개된다. 자기 지위에 도취한 하만은 유독 모르드개만이 자신 앞에 무릎을 꿇지 않은 것을 빌미로 유다 민족 전체를 죽이려고 아하수에로에게 유다 민족을 말살할 법령을 얻어낸다.

✚ 묵상 : 모르드개가 하만에게 굻지도 아니하고 절하지도 아니한 이유는 무엇일까요?(에3:2,4)
하만이 아하수에로왕의 전권을 위임받아 유대인을 멸하려고 했던 이유는 무엇일까요?(에3:5~6)

● 사도행전 26장 변명을 통한 바울의 복음 계획

바울은 아그립바왕 앞에서 변론하는 바울을 묘사하고 있다. 21장에서 본장까지 일관되게 흐르는 하나의 주제는 '유대인의 기독교 핍박'이다. 복음서의 끝부분에서 예수께서 유대인에게 고소당하실 때, 로마인이 재판관이 된 것과 동일한 맥락이다.

총독 베스도의 요청으로 재판에 끼어든 아그립바는 바울로부터 그의 생애와 회심 과정 그리고 전도 활동을 듣고(1-23절), 아그립바는 바울의 무죄를 확인하지만 바울이 이미 가이사에게 호소한 일이 있어 그의 석방은 불가능하게 된다(24-32절).

✚ 묵상 : 아그립바왕 앞에서 변명한 바울의 간증설교는 어떤 결과를 낳았을까요?(행26:4~28)
생명의 위협 앞에서 베드로의 부인과 바울의 복음변명은 어떤 교훈을 줄까요?(행26:29)

기 도

- 어떤 위기가 있습니까? 위기를 통해 예비 된 축복을 바라보며 은혜의 보좌 앞에 담대히 나아가십시오.
- 이 땅의 복이 아닌 하늘의 복을 바라십시오. 박해, 회개함, 기도, 십자가는 이 시대 우리에게 주어진 축복의 모습들입니다.

1월 27 January

보호

창28 / 마27 / 에4 / 행27

● 창세기 28장 도망자 야곱과 함께하시며 보호하심

비록 장자권은 탈취했지만 안전은 보장받을 수 없었던 야곱은 밧단아람에서 약 20년 간 도피생활을 하게 된다. 하나님은 브엘세바로부터 야곱을 징계하시기 위하여 나타나셨다(창 28:10-22). 그러나 야곱에게 복도 함께 언약하셨다(창 28:13, 14). 이 복은 20년이 지난 후에 일부분이 성취되었다. 야곱의 하란에서의 생활과(창 29:9-14), 다시 벧엘로 돌아와서의 생활은 시험이 끝난 후 하나님의 얼굴을 대면하는 것으로 회복됨을 볼 수 있다(창 32:30; 35:14).

리브가는 에서의 마음을 다 알고 있었다. 이삭이 죽으면 형제간에 불상사가 있을 것을 예견하고 있었다. 리브가의 편애 때문에 야곱에게 축복을 빼앗기고 도리어 저주를 받은 에서의 손에서 야곱을 구원하기 위하여 야곱을 먼 곳으로 보내고 항상 불안한 가운데서 생활하지 않으면 안 되게 되었다. 야곱은 축복이 눈앞에 보이지 않으므로 에서의 얼굴을 피하여 밧단아람으로 망명의 길을 떠났다(호 12:12). 풍성한 곡식과 포도주 대신에 눈물과 굶주림이 그를 기다리고 있었다.

✚ 묵상 : 아버지 이삭에게 사랑을 받던 에서가 아버지 뜻과 전혀 다른 방향으로 행동하며 살아간 것은 무엇 때문일까요?(창28:6~9)
하나님이 꿈을 통해 야곱에게 나타나신 이유와 야곱이 하나님의 임재를 체험한 후 달라진 것은 무엇이었나요?(창28:11~22)

● 마태복음 27장 예수가 사명을 다할 때까지 보호하심

본장에서는 예수님의 지상 공생애 사역의 절정을 이루는 장면이다. 빌라도 법정에서 재판을 받으신 예수는 유대인으로부터 온갖 조롱을 받고 골고다로 끌려가 십자가에 달린다. 예수께서 운명하시자 성전 휘장이 찢어지고 땅이 진동하며 잠자던 자들이 일어난다. 예수는 마침내 아리마대 요셉의 무덤에 장사되어 부활을 기다리게 된다.

✚ 묵상 : 예수님의 제자인 가룟유다가 죄에 대해 깨닫고 성소에 돈을 던져 넣고 그 후 자살한 것은 어떤 문제를 남겨 놓은 것일까요?(마27:3~5)
예수님께서 운명하실 때 외친 말씀과 하나님의 침묵은 어떤 의미가 있을까요?(마27:46)

통일 주제 보호 (保護, 위험이나 곤란 등이 미치지 않도록 잘 지키고 보살핌)

연합 내용 하나님은 선택하신 자와 항상 함께 하시며 그가 마지막 사명을 다할 때까지 인도하시고 보호하신다.

● 에스더 4장 사명자 에스더와 함께하시며 보호하심

하만의 음모에 맞서 위기를 극복하려는 모르드개와 에스더의 노력이 소개되고 있다. 하만의 음모로 인해 모르드개를 위시한 모든 유다인들은 슬퍼하였다. 그리고 민족적 위기를 해결하고자 모르드개와 에스더는 지혜를 모은다. 두 사람은 동족에 대한 뜨거운 사랑으로 죽음을 두려워하지 않는 용기와 모든 것을 하나님께 맡기는 탁월한 신앙을 보여주고 있다.

✚ 묵상 : 민족의 위기 앞에 놓인 유다인은 하나님 앞에 어떤 행동을 했나요?(에4:1~3)
민족의 위기 앞에 놓은 에스더는 하나님 앞에 어떤 행동을 했나요?(에4:7~8,10~16)

● 사도행전 27장 압송자 바울과 함께하시며 보호하심

바울이 가이사랴를 떠나 로마로 나아가는 여정을 묘사하고 있다. 그 중에서 본장은 멜리데 섬에 도착하기까지의 일련의 여행 과정과 그 도중에 발생한 사건들을 담고 있다. 바울의 로마행은 그의 생애의 마지막 여행으로서 제4차 전도여행이라 할 수 있다.

바울은 가이사에게 재판을 받기 위해 로마행 배를 타고(1-8절) 가는 중 유라굴로 풍랑을 만난 사실(9-26절)과 온갖 고초를 당한 후에 멜리데 섬에 무사히 안착한 장면(27-44절) 등이 전개되고 있다.

✚ 묵상 : 압송 중에 있는 바울이 유라굴로 태풍을 만났을 때 모든 사람들에게 소망을 불어 넣을 수 있었던 것은 그가 소유하고 있는 무엇 때문이었을까요?(행27:22~25,34~36)
276명의 생명을 살린 바울은 로마에 있는 누구를 만나 무엇을 하려고 했나요?(행27:37,행26:32 참고)

기 도

- 부정의 상황 가운데서도 하나님과 하나님 나라를 위한 선한 서원을 하고, 갚으십시오.
- 죽으면 죽으리라는 각오로 구원의 여망이 없는 상황 가운데서도 금식함으로 기도하십시오.
- 그 길이 십자가의 길입니다.

1월 28 January

반전

창29 / 마28 / 에5 / 행28

● 창세기 29장 도망자가 가정을 이루는 행복의 반전

히브리 민족이 가나안에 들어온 경로는 아브라함과 이삭과 야곱을 통하여 들어왔다. 그러나 벧엘 이후의 야곱의 행로는 특별한 여행은 아니었다. 야곱은 벧엘에서 하나님을 뵙고 난 후부터 전능하신 하나님을 뵙지 못했다. 벧엘에서 하나님으로부터 언약을 받고 맹세한 이후 야곱의 마음은 무거운 짐을 벗었다. 형에 대한 두려움이나 부모에 대한 부담감을 모두 벗어버리고 가벼운 마음으로 확신을 갖고 즐거운 여행을 계속하였다(히 12:4).

목적지에 도착한 야곱은 외삼촌의 양떼들이 물을 먹는 장소로 인도되었다. 이것은 우연이 아니었고 하나님의 인도하심이다. 그리고 근면한 라헬을 만났다. 야곱은 오랫동안 아버지와 형에게 행한 일로 인하여 마음이 거칠어 질대로 거칠어져 있었으나 라헬이란 여인을 만나 온유하고 따뜻하며 친절한 마음에 기쁨의 눈물을 흘렸다(창 29:11).

✚ 묵상 : 야곱이 하나님 임재의 꿈을 꾼 후 하란으로 가다가 제일 먼저 한 일은 무엇일까요?(창29:4~10)
야곱은 라반의 집에서 무엇을 얻기 위하여 성실히 일을 했나요?(창29:15~20,25~30)

● 마태복음 28장 십자가의 죽음을 이긴 부활의 반전

예수께서 십자가에 달려 돌아가신 지 사흘 만에 부활하신 사건을 다루고 있다. 이 같은 사건은 복음서의 대미(大尾)를 장식하는 결말일 뿐 아니라 복음의 최종적 메시지, 기독교 신학의 핵심이다(눅 9:28-36). 그러므로 사도 바울은 극단적으로 말하기를 "그리스도께서 다시 살아나신 일이 없으면 너희의 믿음도 헛되고 너희가 여전히 죄 가운데 있을 것이요."(고전 15:17)라고까지 말하였다. 마찬가지로 우리가 기독교의 모든 진리를 믿는다 할지라도 만약 예수의 부활을 믿지 못한다면 이 역시 헛것이며 구원을 받지 못하는 자라 하겠다(롬 16:9, 10).

✚ 묵상 : 성경을 볼 때 예수 그리스도의 부활이 역사적 사실 임을 무엇으로 알 수 있을까요?(마28:1~7,11~15)
예수 그리스도의 부활을 목격한 자와 그렇지 못한 자의 삶은 어떻게 달랐나요?(마28:17~20)

통일 주제 반전 (反轉, 일의 형세가 반대로 됨)

연합 내용 하나님은 자신이 선택한 자를 구원하시고 또 그가 맡은 사역을 감당할 수 있도록 상식을 뛰어넘는 반전의 역사를 계획하시며 이루신다.

에스더 5장 왕이 금 규를 내미는 사랑의 반전

적극적으로 민족 구원을 위해 힘쓰는 에스더와 교만에 빠져서 눈앞에 닥칠 위험도 알아채지 못하는 하만의 어리석음이 대조되고 있다. 죽음을 두려워하지 않고 담대히 왕에게 나아간 에스더는 왕에게 자신이 베푼 잔치에 하만과 함께 참석해줄 것을 요청한다. 그런데 왕 외에 자신만이 초대된 것을 안 하만은 매우 고무되어 그 연회를 통해 모르드개를 처형시킬 계획을 세운다.

✚ 묵상 : 왕후의 예복을 입고 어전 맞은 편에 선 에스더의 모습이 아하수에로 왕의 눈에 매우 사랑스럽게 보인 것은 무엇 때문이었을까요?(에5:1~2)
하만의 음모를 무산시키기 위해 에스더가 발휘한 지혜는 무엇이었나요?(에5:4~12)

사도행전 28장 독사와 유대를 극복한 바울의 반전

사도행전의 마지막 장으로 바울의 로마 도착을 기록하고 있다. 바울의 배후에 역사하시는 하나님의 선한 간섭이 마침내 바울을 로마로까지 인도하여 그로 하여금 전도의 사명을 이루게 한 사실이다.

간신히 도착한 멜리데 섬에서 3개월 간 머물면서 바울이 행한 이적들(1-10절)과 마침내 로마에 도착한 사실(11-15절), 그리고 바울의 로마에서의 생활과 선교 활동(16-31절) 등이 소개되고 있다.

✚ 묵상 : 바울이 독사에 물렸어도 아무런 일이 없었을 때 섬사람들은 어떤 반응을 보였나요?(행28:1~6)
유대인이 끝까지 복음을 거절하였을 때 바울이 취한 두 가지의 태도(대안)는 무엇이었나요?(행28:23~31)

기 도

- 천지를 창조하신 하나님은 "생육하고 번성하여 땅에 충만하라"(창 1:27)는 명령을 내리셨습니다.
- 십자가에 달리신 주님은 부활 후 제자들에게 나타나셔서 "너희는 가서 모든 민족으로 제자를 삼으라"(마 28:19)는 명령을 내리셨습니다.
- 이는 모두 하나님 나라의 씨의 번성을 위한 명령입니다. 이 명령을 받은 우리가 순종하여 나아갈 부분은 어떤 것입니까?

1월 29 January

방법

창30 / 막1 / 에6 / 롬1

● 창세기 30장 자기의 수익을 얻기 위한 방법

야곱의 두 아내 레아와 라헬의 자녀 출산 경쟁은 겉으로 보기에는 고통스러운 다툼이지만, 아브라함과 이삭과 야곱의 가정을 통하여 일관된 하나님의 섭리를 알 수 있다. 아브라함이 늙도록 정실 사라에게서 아이를 얻지 못한 것이 그렇고 리브가가 그러했으며 라헬이 그러했다. 야곱의 가정에서 불화의 씨가 된 것은 라헬이 언니 레아처럼 자식을 얻지 못한 데서 시기가 발동하게 되었고 가정에 불행이 시작되었다.

하나님께서 라헬을 생각하사 오랫동안 생산하지 못하던 라헬에게 아들을 주셨다(창 30:22). 라헬은 오랫동안 낙심하지 않고 기도한 것으로 보인다. 하나님께서는 라헬의 고통과 함께 그녀의 치욕도 씻어 주셨다. 가나안에 애착을 둔 야곱은 외삼촌 라반에게 귀향을 간청하였으나 거절한 것은 야곱이 자기 집에 함께 함으로 어떤 비밀을 깨달았기 때문이다. 그는 자기의 형통이 하나님의 복 주심 때문이며 이 복 주심은 야곱과 밀접한 관련이 있음을 알았다. 복 받을 사람은 아무리 천하게 살아도 하나님께서 그의 존재 가치를 알도록 하신다.

✚ 묵상 : 야곱에게 사랑을 받던 라헬은 레아를 시기하여 어떤 행동을 취했나요?(창30:1~5)
야곱은 라반의 집에서 어떤 방법으로 재산을 모았나요?(창30:27~28,31~33)

● 마가복음 1장 죄인이 속죄를 받을 수 있는 방법

본서는 세상의 종으로 오신 예수 그리스도의 행동을 강조하는 복음서로서 다른 복음서와는 달리 마가복음은 처음부터 예수 그리스도의 공생애에 초점을 맞추고 있다. 그중에는 그리스도의 길을 예비하는 세례 요한의 선포와 공생애 직전의 예수, 세례 요한의 잡힘과 예수 사역의 시작이 빠른 필치로 소개되고 있다.

✚ 묵상 : 세례 요한이 행한 하나님이 기뻐하시는 두 가지 일은 무엇일까요?(막1:4~8)
세상 죄를 지고 가신 예수님이 행하신 대표적인 세 가지 일은 무엇일까요?(막1:14,21,30~31,40~42)

통일 주제 방법 (方法, 목적을 달성하기 위해 취하는 방식이나 수단)

연합 내용 삶에는 수시로 문제가 발생한다. 그 때 하나님은 믿는 자에게 그 상황과 시대에 맞는 방법을 깨닫게 하시고 지혜롭게 실천하도록 도우신다.

● 에스더 6장 은인을 복주기 위한 지혜로운 방법

6장에서는 모르드개의 숨은 공적이 밝혀진다. 이하수에로 왕은 궁중 일기를 들추다가 모르드개의 빛나는 공적을 발견하였다. 그런데 그 같은 사실을 알지 못하는 하만은 어리석게도 모르드개를 영예롭게 하는 일에 힘쓴다. 이런 유쾌한 반전은 인간이 아무리 계획할지라도 일의 결말을 주장하시는 분은 하나님이심을 다시 한 번 확인시켜주고 있는 내용을 담고 있다.

✚ 묵상 : 에스더가 마련한 잔치를 앞둔 전날 밤 아하수에로 왕은 무엇을 했나요?(에6:1~3)
아하수에로 왕의 지혜로움과 하만의 미련함은 어떤 미래를 만들었나요?(에6:6~14)

● 로마서 1장 바울이 로마인에게 복음을 전하는 방법

로마서의 발신자 사도 바울은 독특한 모습으로 자신을 소개해 주고 있다. 마치 소아시아 일곱 교회에 나타나신 주님의 모습이 각 교회마다 다 다르게 소개되어 있음과 같이 바울의 여러 서신을 보면 서신마다 똑같은 바울의 모습을 소개하고 있는 것이 아니라, 각 교회의 형편과 처지를 따라 모두 다르게 소개되어 있는 것이다.

✚ 묵상 : 사도로 부르심을 받고 택정함을 입은 바울은 복음에 대해 어떤 자세를 가졌나요?(롬1:1,15~17)
바울은 죄인의 영육이 완전부패한 현주소를 어떤 마음의 상태로 설명했나요?(롬1:21~24,26,28)

기 도

- 우리가 매일 하는 일에 큰 열매를 주옵소서.
- 예수님이 우리에게 보여주신 구체적인 삶을 날마다 좇아가게 하옵소서.
- 복음에 대한 분명한 이해와 믿음, 그리고 전파방법을 갖게 하옵소서.

1월 30 January 해결

창31 / 막2 / 에7 / 롬2

● 창세기 31장 야곱의 20년된 숙제가 하나님 안에서 해결됨

야곱의 사람됨을 어떻게 평가할 것인가에 대하여 각양각색일 것이다. 왜냐하면 그에게는 부정직한 면이 있는가 하면 긍정적인 면도 있기 때문이다. 어떤 자는 그를 사특한 사람이며 거짓말쟁이라고 할 것이다. 어떤 사람은 그를 정직하고 신앙심 두터운 사람이라고 할 것이다. 그러나 야곱과 이스라엘은 결코 같을 수 없는 양면성이 있음을 본다.

야곱은 자기의 외삼촌 집에서 축적한 재물과 자녀들과 처와 첩들을 데리고 도망할 것을 결심한다. 그는 하나님의 지시가 있었고, 그 지시를 처첩들의 동의를 받았기 때문이다. 그는 라반에게 언제나 좋은 감정이 없었다. 그것은 외삼촌은 자기를 속이고 실리를 취하고 밤낮으로 속고 사는 무력한 자로 생각하고 있었기 때문이다.

비록 도피자였지만 벧엘 언약을 굳게 믿고 생활했던 야곱은 하나님의 때가 찬 경륜에 따라 고향으로 돌아오게 된다. 그러나 야곱은 약속의 땅 가나안으로 들어오기 위해서 하란을 떠나는 결단을 내려야했다.

✚ 묵상 : 외삼촌 라반과 처남들의 안색이 변하는 것을 느낀 야곱은 어떤 방법으로 이 문제를 해결하려고 했나요?(창31:1~5,13,16,18)
하나님은 매 순간마다 야곱에게 나타나셔서 어떤 종류의 말씀을 해 주셨나요?(창31:3,11~13,42)

● 마가복음 2장 중풍병자와 마태의 죄가 주 안에서 해결됨

중풍병자의 온전한 치유사역, 죄인과의 식탁 교제, 금식에 관한 교훈, 안식일의 주인이신 예수의 안식일에 대한 올바른 정의 등이 소개된다. 이는 기존의 종교적인 형식과 전통 중심을 깨고 진정 생명을 전하고 진리를 가르치신 메시야 예수의 대표적인 개혁적 사역을 언급한 부분이다.

✚ 묵상 : 중풍병자가 병에 걸린 원인은 무엇이었나요?(막2:3~5,9)
예수님께서 죄인 세리인 마태를 제자로 부르신 이유는 무엇일까요?(막2:14~17)

통일 주제 해결 (解決, 어떤 문제나 사건 따위를 풀거나 잘 처리함)

연합 내용 인간은 언제나 죄의 영향력 안에서 자유로울 수 없다. 그로 인하여 늘 한계에 갇혀 어둠 속에 살게 된다. 그 모든 죄책의 굴레를 벗도록 하나님은 믿는 자에게 은혜의 길을 열어 해결해 주신다.

● 에스더 7장 하만의 음모가 잔치에서 공개됨으로 해결됨

모르드개가 영예롭게 됨으로써 유다 민족의 운명은 새로운 희망을 가질 수 있게 되었고, 반대로 하만은 처형대에 오르게 된다. 잔치 석상에서 에스더는 그녀의 소원이면 무엇이든 들어주겠다고 약속한 아하수에로 왕에게 자신과 동족이 하만의 악한 계략 때문에 몰살당할 위기에 처해있음을 소상히 밝혔다. 설상가상으로 에스더에게 구원을 요청했던 하만은 에스더를 강간하는 것으로 오해받아 마침내 교수형에 처해지고 만다.

✚ 묵상 : 아하수에로 왕이 에스더의 말을 듣고 총애하던 하만을 즉결심판하게 된 것은 실제적으로 어떤 이유와 과정이 있었을까요?(에7:1~9,에6:1~3참고)
결국 에스더가 마련한 잔치는 어떤 두 가지의 의미를 지니고 있을까요?(에7:3,10)

● 로마서 2장 율법과 할례의 문제가 믿음으로 해결됨

하나님과 유대인과의 관계는 처음부터 율법을 근거로 하고 있었다. 이미 말한 대로 이방사람 로마인은 도덕적으로 말할 수 없는 죄인이라는 사실이 입증되었다. 그 가장 중요한 대목이 하나님에게서 버림을 받아 인간성을 상실한 것이다.

그런데 바울은 여기서 같은 로마교회 내에 있는 오만불손한 유대인에게로 방향을 바꾸어 그들 유대인도 이방사람 로마인 못지않게 큰 죄인임을 파헤치고 있다. 그것은 유대인이 엄청나게 중요한 사명을 맡고 있으면서도 그 사명을 다 감당하지 못하였고, 도리어 우월감만 강조하면서 이방인을 정죄하고 있는 까닭이다.

✚ 묵상 : 바울은 로마인들에게 율법의 굴레를 어떻게 설명하여 해결했나요?(롬2:12~13,17~23)
바울은 로마인들에게 할례의 굴레를 어떻게 설명하여 해결했나요?(롬2:25~29)

기 도

- 늘 성실하고 진실하게 살도록 믿음을 하옵소서.
- 죄로 인하여 무너진 인성과 죄의 삯으로 얻은 병을 주 안에서 풀게 하옵소서.
- 복음을 전할 때 거침돌인 난제를 만나면 지혜롭게 답할 수 있도록 하옵소서.

1월 31 January

씨름

창32 / 막3 / 에8 / 롬3

● 창세기 32장 야곱이 어떤 사람과 씨름하여 축복받음

야곱은 20년 동안 자신을 증오한 형 에서가 살고 있는 고향으로 가기 위하여 길을 떠났다. 외형적으로는 하나님의 인도를 확신하고 편안함으로 떠났지만 내심 두려움에 사로잡혀 있다. 하나님은 야곱에게 힘을 주었다. 야곱은 에서의 군사 400명이 온다는 소식을 듣고 조급해 하였으나 실상은 에서의 호의에서 나온 환영 사절임을 알고 한숨을 쉬었다(시 34:7).

죄는 시간이 얼마를 지나던지 마음을 위축시킨다. 그러나 야곱은 하나님께 기도했다. 그는 언약을 믿고, 겸비하게, 감사하며, 번민과 고통을 고백했다(11절). 기도는 했으나 실제적으로 야곱은 확실하게 신뢰하지 못하고 육신적 지혜를 이용하여 화해의 선물을 에서에게 보냈다. 그럼에도 불구하고 마음을 놓을 수 없어 야곱의 역사적인 기도가 시작된다. 그날 밤에 야곱은 꺾여지고, 부서지며 죽음을 각오하고 기도함으로 '하나님의 얼굴'을 대면했다. 또한 야곱은 어떤 사람과 날이 새도록 씨름하며 겨루어 이기고 얻어진 이름 이스라엘(하나님과 겨루어 이김)이 되었다.

✚ 묵상 : 야곱이 형 에서와의 불편한 관계를 풀기 위하여 사용한 두 가지 방법은 무엇일까요?(창32:3~23)
야곱과 씨름하던 사자는 야곱을'이스라엘'이라 개명하였고, 야곱은 씨름했던 장소를'브니엘'이라 작명했는데 성경에서 이름을 새롭게 하는 것는 어떤 의미가 있을까요?(창32:28~30)

● 마가복음 3장 예수님이 반대자, 서기관들과 씨름하여 교훈을 남김

본장에서는 예수의 사역이 본격적으로 진행되면서 일어난 사건들이 등장한다. 특히 당시 가장 첨예한 문제 중 하나였던 안식일 논쟁과 사역의 확장 및 열두 제자 선택, 예수의 가족들의 배척 등이 소개되고 있다.

✚ 묵상 : 예수님은 안식일을 어떤 날로 이해하고 가르치셨나요?(막3:1~5)
예수님은 어머니, 형제, 자매를 어떻게 이해하고 가르치셨나요?(막3:31~35)

통일 주제 씨름

연합 내용 구원과 축복은 쉽게 얻을 수 있는 것이 아니다. 오직 주 안에서 믿음과 온전한 인내로 모든 죄악과 싸워 이기는 자에게 주어지는 것이다.

● 에스더 8장 모르드개가 긴박한 상황과 씨름하여 민족을 구함

유다 민족에게 큰 위협을 준 아하수에로 왕의 조서가 철회됨으로 민족의 위기는 해결되었고, 하만을 대신해 모르드개가 바사 제국의 2인자로 등용되었다. 대제국의 군주가 자신의 명령을 철회한다는 것은 거의 있을 수 없는 일이지만 하나님께서는 그 마음을 붙잡으시고 당신이 계획하신 대로 그의 의지를 주장하셨다.

✚ 묵상 : 모르드개는 하만이 먼저 반포한 동족진멸의 급박한 상황 속에서, 아하수에로 왕에게 받은 반지로 어떤 새 조서를 작성하여 신속히 반포하고 민족을 구원했나요?(에8:2~14)
하만과 모르드개의 사건을 보면서 힘과 승리의 논리는 어디에 있음을 알 수 있을까요?(에8:7,15~17)

● 로마서 3장 바울이 불신, 편견, 이견과 씨름하여 복음을 정립함

믿음으로 얻는 의(義)라는 점에서 결과적으로는 유대인이 이방인보다 나은 점이 전혀 없는 것으로 나타났다. 그것은 유대인이나 이방인이나 똑같이 하나님 앞에서 모두 죄인이기 때문이다. 그러나 그렇다고 하여 하나님께서 유대인을 사랑하지 않으신 것은 결코 아니었다. 하나님께서는 유대인을 과거에도 사랑하셨고 현재에도 사랑하고 계시며, 앞으로도 사랑하실 것이라 함이 여기서 바울이 주장하는 중심 내용이다.

✚ 묵상 : 당시 유대인과 할례자들은 무엇으로 하나님의 의를 이룰 수 있다고 생각했나요?(롬3:1~2,19~20)
바울은 로마에 있는 유대인과 헬라인에게 율법과 믿음의 관계를 어떻게 설명했나요?
(롬3:21~22,27~31)

기 도

- 어려운 문제를 철야하며 주님께 아뢰어 기도로 해결하는 경건을 주옵소서.
- 주께서 한 교회를 섬기도록 맺어주신 성도를 가족처럼 사랑하게 하옵소서.
- 복음의 내용에 대한 확신과 정열적인 전파를 위한 성령충만을 주옵소서.

2월 01 February 승리

창33 / 막4 / 에9-10 / 롬4

● 창세기 33장 야곱이 에서의 두려움에서 승리

본장에서는 형 에서와 어떻게 화해하는가를 찾아볼 수 있다. 하나님께서는 야곱만을 주관하신 분은 아니다. 에서의 마음도 주권을 가지고 주장하신다. 하나님께서 에서의 마음을 어떻게 부드럽게 다루셨는가를 본장에서 보여주고 있다. 에서가 야곱을 마중하는 장면을 보면서 "피는 물보다 진하다."라는 말을 생각나게 한다. 하나님께서는 서로의 마음을 변하게 하셔서 그들이 얼굴을 보자마자 마음의 흡족함과 평정함과 그리움으로 감동되었다.

두 형제가 재회한 후 옛날 반목의 일은 잊은 채 허심탄회한 우애를 나누었다. 야곱의 아이들 중 제일 나이가 많은 아들은 14살이었고, 12명의 아들들이 에서 앞에서 부복하여 절할 때, 에서의 마음은 하나님이 주신 선물과 재산에 감탄했다(시 107:41).

✚ 묵상 : 야곱은 하나님의 사자에게 응답을 받았음에도 불구하고 왜 에서를 두려워했을까요?(창33:1,3~4,10~15)
400명의 장정을 거느리고 야곱을 쫓아온 에서가 그를 만났을 때, 자신에게 주는 예물을 사양하고 경호적인 동행을 자원했던 것은 그의 마음에 어떤 변화가 일어났기 때문일까요?(창33:8~9,12,15~16)

● 마가복음 4장 제자가 무지와 풍랑의 한계에서 승리

예수가 오심으로 시작된 하나님의 나라와 그 나라의 발전 방식을 여러 비유를 통해 설명한 부분이다. 씨 뿌리는 자 비유, 말 아래 있는 등불 비유, 자라나는 씨 비유, 겨자씨 비유 그리고 참 믿음을 주제로 한 바다를 잠잠하게 하신 이적 등이 소개되고 있다.

✚ 묵상 : 예수님은 천국과 진리를 제자들에게 어떻게 가르치셨나요?(막4:2~8,21~22,26~33)
예수님은 제자들이 풍랑을 만났을 때 두려워함을 보고 무엇이 문제라고 말씀하셨나요?(막4:37~41)

통일 주제 **승리 (勝利, 겨루거나 싸워서 이김)**

연합 내용 사람은 극한 상황 속에서 한계와 두려움을 느낀다. 이를 극복하고 해결하는 길은 오직 주님을 믿고 행동하는 것이다.

● 에스더 9-10장 유다인들이 대적의 두려움에서 승리

9: 유다 민족을 말살하려던 그날에 오히려 원수들이 도륙되는 놀라운 사건과 그날을 기념하여 유다 민족의 승리의 기념일인 부림절로 제정되는 장면이 소개되고 있다. 리 같은 역사의 대반전은 바로 예수 그리스도의 재림으로 이루어질 최후 심판 날의 전경을 예표한다.

10: 모르드개가 바사 제국의 2인자에 오를 만큼 존귀하게 된 사실을 소개함으로써 대단원의 막을 내린다. 하나님은 모든 역사의 배후에서 당신의 거룩한 역사를 이루어 가신다.

✚ 묵상 : 에스더의 경건함과 단호함은 오늘 우리에게 어떤 인성적인 교훈을 줄까요?(에9:12~13)
에스더와 모르드개는 부림절을 제정함으로써 유다인들에게 어떤 의식을 심어주었나요?
(에9:21~22,27,30~31)

● 로마서 4장 믿는 자가 불가능의 상황에서 승리

바울은 지금까지 온 인류의 죄를 논하고 또한 율법의 행위가 아니라 예수 그리스도를 믿는 믿음으로 의를 얻는다는 사실을 주장하여 왔는데, 이제 그는 믿음으로 의를 얻는 일에 대한 구약의 배경을 들고 나왔다.

그것은 구약의 뒷받침이 없는 것은 성경이 아니며 진리도 아님을 그가 너무나 잘 알고 있는 까닭이다. 그런데 바울은 유대인과 그들의 율법주의적 고집을 인식한 탓인지, 유대인이 가장 존경하고 추앙하며 자랑하는 믿음의 조상 아브라함에게서 그가 지금 말하고 있는 '믿음으로 의를 얻는 일'의 증명을 하고자 한다.

✚ 묵상 : 바울은 아브라함의 구원이 행위와 할례에서 난 것이 아니고 무엇으로 난 것이라고 했나요?
(롬4:1~3,5,9)
바울이 말한 이스라엘의 조상 아브라함이 무할례자일 때부터 가지고 있었던 믿음의 내용은 무엇이었나요?(롬4:11,13,17~22)

기 도

• 늘 하나님의 응답을 받고 또 지혜로움으로 대처하여 세상을 이기게 하옵소서.
• 예수의 가르침으로 생각을 정립하고 믿음의 자세로 삶에 담대하게 하옵소서.
• 바울이 외쳤던 성서적인 믿음을 우리도 갖고 행동하게 하옵소서.

2월 02 February 역경

창34 / 막5 / 욥1 / 롬5

● 창세기 34장 야곱과 디나가 겪은 수치스러운 역경

야곱이 이스라엘이 되었으나 아직도 벧엘의 언약을 마음에 두지 않고 숙곳에 장막을 치고 세겜으로 이사하여 살다가 그곳에서 그가 곧 벧엘로 돌아가 하나님께 맹세한 대로 행하였더라면 이러한 가정의 참사는 없었을 것이다. 그러나 이 사건으로 야곱 일가는 또다시 유랑생활을 떠날 수밖에 없게 되었다.

본장의 화(禍)는 신앙 정체자에게 내리시는 화이며 또한 징치이다. 소녀 디나가 시내를 구경하기 위하여 나간 것은 아마도 세겜에서 어떤 축제가 있었던 것으로 생각된다.

이방인의 출현으로 갑작스럽게 호기심을 갖는 자들이 많았었는데, 결국은 세겜 성주의 아들에 의해서 불의의 화가 초래된 것이다. 이러한 화의 발생은 야곱의 가정이 경건함에 있어서 긴장하지 못했음을 보여준다. 그런데 야곱의 자녀들은 오히려 접근하다가 돌이킬 수 없는 화를 입은 것이다.

✚ 묵상 : 여동생 디나에게 강간사건이 일어났을 때 시므온과 레위는 어떻게 보복했나요?(창34:13~17,24~29)
디나의 강간에 대한 오빠들의 보복사건 후 족장 야곱은 무엇을 걱정했나요?(창34:30)

● 마가복음 5장 귀신과 질병에 걸린 자들의 괴로운 역경

예수의 메시야적 권위와 능력이 여러 면에서 확인되고 있는 부분이다. 거라사 귀신 들린 자를 고치신 이적, 혈루증 든 여인을 고치신 이적, 야이로의 딸을 살리신 이적 등을 소개하고 있다.

✚ 묵상 : 거라사인의 지방에 군대귀신 들린 사람은 어떤 과정을 통해 치료를 받았나요?(막5:1~13)
야이로의 병든 어린 딸과 열두 해를 혈루증으로 앓는 여자는 어떤 과정을 통해 회복되었나요?(막5:22~42)

통일 주제 역경 (逆境, 일이 순조롭게 되지 않는 불행한 경우나 환경)

연합 내용 믿는 가정에 예기치 못하게 찾아오는 우환과 역경이 있다. 그 원인이 무엇이든 그 역경을 통해 우리는 더욱 하나님과 가까워져야 한다.

● 욥기 1장 경건한 욥이 사탄의 시험을 당하는 역경

욥기는 죄 없는 자가 당하는 고난 혹은 착한 사람들이 이유 없이 겪는 고통의 문제를 다룬 책이다. 저자는 이 문제를 욥이라는 사람의 고난을 통해 접근한다. 신앙적으로 경건하며 큰 재물과 많은 자녀 등 무엇 하나 부족함이 없는 욥은 사탄의 간계로 하루아침에 온 가정이 산산 조각나는 감당할 수 없는 고난에 직면하게 된다. 이를 통해 욥기의 저자는 모든 고난과 고통이 반드시 죄 때문에 오는 것이 아님을 선언적으로 보여주려 하고 있다.

✚ 묵상 : 온전하고 정직하여 하나님을 경외하며 악에서 떠난 욥에게 시험이 닥쳐 온 것은 인간에게 무엇이 전부가 아님을 가르쳐주고 있을까요?(욥1:1~3,5,8,11~12)
사탄의 여러 가지 시험이 동시에 일어났을 때 욥은 어떻게 반응하였나요?(욥1:20~22)

● 로마서 5장 죄인을 살리기 위한 한 사람의 역경

바울은 믿음으로 의를 얻는 일에 대하여, 먼저는 아브라함이 믿음으로 의를 얻은 역사를 이의 과거에 대한 실증을 하고 있다. 또한 현재의 입장에서 우리 그리스도인들이 예수 그리스도를 믿음으로 말미암아 그 의를 얻어서 이것을 기쁨으로 경험하고 사는 일에 대하여 말하고, 한 걸음 더 나아가서는 이론적으로 논리를 구사하며 구속의 완벽함을 실증하려 하였다.

✚ 묵상 : 한 사람 아담으로 말미암아 세상에 무엇이 들어오고 어떤 결과가 나타났나요?(롬5:12)
한 사람 예수 그리스도로 말미암아 죄악된 세상에 무엇이 가능해졌으며 어떤 소망이 성취되었나요?(롬5:15,17~19,21)

기 도

- 가정에 억울한 일이 일어났을 때 신앙을 빙자한 방법으로 보복하지 않게 하옵소서.
- 영혼과 육신의 온전한 치료를 위해 주님께 전심으로 나아가게 하옵소서.
- 감당한 할 수 없는 시험이 다가왔을 때 넘어지지 않게 하옵소서.

2월 03 February 반복

창35-36 / 막6 / 욥2 / 롬6

● 창세기 35-36장 예배와 죽음의 반복

35: 야곱이 참담한 처지에 있을 때 하나님께서 그에게 나타나셔서 말씀하셨다. "하나님이 이르시되"는 창세기의 최고의 주제이다. 하나님께서는 천지 창조를 하실 때에도 그렇게 말씀하셨고, 아담, 하와, 노아에게도 "하나님이 이르시되"라 말씀하신 바 있다(창 1:3; 3:11; 7:11). 하나님은 아브라함과 이삭과 야곱에게도 말씀하셨다(창 18:17; 26:2; 31:12). 하나님께서 야곱에게 벧엘로 올라가라 명하신 것은 과거에 이상 중에 현현한 장소이며 야곱이 하나님께 돌기둥을 세우고 맹세한 장소이다. 그러나 야곱은 라반의 집에서 오랫동안 일을 하면서 영적으로 체험한 이 모든 일들을 잊을 정도로 희미해졌다. 그러한 까닭에 야곱은 고향에 돌아와서도 벧엘을 잊어버리고 속세인 세겜에 살았다. 그러던 중 야곱은 이곳에서 유모 드보라를 잃었고(창 35:8), 라헬이 베냐민을 낳고 죽었으며(창 35:16-20), 그의 아버지 이삭도 세상을 떠났다(창 35: 27-29). 야곱은 한꺼번에 견디기 힘든 슬픈 일들을 당하였다.

36: 아브라함 일대기가 이스마엘 후손의 족보로 끝나듯이 야곱의 일대기는 에서 자손의 족보로 끝난다. 에서의 계보를 지적함으로 에서의 후손들이 가나안에서 출생하여 그곳을 떠난 것과 야곱의 후손들이 다른 곳에서 출생하여 이곳으로 들어온 것은 비교할 만한 가치가 있다.

✚ 묵상 : 야곱은 도망할 때와 부자가 되어 돌아왔을 때 벧엘에서 제단을 쌓았는데 각각 어떤 점이 다를까요?(창35:1~4,7) 우리에게는 신앙성장에 어떤 교훈을 줄까요?
에서(에돔)의 후손이 야곱의 후손처럼 잘 된 것은 무엇 때문일까요?(창36:1~8)

● 마가복음 6장 가르침과 배척의 반복

예수의 복음 전파 사역이 이스라엘의 경계를 넘어 이방에까지 전파되는 데 비해 그에 못 미치는 제자들의 영적인 어리석음이 소개되고 있다. 요약하면 나사렛에서 배척당하신 일, 열두 제자를 파송하신 일, 세례 요한의 죽음, 제자들의 귀환, 오병이어의 기적, 물 위를 걸으신 일, 게네사렛에서의 치유 사역 등을 소개한다.

✚ 묵상 : 구원의 진리를 가르치신 예수님을 끊임없이 배척한 세력들은 누구였나요?(막6:3~4)
예수님과 제자들이 유대인들에게 지속적으로 가르친 내용은 무엇이었나요?(막6:6~12)

통일 주제 반복 (反復, 같은 일을 거듭해서 되풀이 함)

연합 내용 우리 앞에는 선한 것과 악한 것이 반복된다. 구원받은 우리에게 의와 죄가 반복됨을 알고 믿음과 의지로 승리해야 한다.

● 욥기 2장 칭찬과 시험의 반복

사탄의 시험으로 재물과 심지어 자녀까지 잃어버린 처절한 상황에서도 하나님을 원망하지 않은 욥은 오히려 더 큰 고난에 직면하게 된다. 이제는 몸에 종기가 나서 말할 수 없는 고통을 당하고 있다. 또한 그의 아내까지 '하나님을 원망하고 죽으라.'고까지 저주를 하니 욥은 심적, 육적 고통은 극에 달한다. 그런 가운데 욥을 위로하려고 온 세 친구가 등장하고 있다.

✚ 묵상 : 사탄의 첫 번째 혹독한 시험이 끝난 후 하나님은 욥을 어떻게 평가하셨나요?(욥2:3)
욥을 향한 사탄의 두 번째 처절한 시험은 어떤 것이었나요?(욥2:5~9)

● 로마서 6장 은혜와 죄의 반복

이 대목의 주제는 그리스도와 성도와의 연합이다. 바울의 주장대로 말한다면 믿음이란, 그리스도와 그리스도인의 연합이라는 것이다. 그것도 우리 주 예수 그리스도께서 우리를 위하여 가장 중요한 일을 이루어 주신 일, 곧 그의 십자가에서 죽으신 것과 또한 그가 죽음의 권세를 꺾으시고 죽음에서 부활하셔서 영원히 승리하신 바로 그 그리스도와 우리가 하나가 되어야 한다는 것이다.

✚ 묵상 : 바울은 죄인을 향한 하나님의 은혜에 대해 어떤 것들이 있음을 언급했나요?(롬6:3~4,8~11,17~19,22)
부활에 참여하기 위해 바울이 믿는 자에게 신신당부한 내용은 무엇이었나요?(롬6:12~13)

기 도

- 어떤 상황에서도 약속을 믿고 예배하게 하옵소서.
- 시험이 몰려왔을 때 입술로 범죄하지 않게 하옵소서.
- 구원의 소중함을 알고 죄를 멀리하는 강한 신앙적인 믿음을 주옵소서.

2월 04 February 해결

창37 / 막7 / 욥3 / 롬7

● 창세기 37장 꿈을 꾼 요셉에게 닥친 곤고

37장은 요셉의 기사이다. 창세기 마지막 장을 제외하고는 모두 요셉에 관한 기록이다. 요셉은 야곱의 사랑하는 아내 라헬의 장자이다. 성경을 위인의 탄생과 관련하여 볼 때 그 부모가 수태하지 못하다가 늦게야 하나님의 허락으로 아이가 탄생한다. 요셉의 기록에서 그가 신약 성경의 그리스도의 예표인 것을 볼 수 있다.

모세는 에돔에 관한 기록을 36장에서 끝내고 에돔 족속이 이스라엘 역사와 관계되지 않는 것을 알고 더 이상 언급하지 않고 이제부터 야곱의 역사를 재개한다. 우리는 2절에서 "야곱의 족보는 이러하니라."고 말한 것을 본다. 그러한 표현은 야곱의 기사를 주의 깊게 보라는 암시이기도 하다. 요셉은 야곱이 오랫동안 기다리던 라헬의 아들로 태어났기 때문에 남다른 사랑과 관심과 기대를 가졌다.

✚ 묵상 : 아버지에게는 특별한 사랑을, 하나님에게는 특별한 꿈은 받은 요셉은 어떤 장단점이 있었나요?(창37:2~5,9)
르우벤과 유다는 각각 미움 받는 요셉에 대하여 어떤 대책을 세웠나요?(창37:18~22,26~28)

● 마가복음 7장 귀신들린 딸을 둔 여자의 곤고

유대교의 형식주의에 대한 책망, 계명의 전통에 관한 교훈, 사람을 더럽히는 것에 관한 교훈, 수로보니게 여인의 딸과 귀먹고 어눌한 자를 고치신 사역이 소개되고 있다.

특히 3절의 '장로들의 전통'에서 성경 이외의 이 규정집과 성경에 대한 해석이 유대교 최고의 종교적 권위가 되어 실제적으로 성경을 대신했다.

✚ 묵상 : 예수님은 장로들의 전통과 사람의 계명에 대하여 어떤 교훈을 남기셨나요?(막7:5~16,20~23)
귀신들린 딸과 귀 먹고 말 더듬는 자의 치유는 누구의 믿음 때문에 일어났나요?(막7:25~29,32~35)

통일 주제 해결 (解決, 어떤 문제나 사건 따위를 풀거나 잘 처리함)

연합 내용 깊은 신앙을 가지고 있는 자에게 신앙의 의지로 해결하기 어려운 다양한 형태의 곤고함이 발생한다. 오직 주님만이 해답이시다.

● 욥기 3장 질병 속에 신음하는 욥의 곤고

욥은 재산과 자녀와 건강을 잃으면서도 신앙을 지켰지만 그 고통의 강도가 극심해지자 마침내 입을 열어 자신이 태어난 날을 원망하며 탄식하고 있다. 그럼에도 불구하고 아직은 생명을 주신 하나님을 원망하거나 저주하는 불신앙으로까지는 나아가지 않았다. 극한 상황에서도 신앙의 최후 보루인 하나님에 대한 믿음만은 끝끝내 견지하는 모습이 돋보이고 있다.

✚ 묵상 : 욥은 자신에게 닥친 곤고함으로 인하여 어떤 절망적인 독백을 했나요?(욥3:1~16)
욥은 곤고함 속에서 하나님에 대해 어떤 신앙관을 가지고 있었나요?(욥3:20~23)

● 로마서 7장 선과 악이 공존하는 바울의 곤고

하나님과 성도와의 새로운 관계에 대하여 바울이 말하는 둘째 예가 부부관계이다. 성경을 보면 구약이나 신약에서 하나님을 남편으로, 성도를 아내로 많이 언급하고 있는데, 구약의 호세아서와 아가서가 그 대표라고 하겠고, 신약의 열 처녀 비유나 계시록 19장의 혼인잔치도 그렇다고 할 것이다.

하나님과 성도와의 관계를 이와 같이 부부관계의 예를 들어 증언하는 것은 너무나 귀한 일이라고 하겠다. 바울은 여기서 부부관계의 예를 들어 새 관계를 제시하였다.

✚ 묵상 : 바울은 율법에 대해 어떻게 이해하고 가르쳤나요?(롬7:1~5,7~9,12~13)
바울이 자신을 "오호라! 나는 곤고한 사람이로다"라고 말한 이유는 무엇일까요?(롬7:15~24)

기 도

- 요셉처럼 하나님의 주권적인 꿈(비전)을 주옵소서.
- 영혼과 육신의 건강을 주옵소서.
- 성도 안에서 일어나는 영적, 심적 갈등을 온전히 풀게 하옵소서.

2월 05 February

역전

창38 / 막8 / 욥4 / 롬8

● 창세기 38장 변장을 통해 유다를 이긴 며느리 다말의 역전

본장에서는 요셉의 역사를 잠시 중단하고 부분적으로 다른 사건을 취급하고 있다. 그것은 유다와 그의 가정에 대하여 언급한다. 야곱의 아들들 중에 유다를 유의해야한다. 그 이유는 유다로부터 이스라엘의 왕조가 시작될 것이기 때문이다(히 7:14). 유다의 후손에서 메시야 탄생의 축복이 임할 것인데, 그것은 유다의 어떤 공로에 의하여 된 것은 아니다. 다만 하나님의 선택의 은혜로 된 것이다. 우리는 예수 그리스도의 미덕이나 가치나 인격이 그 조상들에게서 연유한 것이 아니며 그것은 모두 하나님으로 말미암은 것임을 알아야 한다.

유다가 가나안 여인과 결혼하여 두 아들을 얻었으나 "하나님께서는 그들을 죽였다"(창 38:7). 그들이 죽은 원인에 대하여는 성경은 악하다고 말로 표현하고 있다. 그러나 그 의미는 더욱 깊은 곳에 있을 것이다.

✚ 묵상 : 유다가 가나안 사람 수아의 딸과 동침하여 낳은 세 아들은 여호와 보시기에 어떤 성품을 갖고 살았나요?(창38:1~10)
유다가 둘째 아들 오난에게 지시한 계대결혼은 무슨 목적으로 행하여졌나요?(창38:8)

● 마가복음 8장 기적을 통해 연약한 자를 돌보신 예수의 역전

예수님의 공생애의 전환기를 이루는 부분으로 이제부터 예수를 향한 대적들의 핍박이 본격화 된다. 본장에서는 칠병이어의 이적, 표적을 구하는 바리새인들, 바리새인과 헤롯의 누룩, 벳새다 소경의 눈을 뜨게 하신 일, 베드로의 신앙고백, 고난에 대한 예고 등이 소개되고 있다.

그리고 5,000명을 먹이신 일은 네 편의 복음서 모두에 기록되어 있지만 4,000명을 먹이신 일은 마태복음(15:32-38)과 마가복음만 기록한다.

✚ 묵상 : 예수님의 칠병이어 기적과 맹인의 치유는 어떤 동기에서 시작되었나요?(막8:1~3,22~25)
예수 그리스도에 대한 신앙고백은 어떤 책임과 축복이 따를까요?(막8:27~34,38)

통일 주제 역전 (逆轉, 일의 형세나 경기의 흐름이 반대 상황으로 뒤집힘)

연합 내용 믿는 자가 내적 외적으로 힘든 환경에 처했을 때 성삼위일체 하나님은 우리가 생각하지 못한 방법으로 교훈하시며 깨닫고 일어서게 하신다.

● 욥기 4장 평가를 통해 나를 더 돌아보게 되는 욥의 역전

욥의 친구 엘리바스의 첫 번째 변론이다. 세 친구 중 최고 연장자인 엘리바스의 변론은 권위적이며 관념적이고, 전통적인 인과응보의 사상에 근거하여 욥의 고난을 해석한다. 여기서 엘리바스가 바르게 이해한 부분과 잘못 이해한 부분 양쪽에서 무엇을 배울 수 있는지 묻기 전에 엘리바스가 한 말에 최대한 긍정적으로 귀를 기울이려 한다.

✚ 묵상 : 데만 사람 엘리바스가 찾아와 욥에 대하여 평가한 말은 욥에게 어떤 고뇌와 아픔을 주었을까요?(욥4:1~8)
데만 사람 엘리바스는 어떤 신관(하나님에 대한 이해)을 가지고 있었나요?(욥4:15~19)

● 로마서 8장 성령을 통해 곤고함을 뛰어넘은 바울의 역전

바울에게 있어서 성령은 메시야 되신 그리스도 안에 있는 구속에 대한 특별한 증인이다. 바울의 성령론의 분석을 위해서 8장에 집중할 것이다. 주로 성령에 대하여 신약에 나오는 다른 어떤 장보다 많이 언급하고 있다.

바울은 헬라파 유대 기독교에 근원을 두고 있는 것으로 추정되는 광신적 헬라주의자들(고전 1:12-13; 4:8)과 소위 말하는 특별한 사도들(고후 11:5, 12-14; 빌 3:1-11)이 성령의 사역에 대하여 오해하여 그리스도의 몸의 하나 됨을 위태롭게 만들었던 고린도에 머물면서 로마서를 썼다. 그러므로 그는 로마에 있는 유대인들과 이방인 기독교인들 사이에 있는 갈등들 속에 웅크리고 있는 위험을 잘 알고 있었다. 이방인들을 위한 사도인 바울에게 있어서, 로마에 있는 그리스도의 몸의 하나 됨은 다른 어느 곳에서와 마찬가지로 로마서를 쓰는데 있어서 그의 가장 큰 관심이었던 것 같다.

✚ 묵상 : 성령이 믿는 자에게 주시는 은혜와 선물에는 어떤 것이 있을까요?(롬8:1~2,6,9,14~17,26~27)
예수 그리스도를 통해 나타난 하나님의 사랑은 어떤 절대성을 갖고 있나요?(롬8:31~39)

기 도

- 힘들고 어려울 때 주님과 함께 있게 하시고 인내로 승리하게 하옵소서.
- 예수 그리스도의 긍휼하심과 성령의 돌보심을 의심하지 않게 하옵소서.

2월 06 February

떠남

창39 / 막9 / 욥5 / 롬9

● 창세기 39장 요셉이 달콤한 유혹과 시험으로부터 떠남

본장에서 다시 요셉의 기사로 돌아온다. 그가 애굽에 팔려가 다시 종으로 팔린 것은 하나님의 일하심의 기회를 나타내기 위함이다. 하나님께서는 이스라엘 역사를 섭리하시는 사실을 계시하시기 위하여 요셉을 선발대로 애굽으로 인도하신다. 이제부터 요셉은 인격을 도약하며 위대한 일을 할 기회가 찾아 온 것이다. 하필이면 왜 그가 보디발의 종이 되었을까? 만일 일개 농촌의 부잣집 종으로 팔려갔더라면, 요셉은 평생을 흙에 파묻히고 말았을 것이다. 그러나 하나님께서는 요셉을 낙심과 타락의 구렁텅이에서 건져 주시고 용기와 충성으로 새 환경에 직면하게 함으로 전화위복(轉禍爲福)이 되게 한 것이다.

요셉이 보디발의 집에 종으로 들어간 것은 이미 애굽에 있을 부모형제들의 거처를 준비하는 과정이다. 하나님은 사람을 등용하실 때 여러 과정을 거쳐 쓰시기에 합당한 사람으로 만드신 다음에 그를 하나님의 도구로 사용하신다. 야곱이나 요셉에게도 많은 결함과 허물이 있다. 그러나 하나님은 그들을 여러 모양으로 다루시고 훈련시켜 그 세대에 영향력 있는 사람으로 사용하신다. 하나님께서 아브라함을 부르시고 그를 통하여 위대한 신앙 사상을 자녀들에게 주입시켜 주신 것을 볼 수 있다.

✚ 묵상 : 요셉이 잘 한 것과 하나님이 함께해 주신 것에는 어떤 것들이 있을까요?(창39:2~6)
요셉을 볼 때 하나님은 사람을 훈련시켜 쓰시려고 어떤 부분을 간섭하시나요?(창39:7~10,14~23)

● 마가복음 9장 예수와 제자가 악한 세상과 범죄로부터 떠남

지금까지의 갈릴리 사역이 본장에서 최종적으로 마무리된다. 내용을 요약하면 변화산상에서의 변모와 엘리야에 대한 교훈, 벙어리 귀신 들린 아이를 고치신 일, 제2차 수난 예고와 제자들의 무지, 겸손과 관용에 대한 교훈 등이 소개되고 있다.

✚ 묵상 : 예수님이 세 제자와 함께 변화산에 오르신 이유는 무엇일까요?(막9:2~7)
예수님은 귀신 들린 아들을 데리고 온 아버지에게 무엇을 요구하셨나요?(막9:17~24,29)

통일 주제 떠남

연합 내용 사람은 누구나 시간과 공간 속에서 끊임없이 선택해야 한다. 특히 믿는 자는 선악 간의 선택기로에 서게 된다. 믿음의 영웅은 언제나 선택에 있어서 갈등하지 않고 온전히 승리한다.

● 욥기 5장 엘리바스가 벗의 이해와 공감으로부터 떠남

본격적으로 세 친구의 변론이 시작된다. 제일 먼저 엘리바스는 모든 인간은 우매하고 무지하기 때문에 욥도 고난을 당할 만한 원인이 있을 것이라고 하면서 인과응보의 원리로 공박한다.

✚ 묵상 : 욥에게 찾아온 벗 엘리바스는 어떤 고정관념으로 욥의 고난을 평가했나요?(욥5:1~7)
벗 엘리바스는 욥에게 고난에서 벗어나려면 어떻게 해야한다고 권면했나요?(욥5:8)

● 로마서 9장 믿는 자는 주님의 진노와 심판으로부터 떠남

지금까지 우리는 믿음으로 의를 얻어야 할 필요성과 믿음으로 의를 얻는 일의 성격과 믿음으로 의를 얻는 일에 대한 구약적 배경과 믿음으로 의를 사람에게 적용시키는 방법, 그리고 믿음으로 의를 얻은 결과에 대하여 살펴보았다.

결론적으로 율법을 지키거나 우리 인간의 어떤 행위나 공로가 아니라 순전히 예수 그리스도를 믿음으로만 하나님의 의를 얻어 죄인의 자리에서 의인의 자리에 나아간다는 것을 보아왔다.

✚ 묵상 : 바울이 저주를 받을지언정 목숨 걸고 간절히 소망했던 것은 무엇일까요?(롬9:1~3)
바울은 구원과 심판에 있어서 하나님의 주권성과 인간의 자유의지가 어떤 관계를 가지고 있다고 설명했나요?(롬9:7,12~13,16,18,20~21,24,30)

기 도

- 요셉처럼 신앙에서 비롯된 강한 의지를 주옵소서.
- 자녀의 문제를 온전히 풀 수 있는 믿음과 기도의 권세를 주옵소서.
- 사람에게 위로받지 못할지라도 성서적인 견고한 신앙으로 인내하게 하옵소서.

2월 07 February 알림

창40 / 막10 / 욥6 / 롬10

● 창세기 40장 요셉이 꿈을 꾼 관원장들에게 해석을 알림

40장부터는 애굽에서 요셉 이야기의 연속으로 이스라엘이 가나안에서 애굽으로 이동하게 되는 첫 단계를 묘사하고 있다. 요셉이 무고하게 들어간 옥은 일반적인 감옥은 아닌 궁전의 옥사인 것 같다. 그곳에는 애굽 왕의 술 맡은 자와 떡 굽는 자가 수감되어 있었다. 이러한 환경은 앞으로 요셉이 나아갈 길을 위하여 무한한 가능성을 엿보게 한다. 하나님께서는 당신의 뜻을 이루게 하기 위하여 모든 환경을 사용하신다. 왕의 관원장이 무슨 죄로 인하여 수감되었는지 알 수 없으나 시위대장 보디발은 요셉을 그들과 함께 수감했다.

요셉의 수감은 하나님의 특별한 섭리이며 애굽의 왕 앞으로 곧바로 가는 길이다. 요셉은 수감 중인 관원장들의 꿈을 해석해 준 것이 왕 앞으로 다가가는 두 번째 과정이다. 요셉은 옥중 생활을 통하여 궁전을 드나드는 사람을 친구로 삼음으로(창 40:14,15) 그의 명예를 회복하고 하나님의 섭리 안으로 가는 길이 열린 것이다.

✚ 묵상 : 고난의 현장인 감옥생활 속에서도 요셉은 어떤 성품을 보여 주었나요?(창40:4,6~8)
하나님이 요셉과 함께 하심으로 그에게 나타난 놀라운 일들은 무엇이었나요?(창40:12,18)

● 마가복음 10장 주님이 찾아 온 자들에게 진리를 알림

본장은 3차에 걸친 갈릴리 사역이 끝난 때로부터 예루살렘 입성까지, 그동안에 발생했던 사건들을 다루고 있는데 누가복음에서는 이 사건을 무려 열 장에 걸쳐 상세히 기록하고 있다(눅 9:51-19:27). 그리고 제자도와 관련된 여러 교훈들이 소개하고 있다. 이혼에 대한 가르침, 재혼에 대한 교훈, 어린이에 대한 이해, 부의 문제, 상급의 문제, 지도권 문제, 맹인 거지 바디매오를 치유하신 일 등이 소개되었다.

✚ 묵상 : 예수님께 다가 온 어린아이들과 맹인 바디매오의 공통점은 무엇일까요?(막10:13,48)
재물이 많은 사람과 세베대의 아들 야고보, 요한의 공통점은 무엇일까요?(막10:17,22,37,45)

통일 주제 알림

연합 내용 성경은 말씀이다. 하나님의 뜻과 예수그리스도의 진리를 전하는 책이다. 꿈과 생각, 그리고 말과 환경을 통해서 모든 내용을 알려 주신다.

● 욥기 6장 욥이 충고한 엘리바스에게 중심을 알림

엘리바스의 정죄를 듣고 있던 욥의 변론은 이렇다. 자신의 고통은 어떤 죄악 때문이 아니라는 것과 한 걸음 더 나아가 자신은 의롭고 진실하다는 것이다. 나아가 욥은 무고한 자신을 정죄하는 친구들을 강한 어조로 비난한다.

✚ 묵상 : 욥의 고백에 의하면 그는 그칠 줄 모르는 고통 가운데서도 어떻게 기뻐할 수 있었나요?(욥6:10)
욥은 찾아온 친구 엘리바스의 충고를 들었을 때 마음이 어떻다고 했나요?(욥6:15,21~28)

● 로마서 10장 바울이 이스라엘에게 복음전파 과정을 알림

유대인이 하나님에게서 망신스러운 심판을 받은 것을 우리가 위에서 살펴보았다. 그것은 유대인들이 그렇게 멸시하고 천하게 여기던 이방인들이 믿어 구원의 영광을 얻었고, 반대로 그렇게 자부심을 가지고 큰소리치던 유대인들이 메시야를 배척하여 하나님께서 세우신 부딪힐 돌에 부딪혀 참을 수 없는 역사 심판을 받았기 때문이다.

그러면 유대인이 실패한 이유가 무엇이었는가? 그것을 알아내고 밝히는 것이 여기서의 사도 바울의 책임이다. 이 문제에 대하여 바울은 아주 명쾌하게 그 내용을 파헤쳤다. 그것은 바로 하나님께서 세우신 믿음의 제도를 유대인들이 알지 못하고 자기 고집에 지나치게 집착한 까닭이다.

✚ 묵상 : 바울의 소원과 기도는 무엇일까요?(롬10:1)
바울은 복음이 한 영혼에게 전파되기까지 어떤 과정이 있다고 설명했나요?(롬10:14~15,17)

기 도

- 어떤 상황 속에서도 요셉과 욥처럼 하나님을 믿는 믿음으로 승리하게 하옵소서.
- 가난하고 병약할 때와 부요하고 강건할 때 변함없이 주를 따르게 하옵소서.
- 바울처럼 동족 대한민국을 마음에 품고 복음을 전하는 자가 되게 하옵소서.

2월 08 February 권위

창41 / 막11 / 욥7 / 롬11

● 창세기 41장 애굽을 통치하는 요셉의 권위

여호와의 눈은 세상을 두루 살피셔서 자기를 향하여 마음이 열린 자들에게 은혜를 베푸신다(대하 16:9). 요셉의 해석으로 석방된 인연은 2년 후에 성취되었다. 요셉이 2년 동안 옥에 있는 기간은 하나님의 특별한 섭리를 위해 정해진 시간이었다. 하나님의 섭리의 시간은 사람과 사건에 따라 다르지만 반드시 오고야 만다. 그가 기다리는 시간은 괴롭고 쓰지만 예정된 시간이 오면 그 시간은 참으로 보람 있는 날들이 된다(합 2:3).

요셉이 풀려나게 된 직접적인 동기는 하나님으로부터 얻은 지혜로 바로 왕의 꿈을 해석한 연고이다. 바로 왕의 꾼 꿈은 요셉을 등용시키기 위한 작정이다. 이스라엘을 애굽으로 이주하시기 위한 섭리이다(창 15:13). 성경에는 이곳과 비슷한 일이 다니엘서 2장 27절, 4장 7절, 5장 8절에서도 나타난다. 이곳이나 그곳에 등장한 사람은 모두 지혜롭고 총명한 은사를 받은 자들이었다. 그들은 은사의 천부적 소질을 가지고 있어 해석 후에 모두 정치에 입문하는 것을 본다. "너는 내 집을 다스리라"(창 41:40; 단 2:48).

요셉은 바로의 총애를 한 몸에 받으며 국민들로부터 존경을 받았다. 요셉의 수의(囚衣) 대신 관복(官服)을 입고 모든 애굽의 문무백관들에게 하나님의 사람의 위엄을 보여주었다.

✚ 묵상 : 하나님은 꿈을 통해 바로에게 애굽의 미래를 보여 주셨는데 이를 해석함으로 인해 요셉은 어떤 자리에 오르게 되었나요?(창41:25,32,37~43)
요셉은 꿈의 해석이 하나님께 있다고 했는데 그럼 대안은 누구에 있을까요?(창41:33~39)

● 마가복음 11장 만물을 통치하는 예수의 권위

본장에서 15장까지는 예루살렘과 그 주변 지역에서 보낸 예수의 마지막 일주일 간의 사건들을 소개한 내용이다. 그중 본장은 성전을 중심으로 한 영적 싸움을 소개하는 부분으로 예수의 성전 입성, 무화과나무를 저주하신 일, 성전을 정결하게 하신 일, 믿음과 기도에 관한 교훈, 예수의 권위에 대한 논쟁 등이 언급되었다.

✚ 묵상 : 무화과나무의 저주사건와 성전청결사건은 예수님의 어떤 권위를 나타낼까요?(막11:13~18)
성전이 본래의 목적대로 만민이 기도하는 집이 되려면 무엇을 갖춰야 할까요?(막11:17,33)

통일 주제 권위 (權威, 다른 사람을 통솔하여 이끄는 힘)

연합 내용 하나님은 개인이나 나라를 다스리는 자신의 절대적인 권위를 믿음의 일꾼들에게 나눠주심으로 세상을 의롭게 만드시며 구원하신다.

● 욥기 7장 인생을 주관하시는 하나님의 권위

욥은 이제 고통 중에 있는 자기 자신에게로 눈길을 돌린다. 그래서 욥은 인생이 참으로 허무하다고 탄식한다. 아울러 그렇게 덧없는 인생을 왜 하나님께서는 아주 중요하게 보시고 자신을 향해 쉼 없이 징계를 가하시는가 하고 비탄에 찬 질문을 던진다.

✚ 묵상 : 욥은 자신의 고통이 너무 큼으로 인해 하나님께 어떤 불평을 했나요?(욥7:3~12)
하나님의 권위를 인정하는 욥은 어떤 간구를 하나님께 드렸나요?(욥7:15~21)

● 로마서 11장 남은 자를 주관하시는 하나님의 권위

본장을 신중하게 읽었더라면 여기서 전개되는 내용과 분위기가 이전의 장들(1-8장)과는 사뭇 다르다는 사실을 알 수 있을 것이다. 말이나 문채 그리고 신학적 주제에 있어 11장은 이전 장과는 확연히 다른 분위기를 보여준다. 이를 테면 1-8장이 유대인과 이방인 모두의 죄악과 그리스도를 통한 보편적 구원의 문제를 다루고 있으며, 9-11장에서 바울은 유대인의 구원이라는 특수한 문제를 집중적으로 다루고 있음을 볼 수 있다.

그러므로 신앙의 단순성을 바로 내 마음에 있는 믿음의 말씀을 받고, 믿고, 고백하여 영광을 얻어다 같이 형제자매가 되고 너그러우시고 부요하신 은혜로 구원을 받는 것이라고 할 것이다.

✚ 묵상 : 바울은 무엇에 근거하여 이스라엘백성이 구원을 받을 것을 확신했나요?(롬11:1~2,5,11~12)
바울은 접붙임의 원리로 구원을 설명했는데 그 구체적인 내용은 무엇일까요?(롬11:17~21,24)

기 도

- 하나님의 주권과 권위를 온전히 인정하고 범사에 순종하게 하옵소서.
- 하나님의 구원하심이 나의 충성을 통해 이웃에게 넘쳐나게 하옵소서.

2월 09 February 생활

창42 / 막12 / 욥8 / 롬12

● 창세기 42장 어려운 일을 만났을 때 가족의 지혜로운 생활

42장의 장면은 가나안 땅의 기근을 통하여 다스림을 받고 있는 야곱의 가정으로 인도한다. 앞으로 전개될 사건들은 요셉과 그 형제들의 모습이다. 야곱의 요청에 따라서 베냐민을 집에 놔둔 채 애굽으로 양식을 구하러 온 형제들은 요셉을 알 수 없었으나 요셉은 형제들을 곧 알아보았다. 그러나 요셉은 모른 척하고 그 형들에게 엄한 소리로 말했다. 본장으로부터 44장까지를 보면, 요셉은 얼마나 형제들을 사랑하였는지를 볼 수 있다. 그러나 그가 형제들에게 행한 태도를 보면 지나쳐 보이기도 하고 가혹하게도 보인다. 그러나 요셉에게 복수심이나 악의가 있었던 것은 아니다. 그 이유는 형들이 과거의 죄를 깨닫고 회개하게 하기 위함이다. 요셉이 형들을 본 후 돌아서서 은밀히 눈물을 지었다는 것만 보아도 그 중심에 악의가 있지 않았다는 것을 알 수 있다(히 12:10,11; 호 5: 15).

✚ 묵상 : 기근이 심할 때 아버지 야곱은 11명의 아들에게 어떤 대안을 내놓았나요?(창42:1~2)
맏형 르우벤은 요셉과 베냐민을 위해 어떤 인도적인 행동을 했나요?(창42:15~20,22,37)

● 마가복음 12장 불신앙의 사회 속에서 성도가 지켜야 할 생활

본장은 신학적인 문제들을 중심으로 예수의 권위와 가르침이 변증되는 장면이다. 하나님을 도외시한 유대인들의 허물을 지적한 포도원 농부의 비유, 세금에 대한 교훈, 부활에 관한 논쟁, 가장 큰 계명, 메시아에 관한 질문, 서기관들에 대한 경계 그리고 가난한 과부의 헌금에 대한 칭찬 등이 언급되고 있다.

✚ 묵상 : 포도원 농부들의 자세와 가난한 과부의 자세는 어떻게 대조가 될까요?(막12:1~8,42~44)
예수님은 세금, 부활, 계명에 관한 질문을 받았을 때 어떻게 대답하셨나요?(막12:17,25,27~31)

통일 주제 생활 (生活, 생명이 있는 동안 살아서 경험하고 활동함)

연합 내용 인간은 태어나서 주어진 기간을 살아간다. 그 인생의 여정 속에 신자와 불신자는 다른 생활을 한다. 믿는 자의 생활은 구별되어야 한다.

● 욥기 8장 고통 중에 있는 욥을 향한 빌닷의 그릇된 생활

이제 새로운 변론자로 욥의 두 번째 친구인 빌닷이 등장한다. 빌닷의 변론에서 나타나는 특징은 흑백 논리식의 도덕주의다. 엘리바스처럼 그 역시 욥의 고난이 그의 범죄로부터 비롯된 것이라고 확신하며 회개할 것을 주장한다. 그리고 엘리바스에 비해 좀더 직선적인 빌닷은 자신의 주장에 권위를 세우기 위하여 유서 깊은 전통을 인용한다.

✚ 묵상 : 욥의 친구 빌닷이 욥을 평가한 내용은 어떤 문제가 있을까요?(욥8:1~4,13)
빌닷의 신관(하나님에 대한 이해)과 율법은 어떤 관계를 가지고 있을까요?(욥8:5~8,20)

● 로마서 12장 세상 속에서 살아가는 참 그리스도인의 생활

로마서는 믿음을 강조하고 야고보서는 행위를 강조한다고 한다. 어떤 의미에서 그 말은 사실이나 어떤 의미에서는 맞지 않는 말이라고 할 수 있다. 그것은 로마서가 먼저 믿음에 대하여 많은 논의를 하고 있는 것이 사실이나, 그렇다고 하여 그리스도인의 행위를 무시하고 지나간 것이 아니기 때문이다. 그러면 로마서의 행위론이 무엇인가? 그것이 지금 우리가 살펴보려고 하는 본서 12장으로부터 마지막까지이다.

✚ 묵상 : 하나님은 한 몸인 교회가 세워지도록 하기 위해 각 지체인 성도들에게 어떤 은사를 주셨나요?(롬12:4~8)
하나님의 자녀요 교회의 지체인 성도는 대인관계에 있어서 어떤 생활을 해야 할까요?(롬12:10~20)

기 도

- 가정에 어려운 일이 생겼을 때 한 마음을 갖고 지혜를 모아 해결하게 하옵소서
- 나의 믿음과 삶의 태도를 겸손하게 하사 다른 사람을 정죄하지 않게 하옵소서
- 나로 하여금 교회에서나 세상에서 구별되게 살아갈 수 있도록 힘을 주옵소서.

2월 10 February 결단

창43 / 막13 / 욥9 / 롬13

● 창세기 43장 베냐민을 내려놓아야 하는 이스라엘의 결단

가뭄은 계속되고 아들들이 애굽에서 구하여 온 곡물은 바닥이 났다. 야곱은 아들들에게 다시 애굽에서 곡물을 구하여 오도록 명한다. 그러나 다시 애굽으로 가기 위하여서는 요셉의 친형제 베냐민을 대동해야 한다는 부담이 따른다. 야곱은 처음에는 베냐민을 대동할 수 없다고 반대하였으나(창 42:38; 애 4:9; 욥 2:4) 결국 설득 당하고 말았다. 야곱의 아들들은 베냐민을 데리고 두 번째 곡물을 구하기 위하여 애굽으로 내려간다.

애굽에 온 베냐민을 앞에 두고도 요셉은 의식적으로 자신을 나타내지 않는다. 그들을 접대할 준비를 시켰다. 형들은 지난번 곡식자루의 돈 문제 때문에 책임을 추궁하고 형벌로 노예를 삼을까 봐서 불안에 떨었다. 그리고 그들은 요셉에게 선물을 드리며 '머리를 숙여 절'을 하였다. 요셉의 꿈이 실현되는 순간이다(창 37:10).

✚ 묵상 : 가나안 땅에 기근이 심히 들었을 때에 유다는 이스라엘에게 어떤 제안을 했나요?(창43:3~9)
자신을 팔았던 형들과 베냐민을 상봉한 요셉은 어떤 자리를 마련했나요?(창43:16)

● 마가복음 13장 재림의 주를 기다리는 모든 성도의 결단

본장은 미래에 일어날 묵시적 사건들을 제시한 부분이다. 요약하면 성전 파괴의 예언, 박해와 환난이 임박할 것이라는 예언, 멸망의 가증한 것에 대한 예언, 인자가 올 것에 대한 예언, 무화과나무 교훈에서 배우는 교훈 그리고 마지막 그날과 그때는 아무도 모르고 오직 하나님만이 아신다는 교훈 등이 소개되고 있다.

✚ 묵상 : 주님이 재림하실 때에는 세상에 어떤 징조가 있을까요?(막13:4~10,21~22,24~26)
주님의 재림을 맞이할 자들은 어떤 결단과 준비가 필요할까요?(막13:33,35~37)

통일 주제 결단 (決斷, 결정적인 판단을 하거나 단정을 내림)

연합 내용 신앙생활은 결단의 연속이다. 회피를 하면 미숙함과 범죄함에 빠지게 되고 결단하면 성숙함과 의로움에 거하게 된다.

● 욥기 9장 전능자의 주권앞에 자신을 내려놓는 결단

빌닷의 변론에 대한 욥의 답변이다. 욥도 세 친구와 마찬가지로 어느 정도 인과응보의 사고에서 벗어나지 못한다. 따라서 엘리바스와 빌닷의 견해에 동의하면서도 자신에게 닥친 고난을 해석할 길이 없는 욥은 결국 모든 것이 전능하신 하나님의 주권아래에 있다는 것을 깨닫는다.

✚ 묵상 : 친구 빌닷의 말을 들은 욥은 어떤 신관(하나님에 대한 이해)으로 대답했나요?(욥9:2~16)
고통 중에 있는 욥이 친구 빌닷에게 대답하는 내용을 살펴볼 때 신앙을 가진 자와 그렇지 않은 자의 근본적인 차이는 무엇일까요?(욥9:20,22~23,32~35)

● 로마서 13장 임박한 구원을 알고 삶을 단정케 하는 결단

그리스도인의 사회생활은 두 가지로 나눈다. 하나는 순전히 불신자 가운데서 이런 저런 일을 겪으면서 그리스도인의 생활을 하는 일이고, 또 하나는 아무래도 그리스도인들은 서로 간에 친밀한 관계를 가지고 있기 때문에 교인들 상호간에 이런 저런 문제를 만날 경우이다.

바울은 이러한 모든 경우를 총망라하여 종합적인 교훈을 주었다. 그 때문에 우리는 그의 주장을 통하여 그리스도인의 생활에 대한 귀중한 교훈을 풍성하게 얻을 수 있었다.

✚ 묵상 : 바울은 세상의 권세들이 누구에게로부터 주어졌다고 말했나요?(롬13:1~2)
바울은 율법의 완성이 무엇이라고 했나요?(롬13:8~10)

기 도

- 어려운 일이 있을 때 앞에 서서 책임지는 자가 되게 하옵소서.
- 어떤 상황에서도 하나님의 주권을 인정하고 경배하는 자가 되게 하옵소서.
- 주님의 재림을 믿고 종말론적인 신앙으로 단정히 행하는 자가 되게 하옵소서.

2월 11 February 헌신

창44 / 막14 / 욥10 / 롬14

창세기 44장 야곱에게 약속을 지키기 위한 유다의 헌신

요셉이 자신의 실체를 드러내기 전 마지막으로 형제들의 우애를 시험하는 장면이다. 이 시험을 통해 형제들은 자신들의 지난 과오를 직시할 수 있었다.

요셉이 베냐민의 자루 속에 은잔(銀盞)을 넣게 하고 그들의 뒤를 추적하게 하여 형제들을 환대하여 보낸 것을 잔인한 처사라 비난할 수 있다. 그러나 이러한 행동은 악의에서 나온 것이 아니라 형들에게는 회개를, 그리고 아버지를 뵙기 위한 일념에서 한 연극이다. 베냐민은 야곱이 요셉을 잃은 후 가장 사랑하는 아들이었다. 아버지의 이러한 마음을 모르는 바 아니지만 요셉은 베냐민을 붙들어 오게 하고 뜨거운 사랑을 나누고 싶었다. 19절 이하의 말씀을 보면, 유다가 붙잡힌 베냐민을 위해 형제들을 대표하여 구명운동을 벌였다.

✚ 묵상 : 요셉이 청지기를 시켜 베냐민 자루에 자신의 은잔을 넣은 이유는 무엇일까요?(창44:1~2,12)
유다는 베냐민을 야곱에게 데리고 가기 위해 요셉에게 어떤 설명을 했나요?(창44:16,33)

마가복음 14장 예수의 장례를 예비하는 한 여자의 헌신

예수 생애의 마지막을 소개하는 장면이다. 지도자들이 예수를 체포하려는 모의를 시작하고, 예수는 베다니에서 기름 부음 받고, 유다에게 배반당하신다. 또 유월절 마지막 만찬, 베드로의 부인을 예언하신 일, 겟세마네에서의 기도, 체포되어 공회에 서신 일, 베드로의 부인 등이 전개되고 있다.

✚ 묵상 : 한 여자가 예수에게 향유 한 옥합을 깬 사건과 가룟 유다가 돈을 받고 예수를 판 사건은 어떤 대조를 이루며 우리에게 어떤 의미를 줄까요?(막14:3~8,43~45)
제자들에 대한 예수님의 예언과 베드로의 부인은 어떤 연관이 있을까요?(막14:27~31,66~72)

통일 주제 **헌신** (獻身, 어떤 일이나 남을 위해서 자신의 이해관계를 생각하지 않고 몸과 마음을 바쳐 있는 힘을 다함)

연합 내용 믿는 자의 내려놓음은 모든 곤고한 상황을 의미와 가치와 열매로 바꾼다. 진정한 내려놓음은 성서적인 헌신이다.

● 욥기 10장 처절한 상황 중에 주님의 주권을 따르는 헌신

9장이 빌닷을 상대로 한 욥의 답변이라면 10장은 그 대상이 하나님이다. 여기서 욥은 자신이 무슨 이유로 이토록 극심한 고난을 받아야 하는지를 하나님께 묻고, 차라리 평안한 휴식 곧 죽음을 취했으면 좋겠다는 소망을 나타낸다.

✚ 묵상 : 욥은 영혼이 심히 곤비하여 불평을 토로할 때에도 어떤 선을 지켰을까요?(욥10:1~2,8,12)
욥은 7절에서 악하지 않음을, 15절에서 의로울지라도 머리를 들지 못함에 대하여 고백했습니다. 그렇다면 욥이 가장 잘 한 것은 무엇일까요?(욥10:7,15)

● 로마서 14장 강한 자와 연약한 자가 비판하지 않는 헌신

그리스도인의 신앙 양심 문제는 쉬운 문제가 아니다. 그렇다고 하여 새삼스러운 문제도 아니다. 교회의 다양성은 서로 다른 사람을 모아 참된 통일을 이룰 수 있는 그리스도의 능력을 보여준다. 하지만 사탄은 자주 사람이 구속되지 못한 육신을 사용해 분열을 조장하고 그 연합을 위협한다. 바울이 여기서 다루는 위협은 성숙하고 강한 신자가 미숙하고 연약한 신자와 마찰을 일으킬 때 일어날 수 있는 위협이다. 이러한 요소를 성숙한 신자가 이 어려움을 겪게 되리는 것을 알고 교훈하는 것이다.

✚ 묵상 : 주 안에서 죽고 거듭난 자는 어떤 마음과 의식으로 살아갈까요?(롬14:1~3,6~8,10)
하나님의 나라(통치하시는 나라)는 육신의 것이 아닌 무엇으로 세워질까요?(롬14:17~19)

기 도

- 마음과 정성으로 온전히 헌신하는 주의 일꾼이 되게 하옵소서.
- 하나님의 나라를 세우기 위하여 성령 안에서 의와 평강과 희락을 좇게 하옵소서.

2월 12 February 마침

창45 / 막15 / 욥11 / 롬15

창세기 45장 야곱의 인생의 아픔이 요셉을 통해 마침

형제들의 손에 의해 노예로 팔렸던 요셉과 그로 인해 오랫동안 심적 고통과 깊은 죄의식을 지녀야 했던 형제들 중 유다의 탄원을 듣던 요셉은 더 이상 참을 수 없어 시종들을 내보내고 형제들 앞에서 방성대곡했다. 요셉은 형제들에게 자신의 신앙을 고백한다. "하나님이 나를 바로에게 아버지로 삼으시고 그 온 집의 주로 삼으시며 애굽 온 땅의 통치자로 삼으셨나이다."(8절)라는 것을 강조한다.

악을 선으로 만드신 하나님의 예정을 믿는 신앙은 옛날이나 지금이나 할 것 없이 관대하고 당당하다. 하나님께서는 "남은 자"를 위하여 언제나 생명을 보존하신다. 요셉은 자기의 생존 사실을 아버지에게 알리게 하고, 아버지를 초청하여 고센으로 옮기도록 하였다. 형들은 많은 예물을 나귀에 싣고 아버지를 위해 수레를 가지고 돌아갔다.

✚ 묵상 : 요셉은 자신이 애굽에 팔려온 것이 누구의 뜻이며 어떤 목적이었다고 고백했나요?(창45:3~8)
요셉의 형들이 온 소식을 들은 바로와 신하들은 왜 기뻐했을까요?(창45:16~20)

마가복음 15장 예수의 대속의 고난이 십자가를 통해 마침

예수의 최후 순간을 소개한 부분으로 빌라도 앞에 서신 예수, 사형 선고를 받으신 예수, 군인들에게 희롱 당하신 예수, 부자 요셉의 묘에 장사되신 예수 등이 소개되고 있다.

특히 2절의 "빌라도가 묻되"라는 구절에서 요한의 기록에 따르면(요 18:30) 유대교 지도자들은 빌라도에게 자신들이 예수께 이미 언도한(14: 64) 사형을 인정해줄 것을 요구했다. 그런데 빌라도가 이를 거절하자 유대교 지도자들은 예수에 대한 그들의 거짓 기소 내용을 제시했다(눅 23: 2). 그들의 기소 내용을 들은 빌라도는 예수를 심문했다.

✚ 묵상 : 빌라도가 예수를 재판할 때 가장 잘못한 점은 무엇일까요?(막15:2~5,9~15)
예수님이 십자가의 고난을 당하실 때 경험한 고통에는 어떤 것들이 있었나요?
(막15:17~20,24,29~32,34)

통일 주제 마침

연합 내용 삶의 고난도 사명도 때가 되면 다 끝난다. 위로에 대한 기대도 높아지려고 했던 교만도 다 끝난다. 그러므로 하나님의 사람은 오직 성서적인 삶을 추구할 뿐이다.

● 욥기 11장 친구를 통해 위로받지 못한 욥의 기대의 마침

욥의 세 번째 친구인 '소발'은 새로운 변론자로 나선다. 차라리 하나님의 손에 놓여 편안히 죽음을 맞고 싶다는 욥의 절규에 그동안 침묵하던 친구 소발이 변론을 시작한다. 소발의 특징은 고지식하고 무례한 교리주의자라는 사실이다. 소발은 현재의 고통에 해당하는 죄를 짓지 않았다는 욥의 말을 비난한다. 그리고 사람의 모든 일을 아시는 하나님의 지혜를 찬양함으로써 간접적으로 욥의 항변을 묵살한다. 그런 후에 소발은 욥에게 거듭 회개를 촉구하는 한편 회개한 뒤에 누릴 축복을 열거한다.

✚ 묵상 : 욥의 친구 소발은 욥에게 어떤 정죄적인 말을 했나요?(욥11:1~4,13~14)
욥의 친구 소발의 신관(하나님에 대한 이해)은 무엇이었나요?(욥11:7~11)

● 로마서 15장 교회의 하나됨을 위하여 이기심의 악을 마침

바울은 이웃 사랑에 대한 내용 가운데서 강한 자가 약한 자에게 덕을 세워야 하고 그들을 넘어지게 해서는 안 된다고 하는 것에 대해 지금까지 살펴본 의(義)의 이야기였다. 하지만 바울은 거기에서 중단하지 않고 나아가서 본격적인 이웃사랑을 내세우고 그것을 강조하였는데, 그것이 예수께서 보여주신 규범이었다.

✚ 묵상 : 바울은 그리스도인이 누구를 기쁘게 하며 살아가야 한다고 했을까요?(롬15:1~2,7)
바울은 선민만을 위한 구원의 이기심을 초월하고 누구를 위한 구원에 힘썼나요?
(롬15:8~12,16,18~19)

기 도

- 우리가 살아온 과거를 주 안에서 해석할 수 있는 영성을 허락하여 주옵소서.
- 현재 어떤 종류의 고난을 당할지라도 예수님의 고난을 생각하면서 넉넉히 승리하게 하옵소서.
- 바른 성서적 신앙관을 가지고 자신을 돌아보며 다른 이를 위로하게 하옵소서.

2월 13 February

새 삶

창46 / 막16 / 욥12 / 롬16

● 창세기 46장 고센이란 낯선 곳에서 새 삶을 시작하는 야곱

아브라함에게 계시되었던 애굽 거주와 출애굽 사건의 전제 조건으로 야곱 일가가 마침내 애굽으로 향한다.

야곱은 하나님의 경륜이 어떤 것임을 알고 있었다. 아브라함, 이삭에게 허락하신 땅을 떠나는 일을 결코 쉬운 일이 아니다. 그러므로 하나님의 지시가 필요했다. 그는 하나님의 계시가 있은 후 가나안을 바로 떠나지 않고 아버지 이삭이 살던 브엘세바로 올라가 하나님께 제사를 드렸다. 그곳에서 하나님께서는 야곱이 다시 가나안으로 올라올 것을 약속받았다(창 46:1-4). 거기에는 아브라함이 아비멜렉과 언약을 세웠고(창 21:31), 이삭을 데리고 가서 하나님께 제사 드린 곳이며(창 22:19), 하갈이 이스마엘을 데리고 방황하다가 천사를 만난 곳이다(창 21:14-19). 그리고 이삭의 목자들이 거기에 우물을 팠던 곳이다(창 26:32,33). 잊을 수 없는 것은 야곱이 젊었을 때 형의 눈을 피하여 도망하다가 처음으로 하나님을 경험한 장소이기도 하다(창 28:10).

애굽에 도착한 야곱은 요셉을 만났을 때 조금도 흐트러짐을 보이지 않고 흥분하지도 않았다. 그리고 자기의 처신에 대하여도 말하지 않았다. 이것은 야곱의 신앙심의 성숙도를 말해준 것이다.

✚ 묵상 : 하나님은 이스라엘에게 열 두 아들과 모든 식구를 데리고 애굽으로 내려가라 하셨는데 이를 통해 하나님의 어떤 모습을 알 수 있을까요?(창46:2~4)
요셉은 아버지와 형들에게 바로를 만나면 무엇이라 대답하라고 했나요?(창46:31~34)

● 마가복음 16장 부활을 목격하고 새 삶을 시작하는 제자들

본서의 마무리 부분으로 십자가에서 돌아가신 예수의 부활, 막달라 마리아에게 보이신 일, 두 제자에게 나타나신 일, 열한 제자에게 나타나신 일, 하늘로 올라가신 예수 등이 언급되고 있다.

해석상의 문제점으로 지적한 마가복음 16장 9-20절의 외적인 증거는 이 단락이 마가가 쓴 원래 복음서 중 일부가 아님을 강력하게 암시한다. 4세기의 교부인 에우세비오스와 히에로니무스(제롬)는 자기들에게 가용한 거의 모든 헬라어 사본에 9-20절이 없다고 말했다. 이 단락의 내적인 증거도 이 부분을 마가가 기록하지 않았음을 확실히 보여준다.

✚ 묵상 : 부활하신 예수님은 누구에게 제일 먼저 나타나셨나요?(막16:1~2,9)
부활하신 예수님이 제자들에게 나타나셔서 크게 꾸짖으신 이유는 무엇일까요?(막16:10~11,14)

통일 주제 새 삶

연합 내용 인생 가운데 새로운 변화를 경험하고 새 삶을 살아가는 것은 놀라운 축복이다. 하나님은 여러 사건을 통해 일상에서 이 일을 행하신다.

● 욥기 12장 소발의 충고를 듣고 신앙적 새 삶을 꿈꾸는 욥

소발의 교리적 변론에 대해 욥은 친구들이 자신을 바르게 알고 있지 못하다고 공박한다. 자신에 대해 세 친구들이 독선적인 힐난을 퍼붓는 데 대한 반론을 제기하면서 욥은 자신도 그들만큼 하나님의 지혜와 권능을 알고 있음을 열거한다.

이 밖에도 욥은 인간의 재앙을 열거하면서 하나님께서는 인생을 다스릴 때 의인과 사악한 자를 구별하지 않으신다는 사실을 지적한다. 불행은 가장 선한 사람에게 엄습하기 때문에 불행을 당하고 있다고 해서 지를 지었다는 뜻은 아니다.

✚ 묵상 : 욥은 찾아와 충고한 친구 소발에게 어떤 감정과 어떤 내용으로 대답했나요?(욥12:1~4,7~9)
욥이 고백한 내용 속에 나타난 욥의 신관(하나님에 대한 이해)은 무엇일까요?(욥12:10,13~25)

● 로마서 16장 바울로 인해 복음 안에서 새 삶을 사는 성도

바울의 개인적인 설명을 통하여 우리는 바울의 이러한 신앙과 그리고 그의 놀라운 인간미를 잘 배울 수 있었다. 그런데 이제는 바울이 여러 사람의 이름을 불러감으로서 문안을 하고 있다. 이상하다고 할 것은 바울이 한 번도 찾아가 보지 못한 로마교회의 교인들의 이름을 어떻게 그렇게 많이 알고 있으며 더구나 어떻게 그들의 입장과 처지를 그렇게 세밀하게 알고 있었는지 우리는 놀랄 수밖에 없다. 선한 목자는 양들을 잘 알고 있어야 한다는 가장 좋은 예가 될 것이다.

✚ 묵상 : 바울이 모든 교회에게 첫 번째 추천한 뵈뵈 자매는 어떤 성도일까요?(롬16:1~2)
바울이 이방 전도를 할 때 항상 힘이 되어주었던 부부는 누구일까요?(롬16:3~4)

기 도

- 하나님이 어디로 인도하시든지 따라가는 순종의 사람이 되게 하옵소서.
- 십자가 신앙과 부활 신앙으로 날마다 승리하는 우리가 되게 하옵소서.
- 참된 복음의 동역자를 만나게 하사 날마다 사역의 삶을 살아가게 하옵소서.

2월 14 February 고생

창47 / 눅1:1-38 / 욥13 / 고전1

● 창세기 47장 험악한 인생을 살아온 147년의 야곱의 고생

야곱 가족이 바로를 알현함으로 애굽에 공식적으로 정착하게 되는 장면과 야곱이 바로를 축복하는 장면을 볼 수 있다. 여기서 특이한 점을 발견한다. 축복은 원래 지위가 높은 자가 낮은 자에게 하는 것이나 야곱이 바로(세누세르트 3세)를 축복한 것은 하나님의 능력을 의미한다고 볼 수 있다. 애굽의 기근을 극복한 요셉의 식견과 선견지명에는 분명한 계획이 서 있었음을 볼 수 있다. 풍년이 든 7년간에 곡식을 저장하였다가 흉년이 든 7년 동안 곡식을 매매한 양곡 행정은 실로 놀라운 것 이었다. 그는 백성들을 곡식 창고가 있는 근처로 주거지를 옮기게 하고 처음에는 곡식을 돈으로 다음에는 가축으로 팔았으며 나중에는 농토 문서로 양곡 대금을 지불하도록 하고 나중에는 농토도 없을 때는 백성들에게 몸을 바로의 종으로 팔아서 그들이 주는 곡식 종자를 바로의 농토에 뿌려 농사를 짓게 하였다.

요셉의 양곡 정책은 행정가의 모습 그것이었다. 요셉은 아버지와 형제들을 바로의 허락 하에 그의 일가를 기름진 라암셋에 거하게 하였다. 야곱은 가나안에서는 빈궁하게 살았으나 애굽에 와서는 요셉의 덕택에 풍성하고 안락한 여생을 보냈다. 또한 이스라엘 백성이 스스로 바로의 종이 되어 출애굽의 전제 조건을 만드는 예지를 보여주고 있다.

✚ 묵상 : 험악한 인생을 살아온 야곱(이스라엘)과 심한 기근으로 고생한 모든 이방 백성들은 어떻게 구원을 받았나요?(창47:3~11)
7년 흉년이 계속되면서 주변의 돈과 가축과 땅은 모두 애굽 왕 바로의 소유가 되었는데 이 일을 요셉을 통해 이루신 하나님의 깊으신 뜻은 무엇일까요? (창47:14,16,19~20,23~25)

● 누가복음 1장 1-38절 흠없이 살아온 엘리사벳의 자식없음의 고생

누가복음의 저자 누가는 사도 바울의 동역자이며 의사였고(골 4:14; 딤후 4:11), 사도행전의 저자이기도하다. 누가복음 1장은 전체의 서론으로 기록 목적과 기록자 및 수신자 등을 언급하며, 세례 요한과 그리스도의 출생 예고 및 세례 요한의 출생 기사 등이 언급된다. 이 같은 내용은 이방인 독자들에게 그리스도의 신성을 알게 하려는 의도에서 비롯되었다. 특히 왕이신 메시야의 오심을 예비하는 사자가 소개되는데 세례 요한이 그 역할을 담당한다.

✚ 묵상 : 사가랴 제사장에게 나타난 가브리엘 천사는 어떤 기쁜 소식을 전해 주었나요?(눅1:5~17)
엘리사벳과 마리아에게 성령이 충만히 임하자 어떤 일이 일어났나요?(눅1:24,28~38)

통일 주제 고생 (苦生, 어렵고 고된 일을 겪음)

연합 내용 주를 믿고 살아가는 하나님의 백성은 인생의 여정 속에서 이유를 알 수 없는 많은 고생을 경험한다. 하지만 고생을 견뎌냄으로써 하나님의 도구가 되며 후대의 영혼들에게 교훈적인 메시지가 된다.

● 욥기 13장 벗의 정죄와 하나님의 침묵에 대한 욥의 고생

욥은 친구들의 가르침으로 결코 자신의 고난 문제를 해결 할 수 없음을 간파하고 자신의 문제를 해결할 자는 오직 하나님이심을 확신한다. 그래서 이제 자신의 고난 문제를 하나님 앞에 직접 내어놓고 자신의 외로움을 인정받으려고 한다.

✚ 묵상 : 욥이 "잠잠하면 그것이 너희의 지혜일 것이라"고 한 말의 뜻은 무엇일까요?(욥13:1~5,13)
욥이 하나님께 간절히 구한 두 가지의 일(기도제목)은 무엇이었나요?(욥13:20~24)

● 고린도전서 1장 교회 내의 파벌과 분쟁에 따른 바울의 고생

고린도전서는 하나의 서신이다. 따라서 로마가 세계를 지배하고 있던 당시에 헬라 문화의 영향을 받고 있는 모든 사회에서 공통적으로 사용되고 있던 서신의 형식을 따라 바울이 이 서론을 전하고 있다(행15: 23; 23:26). 그러나 이 서신의 서론에서 불신사회의 형식과 다른 면이 있다면 그것은 그리스도인들만이 말할 수 있고 이해할 수 있는 기독교의 신앙적 성격을 일반적인 인사말에 가미하여 기독교적 색채를 농후하게 나타내고 있는 점이다.

고린도전서의 서론을 전함에 있어서 사도 바울은 간략하면서도 고린도교회의 어지러운 현실을 감안하여 의미심장한 인사의 말을 하고 있다. 아마도 이것은 고린도교회의 설립자인 사도 바울을 괴롭히고 당파싸움을 일삼고 있는 고린도 교인들에게 대한 인사라고 할 때에 거의 갈라디아 교회에게 하듯이 인사를 하는 것이 타당하겠으나 이상하게도 바울은 깍듯이 신앙의 신사도를 지키면서 정중하게 인사하고 있는 모습을 본다. 고린도전서의 서론은 바울의 문안, 바울의 감사로 되어 있다.

✚ 묵상 : 바울은 고린도교회의 어떤 면을 감사하며 칭찬했나요?(고전1:4~7)
바울은 교회 내의 분쟁을 책망하면서 어떤 내용을 다시 가르쳤나요?(고전1:10~13,17~18,21,24)

기 도

- 고생하며 살더라도 끝까지 신앙을 지켜 주님께 축복을 받는 자가 되게 하옵소서.
- 우리의 문제를 해결해 주시는 기쁜 소식을 주옵소서.
- 항상 평안하여 든든히 서가는 성서적인 수지선민교회가 되게 하옵소서.

2월 15 February 미래

창48 / 눅1:39-80 / 욥14 / 고전2

● 창세기 48장 축복안수를 받은 므낫세와 에브라임의 미래

48장부터 끝장인 50장까지는 언약 족장 시대와 이스라엘 열두 지파 시대 사이의 과도기적 상황을 다룬다. 48장에서 야곱인 이스라엘은 병이 들었다. 그래서 극도로 쇠약하여진 상태에서 요셉에게 전하였다. 이스라엘은 요셉에게 몇 가지 제안을 했다. 첫째는 사후에 자기를 열조의 곁에 장사지내 줄 것과 요셉과 동행하여 할아버지의 병문안을 온 요셉의 아들 므낫세와 에브라임에게 축복함으로 열두 지파의 한 부분을 담당하게 될 둘의 중요성을 확인시켜주고 있다.

당시 므낫세와 에브라임의 나이는 20세 전후였을 것으로 추정된다. 그들은 이스라엘 할아버지를 뵙고 평생에 잊을 수 없는 감동을 받았다. 그들은 비록 어미가 애굽의 여인이지만 하나님께서 이스라엘을 통하여 이러한 축복에 참예하게 하심에 감격하였던 것이다. 므낫세와 에브라임에 베푼 축복은 하나님으로부터 받은 권위이다.

므낫세와 에브라임에게 손을 얹고 축복하는 야곱의 마음에는 벧엘에서 하늘이 열리었던 광경이 보였을는지도 모른다. 그들에게 특이한 방법으로 축복한 것은 하나님의 주권적 선택을 계시하여 준 것이다.

✚ 묵상 : 이스라엘은 루스에서 만난 하나님의 축복언약을 기억하고 요셉의 두 아들을 축복했는데 그는 무엇을 초월해서 축복해 주었나요?(창48:3~6,9,12~14,17~20)
이스라엘이 므낫세와 에브라임을 축복할 때 손을 엇바꾼 이유는 무엇일까요?(창48:19~20)

● 누가복음 1장 39-80절 사가랴와 엘리사벳의 아들 요한의 미래

천사 가브리엘의 고지 이후 마리아는 엘리사벳을 방문하여 그녀의 임신을 확인하게 된다. 마리아는 임신 초기라 육안으로 확인할 수 없는 상태이나 엘리사벳은 임신 6개월이 넘었기 때문에 상당히 배가 불렀을 것이다.(1:36) 그런데 마리아의 방문에 엘리사벳의 뱃속에 있는 세례요한이 기뻐 뛴다. 마리아의 뱃속엔 눈에 보이지도 않을 아주 작은 태아가 있었겠지만 메시아의 방문에 요한도 기뻐하고, 엘리사벳도 성령 충만하여 복된 선포를 하게 된다.(42-45절) 마침내 메시야의 사역을 소개할 선지자 요한이 먼저 탄생하게 된다.(57절)

✚ 묵상 : 성령으로 잉태함을 입은 마리아는 어떤 내용의 찬가를 불렀나요?(눅1:46~55)
사가랴는 아들 요한을 얻자 1년간 말못했던 상황이 회복되고 성령이 충만하여 놀라운 예언의 찬가를 불렀는데 그 예언의 내용은 무엇일까요?(눅1:67~79)

통일 주제 미래 (未來, 앞으로 올 날이나 때)

연합 내용 하나님은 과거의 죄를 다 기억하시고 또한 현재의 언행심사도 다 아신다. 그 것에 근거하여 미래를 설계, 수정, 보완하심을 알아야 한다.

● 욥기 14장 하나님의 침묵으로 욥이 느끼는 부정적 미래

13장에 이어서 욥은 계속해서 어차피 죽을 수밖에 없는 연약한 인간의 운명에 대해 탄식한다. 그러면서 자신도 그런 약한 존재이기에 하나님께서 자비를 베풀어 고난을 거두시고 짧은 생애동안 이나마 쉼을 허락해달라고 간구하고 있다.

✚ 묵상 : 욥은 자신의 미래에 대해 어떤 부정적인 생각을 가지고 있었나요?(욥14:1~6)
욥은 희망을 느낄 수 없는 고난의 상황 속에서도 누구를 놓지 않았나요?(욥14:13~15)

● 고린도전서 2장 주의 마음을 가진 자의 능력과 감추인 미래

바울은 고린도교회의 분쟁 문제에 대하여 그 내막을 전하고 나서 십자가의 도(道)를 들고 나왔다. 그것은 그 교회의 분쟁 문제를 십자가의 도에 대한 근본적인 신앙 문제로 해결 지으려 한 까닭이다. 그것은 교회 안에 분쟁이 일어났을 때에 미봉책으로 수습하려 한다는 것은 있을 수 없고 신앙의 깊은 내용으로 대처하여 근본적인 해결과 일치를 얻으려고 하여 이러한 교훈을 하고 있는 것이다. 그런데 이미 십자가의 도에 대하여 어느 정도 말을 하였다. 그렇다면 이제는 그 도를 믿는 고린도 교인들의 마음속에 효과가 나타나도록 적용시키는 일이 뒤따라야 할 것이다. 그 사역은 누가 할 일인가? 그것이 곧 성령께서 하실 일이라고 하는 것이다. 그러므로 바울은 여기서 십자가의 도를 성도들에게 적용시킬 성령의 하시는 일에 대하여 상세하게 그 내막을 전하고 애쓰는 것이다. 그러므로 분쟁 문제로부터 출발한 십자가의 도는 이제 그 본격적인 성령의 역사로 말미암아 그 본래의 권세와 효능을 나타내게 되었음을 보여주는 것이다.

✚ 묵상 : 바울은 고린도 교회의 성도들에게 두 종류의 지혜를 언급하였는데 그 중 예수 그리스도와 십자가를 증거함에 있어서는 어떤 지혜를 사용하였나요?(고전2:1~2,4~7)
바울은 하나님으로부터 온 영 즉 성령으로만 무엇을 알 수 있다고 했을까요?(고전2:10~13)

기 도

• 우리도 항상 서로 간에 축복하고 축복받는 신앙을 갖게 하옵소서.
• 우리에게 성령을 통한 지혜와 능력을 주사 십자가를 담대히 전하게 하옵소서.

2월 16 February

선포

창49 / 눅2 / 욥15 / 고전3

● 창세기 49장 임종 즈음 12아들에게 축복을 선포하는 야곱

이스라엘의 예언적 축복은 세상 어느 나라에서도 볼 수 없는 특별한 광경이다. 야곱의 유언은 예언적 축복인 바, 하나님으로부터 받은 권한으로 특별히 임종시에 하였다는 점에서 특이하다고 볼 수 있다. 이스라엘은 열두 아들이 있었다. 그러나 이들이 400년이 지나면서 유대국의 12지파의 족장으로 추앙 받는 것을 본다. 이러한 축복이 모세를 통하여 구체적으로 실현될 것을 보면서 이스라엘은 예언적 축복을 하였다(민 26장; 신 33장).

본장에서 이스라엘의 예언적 축복의 형식은 노아의 예언과 비슷하다(창 9:25 이하). 이스라엘은 계략적인 인물이므로 젊어서 예언을 하라 하였을 때, 다분히 천연적일 가능성을 보았기 때문이다. 이스라엘의 열두 아들들은 애굽에 들어와서 당대에 많은 재물과 명성을 얻었을 것이다. 그러나 이스라엘의 예언으로 말미암아 후일에 더 유명한 인사들이 되었다. 이스라엘의 예언을 따라 지금까지 전승되어 온 12지파의 유래는 이 세상을 넘어 새 하늘과 새 땅까지 발전될 것이니 이스라엘의 예언이야 말로 영에 속한 예언 중의 예언이다.

✚ 묵상 : 야곱은 왜 딸 디나를 축복하지 않았을까요?(창49:1~2)
야곱이 죽기 전에 열 두 아들을 축복할 때 무엇에 근거하여 했을까요?(창49:3~28)

● 누가복음 2장 목자들에게 구주 예수 탄생을 선포하는 천사

예수 그리스도의 탄생은 로마 황제 가이사 아구스도가 칙령을 내려 온 천하로 다 호적하라고 한 때이었다. 이 호적은 구레뇨가 수리아 총독 되었을 때에 처음 한 것이었다. 가이사 아구스도는 역사상 옥타비아누스라는 인물이며 주전 27년부터 주후 14년까지 로마제국을 통치하였다. 총독 구레뇨는 두 번 수리아 총독직을 맡았던 것 같다. 첫 번째는 주전 10-7년경이고, 두 번째는 주후 6-9년이다. 가이사 황제의 칙령은 구레뇨가 첫 번째 총독이었을 때 내려졌던 것 같다.

✚ 묵상 : 베들레헴에서 탄생하신 예수님을 먼저 본 세 사람은 누구였나요?(눅2:15~16,25~28,36~38)
마리아는 왜 목자들과 아들 예수에게 들은 말을 마음에 두었을까요?(눅2:19,51)

통일 주제 선포 (宣布, 세상에 널리 알림)

연합 내용 하나님은 종을 통해 우리에게 기쁜 소식을 선포하신다. 또한 사역자도 성도와 세상을 향해 좋은 소식과 바른 교훈을 선포한다. 하지만 선포할 때 항상 나의 견해를 주장하는 것이 아닌가를 수시로 살펴야 한다.

● 욥기 15장 욥에게 자신의 가치관을 선포하는 엘리바스

엘리바스의 2차 변론인데 그것은 이전의 1차 변론에 비하여 별다른 진전은 없으면서 감정적인 대립만 고조된다. 계속해서 자신의 의로움을 변호하는 욥에게 엘리바스는 좀더 직접적으로 꾸짖고 일방적으로 허물을 드러내고 꼬집어 말한다. 계속된 서로간의 자기중심으로 감정이 점차 악화되는 현상을 볼 수 있다.

✚ 묵상 : 엘리바스는 욥의 말을 듣고 욥을 어떻게 평가했나요?(욥15:1~6)
엘리바스는 욥에게 지혜로운 자들의 전하여 준 것으로 교훈을 했는데 그 내용은 한 마디로 무엇이었나요?(욥15:12~13,15~16,20~35)

● 고린도전서 3장 성도에게 위치, 사역, 존재를 선포하는 바울

사도 바울은 3장에서 참 교회의 성격을 말하고 있다. 그것은 그가 고린도교회의 분쟁 문제를 다각적으로 대책을 세워 고린도 교인들의 그릇된 큰 잘못을 시정하려는 강한 의지의 표현이었다. 바울은 제일 먼저 고린도교회의 형편을 말하고 나서 그 처지가 보통이 아니라는 판단을 내리고 분쟁문제의 해결을 위하여 십자가의 도를 전하며, 성령의 제도를 말하고 나서 여기서는 참 교회의 성격을 소개하였다. 십자가의 도가 고린도교회의 분쟁문제의 해결에 중요함을 우리가 알 수 있겠고, 또한 성령의 제도도 하나님 중심의 신앙정립에 비중이 큼을 우리가 보아왔다.

그러나 이제 바울은 직접적으로 교회관을 들고 나왔다. 그것은 참 하나님의 교회다운 교회를 전하여 그 교회의 분쟁문제를 종식시키려 하는 바울의 의도는 참으로 바람직한 지도자의 방법인 까닭이다. 교회의 분쟁문제에 참 교회상을 전하는 것처럼 직접적인 영향을 주는 일도 드물다고 하겠고 그것은 제일 먼저 바울이 소개한 십자가의 도에 맞먹는 주장이라고 하여도 될 것이다.

✚ 묵상 : 바울은 시기와 분쟁이 있는 고린도교회에게 어떤 가르침을 선포했나요?(고전3:2~9,21~23)
바울은 예수 그리스도의 터 위에 어떤 공적을 세운 자가 상을 받는다고 했나요?(고전3:12~15)

기 도

- 주여! 우리의 행함을 온전케 하사 참된 축복을 받게 하옵소서.
- 주여! 재림의 주 예수를 대망하며 살아가게 하옵소서.
- 주여! 자신의 위치를 분명히 알고 주어진 사명을 온전히 다하게 하옵소서.

2월 17 February 행위

창50 / 눅3 / 욥16-17 / 고전4

● 창세기 50장 요셉은 덕스러운 행위로 평화를 이룸

두 인물의 죽음은 봄을 예비하는 겨울처럼 이스라엘 국가 태동을 위한 족장 시대의 종말이며 열두 지파를 중심으로 펼쳐질 새 시대의 서막을 알리는 사건이다.

요셉은 돌아가신 아버지에게 마지막 인사를 올린다. 눈물과 입맞춤, 그리고 자식으로서 마지막 온갖 애정을 극진한 표현으로 자신의 허물을 가리며 작별을 고한다. 야곱은 늙고 쇠약하여 하나님의 섭리를 따라 자연으로 돌아갈 수밖에 없다. 요셉은 애굽에서 17년 동안이나 아버지 야곱을 정성으로 모셨기 때문에 어느 정도 아들로서 빚은 갚았다고 생각하였을 것이다. 그러나 사랑하는 아버지에 대한 애정에는 변함이 있을 수 없다. 아버지를 잃은 서러움을 억누를 수 없어 눈물을 쏟으며 이별해야 했다. 세상에 슬퍼해 주는 사람을 남기고 떠나는 자는 영예로운 일일 것이다. 야곱은 아들들의 애도 속에 부활의 소망을 가지고 세상을 떠났다.

한편 이스라엘 민족에게 애굽 총리 요셉의 죽음은 현상적으로는 자신들의 보호막이 없어지는 슬픈 일이다. 그러나 언약적 측면에서는 출애굽의 시간이 점차 다가오고 있음을 알리는 조용한 신호탄이라 할 수 있다.

✚ 묵상 : 야곱의 장례행렬이 장엄하고 그 애통함이 큼으로 아벨미스라임이라 했는데 야곱의 장사가 주는 교훈은 무엇일까요?(창50:4~11)
형들은 요셉의 보복을 두려워하여 용서하라는 아버지 야곱의 뜻을 전하였는데 요셉은 무엇이라고 대답을 했나요?(창50:15~21)

● 누가복음 3장 죄인은 회개에 합당한 행위로 열매를 맺음

메시야의 길을 예비하는 세례 요한의 활동 시대에 대해 증언한다. 디베료 가이사가 위(位)에 있은 지 열다섯 해, 곧 본디오 빌라도가 유대의 총독으로, 헤롯이 갈릴리의 분봉 왕으로, 그 동생 빌립이 이두래와 드라고닛 지방의 분봉 왕으로, 루사니아가 아빌레네의 분봉 왕으로, 안나스와 가야바가 대제사장으로 있을 때에 하나님의 말씀이 빈들에서 사가랴의 아들 요한에게 임하였다.

✚ 묵상 : 세례요한은 회개를 외친 후 회개에 합당한 열매를 어떻게 맺으라고 했나요?(눅3:3,7~14)
예수님의 족보는 거슬러 올라가는 형태로 기록되었는데 맨 처음은 누구일까요?(눅3:38)

통일 주제 행위 (行爲, 사람이 의지를 가지고 행하는 언행)

연합 내용 인간은 죄악 속에서 산다. 그 죄를 씻는 길은 말에 있는 것이 아니라 행동에 있다. 믿는 자는 행위로 믿음을 증명하고 속죄함에 이른다.

● 욥기 16-17장 욥은 정결이라는 행위로 신앙을 지킴

16: 엘리바스의 2차 변론에 대한 욥의 2차 답변이다. 2차 변론부터 친구들에 대한 욥의 답변도 하나님께 호소함 없이 노골적인 감정 대립을 보인다. 왜냐하면 욥은 친구들이 자신의 처지를 바로 이해하지 못하고 자신을 맹렬하게 정죄하고 있는 것에 대해서 심한 반감을 가졌기 때문이다. 그래서 욥은 친구들의 그릇된 논리를 질책하면서 하나님께서 자신을 고난 중에 처하게 하신 사실을 다시금 확인시킨다. 그리고 자신의 결백을 보증해 주시기를 하나님께 간절히 요청한다.

17: 욥은 세 친구들에게 아무런 위로를 받지 못하고, 백성에게 조차 이야깃거리가 되고 만다. 그런 욥은 고통 속에서 살기보다는 차라리 하나님 앞에서 조용히 죽어 구더기의 밥이 되는 편이 낫다고 소망을 피력하고 있다. 욥은 이처럼 고립무원(孤立無援)의 고독감에 처해진 답답한 심정을 새삼 토로한다.

✚ 묵상 : 욥은 세 친구의 신앙적이고 지혜자적인 충고를 어떻게 평가했나요?(욥16:1~5)
욥은 하나님 앞에서 자신의 모든 삶을 어떻게 이해했나요?(욥16:7~15,17:1~2,6~7,11)

● 고린도전서 4장 일꾼은 충성이라는 행위로 본을 보임

교회에 대한 하나님의 심판에 대하여 바울은 제일 먼저 자기 자신을 포함하여 아볼로, 게바 등 일체의 모든 지도자들에게도 하나님의 심판이 임할 것을 여기서 전하고 있다. 그것은 이미 앞 장에서도 여러 차례 전하였지만 앞으로 더욱 많은 분량으로 나올 것인데, 당파 싸움을 하다가 보면 저마다 자기 편 지도자는 존중하나 상대방의 지도자들은 사정없이 모욕하고 비난하게 되어 결과적으로 고린도교회의 당파들의 지도자들은 다 무시당하고 죄인 같이 되어 버렸으며, 따라서 교인들은 본문이 전하여 주고 있는 대로 '왕 노릇'하는 결과가 되었다는 것이다.

✚ 묵상 : 바울은 맡은 자에게는 충성이라고 했는데 그러면 충성의 반대는 무엇일까요?(고전4:1~5)
바울은 어떤 자세로 어디까지 서도록 고린도교회 성도들을 양육했나요?(고전4:15~16)

기 도

- 내가 강할 때 과거의 억울함을 갚지 않고 너그러운 마음으로 살게 하옵소서.
- 날마다 회개에 합당한 열매를 맺히며 살게 하옵소서.
- 나 자신을 하나님의 비밀을 맡은 자로 여기고 온전히 충성하며 살게 하옵소서.

2월 18 February 권세

출1 / 눅4 / 욥18 / 고전5

● 출애굽기 1장 영아살해 중 생명을 지키시는 하나님의 권세

요셉이 죽은 다음에 애굽은 악한 상태에 처한 세상의 상징이 되었다. 바로는 요셉을 알지 못한 자로서 이 세상의 신의 상징이다. 애굽에서 이스라엘의 자녀들의 체험은 이 세상에서 그리스도인들이 당하는 고통과 수고와 어려움을 더욱 더 분명하게 보여준다. 그들에게 이제 애굽은 "종 되었던 집"이 되었다.

창세기 이후 400여 년의 긴 침묵을 깨고 이스라엘이 역사 전면에 재등장한다. 하나님은 그 기간 동안 70명에 불과했던 한 가문을 하나의 민족으로 양육하셨다. 그 증가 속도에 놀란 애굽의 바로가 심한 노역과 민족말살정책이라는 극약처방을 내려야 했을 정도로 이스라엘은 크게 번성하였다. 창세기와 출애굽기를 연결시키기 위하여 1-7절에서는 야곱의 가족들이 애굽으로 이주한 기사가 간략히 소개되고 있고, 8-22절에서는 요셉을 알지 못하는 왕이 일어난 후에 야곱의 후손들 즉 이스라엘 백성들이 노예로 전락하여 학대를 받는 장면이 나오고 있다. 그러나 하나님께서 약속하신 대로 이스라엘은 심히 번성하여 강대하게 되었다.

✚ 묵상 : 하나님은 요셉으로 인하여 애굽 땅 고센으로 내려간 70명에게 어떤 축복을 주셨나요?(출1:5~7,9)
하나님을 두려워하고 경외하는 산파들은 어떤 행동을 통해 번성하고 강해졌나요?(출1:17,19~21)

● 누가복음 4장 마귀와 질병을 물리치시는 예수님의 권세

예수께서는 성령의 충만함을 입어 요단강에서 돌아오셨고 광야에서 40일 동안 성령에게 이끌리시며 마귀에게 시험을 받으셨다. 이 모든 날에 아무것도 먹지 않으셨고 날수가 다하므로 주리셨다.

예수님과 성령님은 신적 본질에 있어서 하나이시지만, 예수께서는 성령의 충만함을 입으신 후 마귀의 시험을 받으셨고 전도사역을 시작하셨다. 예수께서 성령의 충만을 받으신 후에 일하셨다면, 오늘날 성도들과 전도자들에게 성령의 충만하심이 얼마나 더 필요할 것인지는 자명하다. 우리의 신앙생활 전반과 봉사생활, 특히 전도사역에는 성령의 인도하심과 도우심이 필요하다.

✚ 묵상 : 예수님께서 마귀의 시험을 물리치실 때 사용하신 방법은 무엇이었나요?(눅4:1~12)
더러운 귀신을 쫓아내고 중한 열병을 낫게 하신 예수님의 권세는 무엇에 뿌리를 두고 있을까요?(눅4:32~36,38~39)

통일 주제 권세 (權勢, 권력과 세력을 아울러 이르는 말)

연합 내용 영과 육, 그리고 믿는 자와 믿지 않는 자를 다스리는 권세는 하나님께 있으며 주의 허락하심에 따라 그의 종들에게 부어 주신다.

● 욥기 18장 빌닷이 악인 욥에게 설명하는 심판의 권세

욥에 대한 빌닷의 2차 변론 부분이다. 그는 비정한 교리주의자답게 욥이 처한 비극적인 현실은 오르지 그의 잘못에 대한 하나님의 징벌이며, 더구나 욥이 회개하지 않고 있기 때문에 앞으로도 끔찍한 징벌이 계속될 것이라는 무자비한 말을 내뱉는다. 이제 빌닷은 친구로서가 아니라 대적자로서 욥을 정죄하기에 급급해 하고 있음을 볼 수 있다.

✚ 묵상 : 수아 사람 빌닷은 친구 욥을 어떤 사람으로 평가했나요?(욥18:3~4)
수아 사람 빌닷은 악인인 욥에게 나타나는 심판의 모습을 어떻게 설명했나요?(욥18:5~21)

● 고린도전서 5장 교회 안에 있는 범죄한 형제를 치리하는 권세

이미 4장에서 밝힌 대로 고린도전서 5, 6장은 고린도교회의 도덕 문제를 취급하는 주석가들이 적지 않다고 지적하였다. 그러나 교회에 대한 하나님의 심판이라는 제하에 이 장을 함께 취급하는 것은 4장에서 시작한 하나님의 심판이 계속하여 이어져 나오고 있고, 또한 6장에 가서는 분쟁 문제 때문에 해결하기 어려운 처지에 서게 된 교회가 심지어 이방인의 법정에 고발까지 하여 하나님의 교회 문제에 세속 법정이 나서는 일까지 생겼다고 함을 본다.

하나님의 교회에도 도덕적인 문제가 발생한다. 그 실례가 이 본문이 전하고 있는 내용이다. 사도 바울은 도덕적으로 도저히 용납하기 어려운 문제가 고린도교회에 발생하자 단호히 이를 거론하여 치리하도록 하며, 주 예수 그리스도의 이름으로 그나마 확실한 목적을 세워서 치리함으로 교회도 거룩하게 보전하고 교인의 생명도 아울러 구원에 이르도록 배려하였는데 이상적인 바울의 목회자 상을 우리가 볼 수 있다.

✚ 묵상 : 바울은 공간적으로 떨어져 있을 때 무엇으로 교회상황을 분별하고 판단하였나요?(고전5:3)
바울은 세상의 음행자들과 또 형제 중의 음행자를 어떻게 대하리고 했니요?(고전5:9~13)

기 도

- 하나님을 두려워하며 온전히 경외함으로 큰 축복을 받게 하옵소서.
- 항상 말씀을 가까이하고 말씀에 근거하여 은사를 활용하게 하옵소서.
- 교회를 영적으로 분별하여 시험에 들지 않는 공동체로 세워가게 하옵소서.

2월 19 February

도움

출2 / 눅5 / 욥19 / 고전6

● 출애굽기 2장 영아살해 중에 모세를 살리는 세 여자의 도움

이스라엘이 애굽에서 노예로 전락하여 고통을 받고 있으며 바로가 이스라엘의 유아 말살 정책을 펼 때에 한 아기가 태어났는데, 그 아기가 바로 하나님의 도구로 선택되어 이스라엘을 애굽에서 이끌어 낼 '모세'이다. 출생 즉시 죽을 수밖에 없는 상황이지만, 오히려 핍박자 바로의 궁에서 왕자로 양육되는 것은 하나님의 오묘한 섭리이다.

최초의 사람 아담으로부터 예수 그리스도 때까지 모세보다 더 위대한 자는 아무도 없었다. 모세가 태어날 당시에 애굽의 바로는 히브리 백성들의 번성함을 인위적으로 저지하기 위해 모든 애굽 백성들에게 명을 내려 모든 남자 아기가 히브리인들의 가정에서 태어나거든 나일 강에 던지라는 왕의 명령이 시달된 때였다. 본장에 나타난 모세의 유년기는 그 얼마나 이스라엘 백성들이 철저한 위기를 감수해야 했는가를 그림을 묘사하듯 보여주고 있는데 그는 노예의 자녀였으나 공주의 아들이었다. 이러한 역사 속에서 하나님은 침묵하신 것 같았으나 구원을 위해 조용한 준비 작업을 펼쳐 가신다.

✚ 묵상 : 아무 힘도 없는 모세는 어떤 세 여자의 도움으로 생명을 구원받게 되었나요?(출2:1~10)
장성한 모세의 장점은 무엇이었나요?(출2:11~14,17,19)

● 누가복음 5장 제자와 환자를변화시키는 예수님의 도움

마태복음 4장 18-22절이나 마가복음 1장 16-20절의 내용과 동일한 사건을 증언한다고 본다. 그 둘 사이에 차이점들도 있어 보이지만(마 4:18, 21 참조), 그것들은 부분적 생략과 대략적 묘사나 자세한 묘사에서 생긴 것이며 그 두 증거는 서로 보완적이라고 할 수 있다.

✚ 묵상 : 예수님이 시몬 베드로와 레위 마태를 제자로 부르실 때 어떻게 하셨나요?(눅5:4~11,27~28,32)
예수님이 나병환자와 중풍병자를 치료하실 때 먼저 무엇을 선포하셨나요?(눅5:13,20)

통일 주제 도움

연합 내용 고해같은 세상을 살아갈 때 믿는 자는 하나님의 도움을 받는다. 따라서 주 예수 안에서 한 형제가 된 성도는 서로 도우며 살아가야 한다.

● 욥기 19장 하나님만이 자신의 도움이라는 욥의 고백

빌닷은 지금까지 욥에게 귀를 기울이면서 참예배자의 역설적인 몇 가지 표지를 보았다. 그 가운데서 하나는 욥이 자신이 알기에 의로워야 마땅한데도 정작 매우 불공정해진 세상을 보며 깊은 아픔을 느낀다는 것이다. 그러나 빌닷의 신랄한 비판과 정죄에 대하여 욥이 답변한다. 본장은 특별한 사건의 반전은 없으나 욥의 각성이라는 측면에서 전환점을 이룬다. 이제 욥은 더 이상 자신에게 죄가 있느냐 없느냐에 대한 거친 논쟁을 벌이지 않고 현재 자신이 주위의 모든 이들에게 소외당하고 있는 참담한 상황을 토로한다. 그 후에 욥은 사고의 극적 전환을 이루어 자신의 호소를 신원해줄 하늘의 구속자를 소망한다. 또한 죽음 이후에 부활의 몸으로 하나님을 보리라는 소망의 마음을 피력한다.

✚ 묵상 : 벗에게 말로 짓부수기와 열 번의 학대를 당한 욥은 어떻게 쓰러지지 않았을까요?(욥19:1~6)
하나님께서 자신을 치셨다고 말하는 욥은 어떻게 하나님으로부터 도움이 온다고 믿었을까요?(욥19:25~27)

● 고린도전서 6장 성도 간에 도움이 되어야 함을 가르치는 바울

고린도교회의 분쟁 문제에 대한 살펴 볼 마지막 대목을 다루게 되었다. 이미 5장에서 지적한대로 5, 6장을 이 고린도교회의 도덕 문제라는 제목 하에 연구하는 주석가가 있다. 그러나 고린도교회의 분쟁 문제는 5장도 그에 관련이 있었고, 또한 6장에 와서도 소송 문제에까지 확대되어 분쟁 문제의 심각성을 보여주고 있다.

✚ 묵상 : 주를 믿는 형제 서로 간에 다툼과 고발이 있는 이유는 무엇일까요?(고전6:1~8)
주를 믿는 형제는 교회의 지체인 자신의 육신을 어떻게 다스려야 할까요?(고전6:12~13,15,17,19~20)

기 도

- 성도가 어려움에 처해 있을 때 서로 돕게 하옵소서.
- 서로 말로 짓부수기와 학대를 행하지 않도록 예수님의 인격을 닮게 하옵소서.
- 주여, 큰 믿음을 주사 주와 합한 자요 성령의 전으로 살아가게 하옵소서.

2월 20 February

견해

출3 / 눅6 / 욥20 / 고전7

● 출애굽기 3장 학대받는 이스라엘 자손에 대한 하나님의 견해

출애굽이 임박했음을 시사하는 사건들이 소개 된다. 이를 통해 출애굽은 전적으로 하나님이 모세를 부르시는 장면이다. 본장에서는 전능하신 구세주의 등장을 보게 된다. 왕이 죽었고 슬픔과 어둠의 장막이 이스라엘에게 짙게 드리웠다. 그런 하나님은 자신의 은혜스러운 구원사역에 합당한 사람을 어디에서 찾아야 할지를 아셨다. 모세는 이제 80세가 되었다. 그러나 그가 하나님의 사역을 위하여 늙은 것이 아니다. 하나님의 사역에는 사람들의 나이가 상관이 없다. 그는 40년간 광야에서 살았기 때문에 하나님의 사역에는 더 적절한 사람이 되었다. 자기 안에 있었던 자아와 인간적인 교만이 다 사라진 나이였다. 그러기 때문에 하나님의 능력의 사역이 더욱더 잘 드러날 때였다. 모세는 자신의 능력을 의지할 나이가 아니었었다. 이는 전적인 하나님의 거룩한 구원의 역사임을 확인할 수 있다.

✚ 묵상 : 이스라엘 자손의 부르짖음을 들은 하나님은 어떤 구원의 계획을 세우셨나요?(출3:7~10)
하나님이 모세를 통해 애굽 사람들의 은금 패물과 의복을 구하여 취하라고 이스라엘 백성에게 말씀하신 이유는 무엇일까요?(출3:21~22)

● 누가복음 6장 안식일과 생활태도에 대한 예수님의 견해

본장부터 율법의 진정한 의미를 일깨워주기 위한 예수님의 가르침이 펼쳐진다. 예수께서는 안식일 논쟁을 통해 율법의 근본 의미에 대하여 새롭게 정의하며 교훈하셨다. 그리고 효과적인 복음 사역을 위해 열두 제자를 택하신 사건이 언급되고 있다.

또한 예수께서 갈릴리 1차 사역을 마치신 시점에서 행하신 내용을 수록하고 있다. 누가는 예수께서 안식일에 행하신 일에 대해 이미 두 번 언급했다(눅 4:16, 31). '두 번째 첫 안식일'이라는 말은 아마 두 번째로 언급하는 첫 안식일이라는 뜻인 것 같다.

✚ 묵상 : 예수님께서 평지에 서서 복과 화, 원수사랑과 눈의 들보에 대해 깊은 견해를 말씀하셨는데 이 모든 가르침의 공통점은 무엇일까요?(눅6:20~36,41~42)
예수님은 말씀을 듣고 행하는 자는 무엇을 짓는 자와 같다고 말씀하셨나요?(눅6:46~49)

통일 주제 견해 (見解, 사물이나 현상을 바라보는 생각이나 입장)

연합 내용 사람은 생각하는 존재다. 하나님의 속성을 닮은 것이다. 생각의 산물은 견해다. 주관적, 신앙적, 섭리적 견해가 세상에 영향을 준다.

● 욥기 20장 고난당하는 자 욥에 대한 소발의 주관적 견해

욥의 세 번째 친구인 소발의 2차 변론이다. 소발은 흑백 논리에 근거한 감정주의자답게 2차 변론에서도 욥이 당하는 고통을 근거로 욥을 일방적으로 악인으로 단정한다. 하나님의 계시에 대한 무지와 영적 미성숙이 그 얼마나 고통당하고 있는 친구를 더욱 고통스럽게 하고 있는지에 대한 논리를 합리화하기 위해 죄인이 필연적으로 받을 수밖에 없는 고난을 비유적으로 나열하고 있다. 소발은 욥을 계속 비난하면서 그를 비교하여 그가 약탈하는 일에 힘을 기울이다가 정의의 칼에 맞아 죽게 되리라고 말한다.

✚ 묵상 : 욥의 대답을 들은 소발은 욥을 어떤 사람으로 평가하고 정죄했나요?(욥20:4~11)
소발의 신(하나님)에 대한 견해는 무엇일까요?(욥20:15,23,27~29)

● 고린도전서 7장 결혼과 독신에 대한 바울의 신앙적 견해

고린도교회의 분쟁 문제로 무려 6장에 걸쳐서 많은 말로 바울은 그 해결을 얻으려 하였다. 그리고 이미 서론에서도 말한 바와 같이 고린도후서에서는 두 번 다시 분쟁문제에 대하여 언급이 없는 것을 보아서 바울의 수고와 노력은 귀한 결실을 맺었다고 보아도 될 것 같다.

이 본문을 보아서 알 수 있듯이 고린도교회 내에는 당파 싸움으로 교회를 아수라장으로 만드는 자와 음행 같은 악행으로 교회의 위신을 추락시키는 불의한 교인도 적지 않았으나, 고린도 교인들 가운데는 깨끗한 믿음과 또한 거룩한 생활을 하려고 마음을 쓰고 있는 성도들이 적지 않음을 우리가 볼 수 있다. 이러한 경향은 바울의 입장에서 볼 때에 많은 위로가 되고 힘이 되는 것이다.

✚ 묵상 : 바울은 결혼과 독신에 대해서 어떤 신앙적인 견해를 가지고 있었나요?(고전7:2~5,7~9,28,38,40)
바울은 믿지 않는 자와 가정을 이루었을 때 어떤 소망을 갖으라고 했나요?(고전7:12~14,16~17)

기 도

- 우리의 고난을 감찰하시고 우리의 부르짖음을 들어 주옵소서.
- 우리로 하여금 원수를 사랑하고 자기 눈에 들보를 빼는 성서적 삶을 주옵소서.
- 가정의 구원을 위해 희생하며 주의 일에 더욱 힘쓰는 자가 되게 하옵소서.

2월 21 February 능력

출4 / 눅7 / 욥21 / 고전8

● 출애굽기 4장 사명감당을 위해 주신 기적을 일으키는 능력

출애굽에 대한 비전과 소명을 받은 모세지만 나약한 본성으로 인해 주저할 수밖에 없다. 우리 자신의 보잘 것 없는 것을 아는 것은 좋은 일이다. 모세와 같이 자신의 실상을 알게 되면 자신을 의지하지 아니하고 그의 얼굴을 하나님을 향하여 돌리게 된다. 사람의 행위가 아니고 하나님의 위대하신 사역을 의지하면서 하나님의 뜻을 따르게 된다. 그래서 사람은 자신의 실상을 알아야 한다. 그러나 이와 같은 것은 나쁜 점도 있다. 왜냐하면 자신의 실상을 알되 낙심하기 때문이다. 하나님이 우리에게 주시는 은혜와 존귀함을 받는 일에서 우리가 주저하지 말아야 한다. 만일 우리가 그리스도인의 사역자로서 우리에게 주어진 사명의 중대성을 알게 되면 우리는 그 사명에 대한 자신의 책임감을 더 느끼고 하나님의 은혜에 대하여 감사하면서 그것을 증거하는 적극적 자세가 있어야 한다.

✚ 묵상 : 하나님이 모세에게 초자연적인 능력을 주신 것은 어떤 뜻을 갖고 계신 것일까요?(출4:2~9)
하나님은 모세에게 아론을 동역자로 세워 주셨는데 그의 역할은 무엇일까요?(출4:10~16)

● 누가복음 7장 죽음을 생명으로 바꾸는 진실한 믿음의 능력

예수께서는 모든 말씀을 백성에게 들려주기를 마치신 후 가버나움으로 들어가셨다. 가버나움은 예수께서 이미 많은 병자들을 고쳐주셨던 곳이었다. 누가복음 4장에는 가버나움 회당에서 더러운 귀신 들린 사람을 고치신 일과, 시몬의 집에서 중한 열병으로 아파 누워 있던 시몬의 장모를 고쳐주신 일과, 해 질 때 집에 모여든 여러 병자들에게 일일이 손을 얹어 고쳐주신 일 등이 기록되어 있다.
이제 모든 설교가 끝나고 가버나움으로 사역의 장소가 바뀌게 되었다. 이 장에서 누가는 예수님이 가버나움에서 로마 백부장을 만나신 사건을 이야기 한다(1-10절). 그 다음인 11-17절에서는 나인성에서 과부의 아들을 다시 살리신 사건을 이어감으로써 주님의 '말씀과 명령'은 하나님처럼 '생명의 능력'임을 보여준다.

✚ 묵상 : 유대인에게 인정을 받는 백부장은 사랑하는 종을 위해 어떤 믿음을 보였나요?(눅7:2~10)
세례요한과 향유 옥합을 부은 여자는 어떤 공통점을 가지고 있나요?
(눅7:19~22,27~28,37~38,44~48)

통일 주제 능력 (能力, 어떤 일을 해낼 수 있는 힘)

연합 내용 사람이 살아있는 것은 힘 때문이다. 이 모든 힘은 능력이다. 지적인 능력, 성품의 능력, 신앙의 능력, 은사의 능력이 우리를 온전한 그리스도인으로 만들어 주며 또한 위대한 사역자로 살아가게 한다.

● 욥기 21장 포기하지 않고 견디며 설명하는 변론의 능력

소발의 2차 변론에 대한 욥의 2차 답변이 제시된다. 여기서 욥은 악인도 이 땅에서는 충분히 형통할 수 있으며, 심지어 죽음조차도 편안하다고 주장하면서 인과응보의 허구성을 반박한다. 그렇기 때문에 이 땅에서의 물질적, 육체적인 행복이나 고난이 반드시 선악의 결과라고 단정 지을 수 없다고 답변한 것이다.

여기서 욥의 논쟁을 크게 세 부분으로 나눌 수 있다. 욥은 도입부 후에 악인들이 자주 행복하다고 말하고, 그런 뒤 그 이면을 살핀다. 끝으로 악인들이 죽을 때도 번성한다는 점을 지적한다. 그리고 친구들을 꾸짖으며 결론을 맺는다.

✚ 묵상 : 욥은 벗인 소발의 대답을 듣고 악인의 불신앙적인 태도를 어떻게 표현했나요?(욥21:7~16)
욥이 대답하는 말 속에서 고난 속에서도 절대 타협하지 않는 것은 무엇일까요?(욥21:19~20,22,30)

● 고린도전서 8장 약한 양심을 지켜주는 덕스러운 지식의 능력

사도 바울은 8장부터 10장까지에서 우상 제물에 대해 교훈하였다.

1-3절에서 우상 제물에 대하여는 초대 교회 안에 이미 충분한 지식이 있었던 것 같다. 신앙생활에 지식은 꼭 필요하지만, 지식만으로 충분한 것은 아니다. 지식은 사람을 교만하게 하고 사랑은 덕을 세운다. 그러므로 지식이 있다고 생각하면서 사랑이 없다면 아직도 마땅히 알 것을 알지 못한 자이다. 우리는 하나님께 지식과 사랑을 함께 구해야 한다. 하나님을 아는 자는 하나님을 사랑할 때 하나님의 아시는 바 된 자로 그에게 인정을 받을 것이다. 지식은 사랑으로 온전하게 된다.

✚ 묵상 : 바울은 우주만물을 창조하신 분과 그 과정에 대해서 어떻게 가르치고 있나요?(고전8:3~4,6)
바울은 지식이 많은 강한 형제가 약한 양심을 가진 형제의 무엇을 주의해야 한다고 강조했나요?(고전8:9~11)

기 도

- 주여! 우리에게 능력과 동역자를 주사 주의 일에 힘쓰는 자가 되게 하옵소서.
- 주여! 우리에게 큰 믿음을 주사 연약한 문제들을 능히 풀어가게 하옵소서.
- 주여! 우리에게 먼저 믿은 자의 덕과 지식을 주사 약한 자를 세우게 하옵소서.

2월 22 February 순종

출5 / 눅8 / 욥22 / 고전9

● **출애굽기 5장** **모세와 아론이 애굽왕 바로 앞에 나간 순종**

모세가 이스라엘 민족을 구원하라는 사명을 띠고 애굽에 내려가서 먼저 형 아론을 만났고, 이스라엘 장로들을 만났으며 백성들을 만났다. 그 후에 형 아론과 함께 애굽의 바로 왕을 찾아가서 제1차 회담을 하였다.

이 세상의 왕과 같이 애굽의 왕도 하나님의 백성과의 관계에서 어려움을 보게 되었다. 그는 이스라엘의 사람들이 자신의 나라에 큰 위험이 된다는 것을 알게 되었다.

이처럼 하나님의 뜻을 이루어갈 때 악한 세력은 극렬히 반박할 것이다. 이때 비전을 주신 하나님이 또한 이루어주실 것을 믿고 끝까지 견디는 자에게 승리를 주실 것이다.

✚ 묵상 : 모세와 아론은 애굽왕 바로에게 가서 무엇이라고 말했나요?(출5:1)
모세에게 절기를 지킬 것 즉 제사를 드리려한다는 말을 듣고 바로는 어떤 명령을 내렸나요?(출5:3~9)

● **누가복음 8장** **광풍과 귀신과 죽음이 예수의 명령에 순종**

예수님의 2차 갈릴리 전도 사역에 관한 내용을 담고 있다. 예수님은 전도자들의 본이시다. 전도자는 각 성과 마을에 두루 다니며 전해야 할 것이다. 예수께서는 하나님의 나라를 반포하시고 그 복음을 전하셨다. 하나님의 나라는 그의 설교의 중요한 주제이셨다(마 4:17; 행 1:3). 세상은 하나님께서 지으신 세상이지만 사람들이 하나님의 왕권을 부정하고 그의 뜻을 거슬러 우상을 섬기고 음란하고 부도덕하다. 하나님의 나라는 하나님의 왕권 즉 통치권의 회복이다.

✚ 묵상 : 예수님이 열두 제자와 함께 하나님의 나라를 선포하실 때 누가 그들을 섬겼나요?(눅8:1~3)
광풍을 잔잔케 하시고, 야이로의 외딸을 살리시며, 열두 해를 혈루증으로 앓는 여자의 병이 낫도록 하신 사건에서 예수님은 항상 무엇을 가르치셨나요?(눅8:23~25,41~48)

통일 주제 순종 (順從, 다른 사람이나 윗사람의 말과 의견을 순순히 따름)

연합 내용 인간에게 있어서 가장 아름다운 모습 중에 하나는 순종이다. 희생을 동반한 순종은 열매를 만들어내기 때문이다. 믿음의 영웅들은 주님과 절대가치 앞에 순종하는 것을 두려워하거나 부끄러워하지 않았다.

● 욥기 22장 벗의 악평에도 침묵하시는 하나님에게 순종

이제 엘리바스의 마지막 3차 변론이 제기된다. 권위주의적인 이론가인 엘리바스는 다음과 같은 논리에 끝까지 집착한다. 첫째, 전제로 인과응보는 절대 진리다. 둘째, 현상으로 욥은 현재 고통 중에 있다. 셋째, 결론적으로 욥은 죄인이며 회개해야 한다는 것이다. 세 차례에 걸친 엘리바스의 변론을 종합적으로 살펴볼 때 진전이 없다. 그의 권위주의적인 입장을 통해 우리는 세상 학식과 권위의 아집을 발견한다.

✚ 묵상 : 엘리바스는 한마디로 욥을 어떻게 개인적이고 주관적으로 평가했나요?(욥22:2~9)
엘리바스는 욥을 그릇되게 평가하고 그것에 근거하여 어떻게 권면했나요?(욥22:21~30)

● 고린도전서 9장 모든 사람을 구원하기 위해 복음에 순종

그리스도인에게 지식만 있고 사랑이 없으면 무서운 결과를 가져온다고 경고하고, 그러므로 지식은 교만하게 하나 사랑은 덕을 세운다고 하였다. 바울은 이러한 양심자유의 선포와 함께 사랑의 위대성을 전하고 9장에 넘어오자, 그는 자기 자신이 큰 지식을 가지고 있으면서도 그 지식이나 특권을 보류하고 사랑으로 종노릇을 하고 있음을 여기서 전하고 있다.

그리고 본장에서는 자신의 생활에서 어떻게 이 한계를 따랐는지를 보여준다. 1-18절에서 그는 자신의 사역으로 혜택을 보는 사람들로부터 경제적 지원을 받을 권리에 대해 논한다. 19-27절에서는 사람을 그리스도께 인도하기 위해 어떻게 모든 권리를 포기했는지 설명한다. 이 질문들은 수사학적이며, 그 각자의 질문에 대한 대답은 당연히 '예'이다.

✚ 묵상 : 바울은 자신에게 어떤 권리가 있다고 설명했나요?(고전9:4~6,11~14,18)
바울은 몇 사람이라도 더 구원하기 위해 어떤 자세를 가졌나요?(고전9:19~23)

기 도

- 주여! 우리가 예배하는 일에 집중하게 하옵소서.
- 주여! 우리가 큰 믿음의 제자가 될 수 있도록 인도하여 주옵소서.
- 주여! 우리가 한 영혼이라도 더 구원하기 위해 바울의 열정을 갖게 하옵소서.

2월 23 February 무지

출6 / 눅9 / 욥23 / 고전10

● 출애굽기 6장 하나님의 계획에 대한 이스라엘 자손과 바로의 무지

모세와 아론이 애굽 바로 왕 앞에 나가 제1차적으로 이스라엘 백성을 광야로 나가게 해달라고 요청에는 바로의 강력한 반발과 이스라엘의 동료로 무산되고 말았다. 그러자 바로 왕은 이스라엘 백성에게 더 혹독한 노역을 가중시켰고 이스라엘 자손의 기록원들까지 원망을 사게 되었다. 이러한 상황에서 주변의 반대나 외부의 극한 반발보다 내적 확신이 흔들릴 때가 더 큰 위기이다.

이때에 하나님은 모세를 위로하고 하나님의 명예를 걸고 출애굽은 반드시 이뤄내실 것을 천명하셨다. 후반부에 아론과 모세의 족보를 제시한 것은 두 지도자의 역사성과 신적인 권위를 확인시키기 위해서인 것으로 보인다.

✚ 묵상 : 여호와 하나님은 아브라함과 이삭과 야곱과 맺은 언약을 지키시기 위해 어떤 일을 계획하셨나요?(출6:3~8)
하나님의 명령을 준행하려는 모세에게 대두된 두 개의 문제는 무엇이었나요?(출6:9,12,30)

● 누가복음 9장 예수의 메시야되심에 대한 제자들과 헤롯의 무지

본장은 갈릴리 전도 사역 말기에 일어난 사건들이 다루어지고 있다. 예수께서는 열두 제자를 불러 모으시고 모든 귀신을 제어하며 병을 고치는 능력과 권세를 그들에게 주셨다. 그것은 하나님께서 사도들에게 주신 능력과 권세이었다. 하나님의 나라를 전파하고 영혼들을 구원하는 사역은 단지 사람의 말로 되지 않고 하나님의 능력의 역사(役事)로 확증됨이 필요하였다.

사도 바울도 "하나님의 나라는 말에 있지 아니하고 오직 능력에 있음이라."(고전 4:20)라고 말했다. 사도들에게 주신 병 고침의 능력은 그들의 복음 사역에 권위를 주는 것이었다. 그것은 하나님의 종들로서 그들의 신임장이었다(고후 12:12).

✚ 묵상 : 예수님께서 제자들을 파송하셨을 때 하라고 한 것과 하지 말라고 한 것에는 어떤 것들이 있었을까요?(눅9:1~6)
예수 그리스도의 초자연적인 사역과 십자가의 죽음은 어떤 관계를 갖을까요?(눅9:13~17,22)

통일 주제 무지 (無知, 아는 것이나 지식이 없음)

연합 내용 인간은 모든 것을 알 수 없다. 특히 신앙의 세계에 대한 것은 더욱 무지하다. 하나님의 백성과 자녀라 할지라도 어찌 하나님의 섭리와 역사하심을 다 알 수 있으랴! 결국 무지는 죄와 그 결과로 멸망을 낳는다.

● 욥기 23장 하나님의 주권적인 다스리심에 대한 욥의 무지

엘리바스의 세 차례에 걸친 변론을 들은 욥은 자신의 답답한 심정을 피력하면서 마침내 욥은 오직 하나님만을 바라보며 직접 그들을 통해서만 고난의 문제를 해결하기로 결심한다. 결론적으로 세상의 친구들은 인생의 문제를 해결해주지 못하며, 문제의 해결자 되시는 분은 오직 하나님 한 분뿐이신 것이다.

✚ 묵상 : 세 친구에게 위로받지 못한 욥은 하나님 앞에서 어떤 신앙적 노력을 했나요?(욥23:6~12)
의로운 욥이 가장 두려워했던 것은 무엇이었나요?(욥23:13~16)

● 고린도전서 10장 하나님의 인도하심과 은혜에 대한 선민의 무지

바울은 자기 자신의 사도권과 그의 덕을 위한 권리보류에 대하여 많은 말을 하였다. 그리고 그 맨 마지막에 가서 자신을 쳐서 복종시키며, 그것은 남을 구원한 후에 자기가 도리어 버림을 당할까 두려워함이라고 하였다. 그러므로 바울은 긴장감이 늘 있는 가운데서 주를 섬기는 그의 본을 보여 주었었다.

이제 10장에서는 우상의 제물 문제에 대해 살펴보게 되었는데 이 말씀의 내용은 위에서 바울이 긴장감이 감도는 가운데서 주를 섬기는 사실에 대한 뒷받침을 하는 말씀으로 가득 차 있다. 그러므로 예상 할 수 있는 대로 과거 이스라엘의 실패의 역사를 여기서 다루면서 이스라엘의 역사가 바울 시대는 물론이요, 오늘날 우리들에게까지 하나님의 역사적 전형(historical type)이 된다고 하였다.

✚ 묵상 : 바울이 고린도교회 성도들에게 의외로 많이 강조한 교훈은 무엇이었을까요?(고전10:6~12,14)
믿음이 강한 자는 모든 것이 가능하지만 왜 다 쓰지 않고 절제해야 할까요?(고전10:23~24,31~33)

기 도

- 주여! 우리로 하여금 하나님이 주신 언약을 잊지 않게 하옵소서.
- 주여! 우리가 어떤 난관에 처할지라도 맡겨진 일에 충성하게 하옵소서.
- 주여! 우리로 하여금 어떤 형태의 우상숭배에도 빠지지 않게 하옵소서.

2월 24 February

역사

출7 / 눅10 / 욥24 / 고전11

● 출애굽기 7장 바로 앞에서 기적을 행하게 하시는 하나님의 역사

점점 더 가중되는 바로의 억압 앞에 모세는 마침내 능력의 지팡이로 애굽의 젖줄인 나일 강을 피로 물들게 한다. 그로써 하나님의 능력을 거부하는 자를 향해 하나님의 무서운 심판을 강하게 경고한다.

한편 모세가 이스라엘의 구원에 관한 말을 하였으나 고센 땅에서 "마음의 상함과 가혹한 노역으로 말미암아"(출 6:9)에도 불구하고 이스라엘의 자손들은 모세의 말을 듣지 아니하였다. 바로 이 때에 하나님이 다시 모세에게 용기와 놀라운 능력을 주시어 출애굽의 놀라운 역사를 수행하게 하신다.

✚ 묵상 : 물이 변하여 피가 된 재앙은 불순종한 바로에게 어떤 의미를 줄까요?(출7:15~19)
피재앙 앞에서 바로와 애굽 사람들은 어떤 자세로 대처했나요?(출7:22~24)

● 누가복음 10장 70인에게 영적 권능의 사역을 주신 예수님의 역사

본장은 크게 세 부분으로 이루어져 있다. 70인을 제자들을 세우셔서 사명을 부여하여 파송하신 사건이 언급되고 있으며, 선한 사마리아인 비유를 통해서 참된 이웃의 도리를 가르치고 있고, 마리아와 마르다의 비교를 통하여 성도가 무엇을 우선으로 해야 하는가를 가르치시고 있다. 그리고 전도자들을 둘씩 보내신 것은 그들이 전하는 바를 확증하고 서로 위로하기 위함이었을 것이다.

✚ 묵상 : 주님은 세우신 70인 제자에게 무엇을 가지되 무엇을 가지지 말라고 하셨나요?(눅10:1~9)
주님은 선한 사마리아인의 비유를 통해 이웃사랑을 어떻게 가르쳐 주셨나요?(눅10:29~37)

기 도

- 우리의 능력있는 사역이 당장의 결과를 가져오지 않더라도 인내하게 하옵소서.
- 주여! 우리로 하여금 성서적인 이웃사랑을 하게 하옵소서.
- 주여! 교회의 예법과 성례를 따라 항상 질서 있는 교회를 세우게 하옵소서.

통일 주제 역사 (役事, 하나님이 일을 행하여 이룸)

연합 내용 하나님이 일하시니 예수님도 일하신다. 따라서 그의 제자인 우리도 일한다. 이와 같은 역사를 통해 하나님의 나라는 흥왕하고 왕성해진다.

욥기 24장 종국에는 악인을 심판하시는 하나님의 역사

23장에 이어지는 부분으로 엘리바스의 3차 변론에 대한 욥의 3차 답변이다. 먼저 욥은 세상의 범죄에 대해 혐오감을 피력함으로써 친구들이 단정하는 것처럼 자신은 죄인이 아님을 간접적으로 시사한다. 이어서 욥은 이 세상은 결국 공의의 심판자이신 하나님의 주권아래에 놓여 있음을 고백한다.

욥은 악인들의 악에 희생되는 사암들이 있기 때문에 이들이 창조 질서를 뒤집기 때문에 악인들은 반드시 벌을 받아야 하며 마지막에 확실히 벌을 받는다고 주장한다.

✚ 묵상 : 하나님의 침묵과 하나님의 지연은 하나님의 통치 중 무엇에 해당될까요?(욥24:1,12)
욥은 하나님이 자신에게 침묵하실지라도 결국 악한 자에 대해서는 어떻게 하실 것을 확신했나요?(욥24:2~11,22~24)

고린도전서 11장 예법을 통해 교회 안에 질서를 세우는 바울의 역사

일반적으로 고린도전서 11장-14장까지의 내용을 고린도교회의 집회에 관한 문제로 한 묶에 다루고 연구하는 것을 본다. 그것이 고린도교회의 내부에서 발생한 문제인 동시에 또한 예배와 직결된 문제라고 하여 그렇게 취급하는 것은 원칙적으로 보아서 타당하다고 하겠다.

그리고 그 내용을 살펴보면 여자들의 복장문제, 성찬에 대한 문제, 그리고 성령의 은사문제 등이다. 그러나 여기서는 여자들의 복장문제와 성찬에 대한 문제를 성령의 은사문제와 더불어 다루지 아니하고 별도 취급하기로 하였다. 그것은 고린도교회의 문제들이 예배문제와 관계없는 것이 거의 없고, 또한 맨 마지막에 나오는 헌금문제는 더구나 예배문제와 관련이 있으며, 그럼에도 불구하고 부활에 대한 교리문제가 바로 그 앞을 가로막고 있는 까닭이다.

✚ 묵상 : 바울은 교회 안에서 남자와 여자가 어떤 위치와 구별된 외모를 갖추어야 한다고 말했나요?(고전11:3~7,13~15)
바울은 성스러운 성만찬 예전이 집례될 때 무엇을 지켜야 한다고 말했나요?(고전11:20~29,33~34)

2월 25 February 은사

출8 / 눅11 / 욥25-26 / 고전12

● 출애굽기 8장 바로와 애굽에 재앙을 내린 모세의 초자연적인 은사

이곳에서 언급된 것은 우리들의 상상을 초월하는 놀라운 사건들이다. 이 사건의 배후에 전능하신 하나님이 개입하신다는 확신을 더욱더 갖게 하는 내용들이다. 모세가 하나님의 능력을 받아 제일 첫 번째로 나일 강을 피(血)가 되게 하는 재앙을 내렸지만 바로 왕은 뜻을 굽히지 않고 이스라엘 민족을 해방시키지 않았다.

그러자 하나님은 나일에 내려진 재앙에도 결코 뉘우치지 않는 바로를 향해 계속해서 두 번째(개구리), 세 번째(이), 네 번째(파리) 재앙이 내려진다.

✚ 묵상 : 하나님은 왜 모세를 통해 애굽에 개구리, 이, 파리재앙을 내리셨을까요?(출8:2~6,10,16~17,21~22,24)
바로는 왜 거듭되는 재앙 앞에서도 모세와 그 백성에게 거짓을 반복하고 이스라엘 자손을 내보지 않았을까요?(출8:8,15,19,28,32)

● 누가복음 11장 바리새인과 율법교사에게 화를 전하는 말씀의 은사

본장은 기도에 대해 가르치시는 내용과 귀신을 쫓아내는 예수의 권세가 어디 있는가를 다루고 있다. 예수께서는 일상생활에서 기도하는 생활을 하셨고, 특별히 중대한 일을 앞두고는 언제나 기도하신 모습을 우리는 그의 공생애를 통해서 찾아볼 수 있다. 본문에서는 예수께서 기도하시고 난 다음에 제자들이 세례 요한이 그의 제자들에게 기도를 가르쳐준 것처럼 자기들에게도 기도를 가르쳐 달라고 요구하고 있는 것을 볼 수 있다. 제자들은 스승을 닮게 마련이다. 어떻게 기도할 것인가? 기도한다는 것은 무엇인가를 살펴보기로 한다.

✚ 묵상 : 예수님은 제자들에게 어떻게 기도하라고 가르치셨나요?(눅11:2~13)
예수님은 바리새인과 율법교사를 왜 저주하셨나요?(눅11:39~44,46~48,52)

통일 주제 은사 (恩賜, 하나님이 주시는 재능)

연합 내용 은사는 힘이다. 세상을 이기고 주의 일을 하며 교회를 세우는 놀라운 선물이다. 또한 믿는 자에게 주어진 은사는 하나님의 뜻 안에서 때로는 심판적인 형태로, 때로는 구원적인 형태로 사용되어진다.

● 욥기 25-26장 빌닷의 선입견에도 하나님을 찬양하는 욥의 지적인 은사

25: 욥의 말에 대하여 빌닷은 아주 짧게 대답한다. 사람은 하나님 앞에 의로울 수 없다는 것이다.

26: 이에 대하여 욥은 빌닷을 비난한다. 그는 고통에 시달리는 욥에게 전혀 도움을 주지 못했으며, 새롭게 가르쳐 준 것도 없다.(26:1-4) 5절에서 14절까지 욥은 죄와 고통의 문제가 아닌 우주 만물의 창조자이신 하나님께 초점을 맞춘다. 하나님은 위대한 창조주이시며, 스올(지옥의 구약적 개념)과 멸망도 꿰뚫어 보시는 분이다.(26:6) 6절 말씀의 의미는 그렇기 때문에 욥의 고난을 아신다는 것이다. 욥은 비록 허무한 처지에 놓여 있을지라도 자신을 아시는 하나님께 소망을 두고 있다. 하나님은 혼돈을 제압하시고, 다시 질서를 회복하시는 분이다.(26:11-14)

✚ 묵상 : 왜 빌닷은 의로운 욥을 조금도 인정하지 않았을까요?(욥25:2~6)
빌닷에게 표현한 말을 볼 때 욥은 어떤 창조신앙을 가지고 있을까요?(욥26:6~14)

● 고린도전서 12장 한 성령이 각 지체에게 나눠주신 신령한 은사

이제 여섯 번째 문제인 성령의 은사 문제를 여기서 살펴보게 되었다. 고린도교회는 모든 면에서 대립현상이 많은 교회였다. 지도자에 대한 대립, 결혼문제에 대한 대립, 우상의 제물에 대한 대립, 여자들의 복장문제에 대한 대립, 빈부간의 성찬예식에 대한 대립, 그리고 여기서 살펴보려고 하는 성령의 은사에 대한 대립이 심하였다. 그런데 이상한 것은 고린도 교인들이 헬라사람들이며, 그들은 이지적인 데다가 지혜를 좋아하는 철학적 민족이라는 점이다. 그럼에도 불구하고 그들이 교회 안에 성령의 은사가 많아서 우리들을 어리둥절하게 만드는 것이다.

✚ 묵상 : 성령이 한 몸을 이루고 있는 각 지체에게 다른 은사를 주시는 이유는 무엇일까요?(고전12:4~11)
몸을 이루고 있는 각 지체가 몸된 교회를 온전히 세워가기 위해 반드시 가져야 할 공동체적인 정신(성서적인 가치관)은 무엇일까요?(고전12:14~27)

기 도

- 주여! 잘못된 생각과 습관을 버리게 하옵소서.
- 주여! 바른 기도를 드리므로 풍성한 응답을 받게 하옵소서.
- 주여! 꼭 필요한 은사를 주사 주님의 몸된 교회를 세워가게 하옵소서.

2월 26 February

최후

출9 / 눅12 / 욥27 / 고전13

● 출애굽기 9장 계속되는 세 가지 재앙을 경험한 바로의 최후

본장은 하나님께서 애굽에 내린 다섯 번째, 여섯 번째, 일곱 번째 재앙이다. 재앙이 이렇게 계속된 것은 애굽 왕 바로의 교만 때문이었다. 하나님을 두려워하지 않는 바로와 그의 신하 그리고 그의 백성들은 가축들의 죽음, 악성 종기, 우박 재앙으로 하나님의 심판을 받는다. 그리고 그 재난이 다가오고 말았다. 그러나 사람들의 마음 안에서 죄의 재난은 더욱더 강조되고, 그 일로 하나님의 심판의 중대함이 더욱더 고조되고 있다. 하나님의 존재, 권세의 존재가 사람들에게 죄와 의(義)를 확신하게 하기에 충분한 것은 아니다.

이렇게 하나님의 심판은 정도를 더해갔지만 한번 삐뚤어진 바로의 마음은 고쳐지지 않았다.

✚ 묵상 : 하나님은 바로의 마음이 완강함을 다 아시면서도 재앙을 통해 거듭 메시지와 기회를 주시는 이유는 무엇일까요?(출9:1,7,12,14,16,27,29,34~35)
심한 돌림병과 악성 종기와 우박의 시험이 주는 의미는 무엇일까요?(출9:3~4,10,18,23)

● 누가복음 12장 물질과 세상을 쫓아가는 악한 자들의 최후

본장은 바리새인들의 외식을 경계하고 하나님을 두려워하는 삶을 살라는 권면이 주어진다. 외식이란 겉과 속이 다른 것을 말한다. 겉으로는 하나님을 잘 섬기는 것 같지만, 속으로는 그를 부정하고 그를 무시하는 것이며, 겉으로는 깨끗한 것 같지만, 속으로는 탐욕과 미움과 음란으로 가득한 것이다. 외식은 일종의 거짓과 속임이다. 외식은 '누룩'과 같이 조용히 많은 사람들에게 악영향을 끼치며, 그래서 교회를 형식적이게 만들고 생명력을 잃게 만든다. 그러므로 우리는 외식과 형식주의를 주의하고 경계해야 한다.

✚ 묵상 : 예수님이 말씀하신 참새 다섯 마리, 어리석은 부자, 까마귀와 백합화 등 이 세 가지의 비유는 어떤 공통점을 가지고 있을까요?(눅12:5~7,16~21,24~28)
예수님이 이 땅에 오신 목적은 무엇일까요?(눅12:49~50)

통일 주제 최후 (最後, 일이나 순서의 맨 끝)

연합 내용 한번 죽는 것은 사람에게 정한 이치다. 그 최후에는 심판이 있다. 그러므로 항상 그리스도 안에서 후회 없는 삶을 살아야 한다.

● 욥기 27장 하나님의 숨결과 온전함을 잃은 악인의 최후

욥은 자신의 순전함을 주장하면서 하나님께서는 반드시 악인에게 공의를 심판하신다는 사실을 강조한다. 또한 욥은 친구들의 권면을 받아들일 수 없으며, 자신은 고난 받을 만한 죄를 범하지 않았고 하나님 앞에서 순전함을 호소한다. 하나님이 의롭다고 하신 사람을 거슬러 말하는 것은 위험하다.

또한 우리는 10절에서 어떠한 상황에서든지 인내하면서 드리는 기도야말로 하나님의 실재를 증거하는 것이라는 것을 배우게 된다.

✚ 묵상 : 욥은 자신의 온전함을 어느 때까지 버리지 않겠다고 했나요?(욥27:2~6)
욥은 악인의 마지막이 어떻게 될 것이라고 말했나요?(욥27:8~9,13~23)

● 고린도전서 13장 사랑없는 말, 능력, 구제를 행한 자들의 최후

사도 바울은 성령의 초자연적 은사들에 대해 말하는 중 먼저 사랑의 중요성에 대해 말한다. 사도들과 사도 시대 성도들은 성령을 받아 방언을 말하는 신기한 일이 있었다.

주석학자는 고린도전서 13장만 가지고서도 그 가치가 얼마든지 인정받을 수 있고 그 가치가 영원할 것이라고 장담하였다. 그러나 그러한 감상적인 말을 해서는 성경 말씀의 진가를 깨닫지 못할 것이다. 그것은 왜 고린도전서 13장이 나타났는가 할 때에 바로 고린도교회의 실정이 바로 위에서 우리가 살펴본 대로 그 교회가 성령의 은사를 그렇게 많이 받고 있으면서도 그것을 제대로 사용할줄 몰라 결국 그 많은 은사를 말하자면 낭비하고 있었기 때문이다.

✚ 묵상 : 바울이 말한 사랑의 특징은 무엇일까요?(고전13:4~7)
바울이 믿음, 소망, 사랑 중에서 제일은 사랑이라고 말한 뜻은 무엇일까요?(고전13:8,12~13)

기 도

- 우리의 마음이 완강하지 않게 하시고 하나님 앞에서 겸손하게 하옵소서.
- 우리가 하나님 앞에서 귀한 존재임을 믿고 염려하지 않게 하옵소서.
- 우리의 마음이 예수님의 사랑으로 가득 차게 하옵소서.

2월 27 February 차이

출10 / 눅13 / 욥28 / 고전14

● 출애굽기 10장 하나님이 다스리시는 대상에 대한 은혜의 차이

회복될 수 없을 만큼 황폐해진 애굽 땅에 하나님은 메뚜기 떼를 보내 그나마 남은 산업을 초토화시키셨다. 그리고 애굽 전역에 흑암 재앙을 보내 애굽인들의 심령마저 완전한 어둠의 절망 가운데 휩싸이게 하셨다. 하지만 하나님은 이스라엘의 거주지에는 찬란한 광명을 비춰 구원의 서광을 한껏 밝혀주셨다.

하나님은 어떤 일에서도 반드시 그 목적과 뜻을 갖고 계신다. 이곳에서도 하나님이 바로와 그의 신하들의 마음을 완강하게 하셨던 이유는 표징을 보이고, 이스라엘의 자손에게 그것을 전하고, 기억하게 하려 함이었다.

역사적으로 되어진 사실을 기억하고 그것을 후손들에게 전달하는 것은 중요한 의미를 가진다. 그것은 그 후손들이 이와 같은 사실을 상기함으로써 여호와 하나님에 대한 그들의 믿음을 더욱 공고히 할 수가 있기 때문이다.

✚ 묵상 : 바로가 이스라엘 자손을 내보낼 조건이 조금씩 바뀐 것은 무엇 때문일까요?
(출10:3~11,16~17,20,24,27)
메뚜기와 흑암재앙이 애굽 땅에만 있고 고센 땅에는 없는 이유가 무엇일까요?(출10:4,14,21~23)

● 누가복음 13장 생활 속의 사건에 대한 관점과 이해의 차이

예수께서 회개를 촉구하는 내용과 안식일에 병자를 고치시는 이적을 통해 참된 구원과 안식은 그리스도에서만 얻어질 수 있다는 사실을 교훈하고 있으며, 또 세 가지 비유를 통하여 하나님 나라를 가르치신다. 특히 예수님의 모습은 회개를 촉구하는 선지자로서 심판을 경고하는 심판주로서, 병자를 치유하시는 영적 의사로서 천국에 대해 가르치는 교사로서 다양한 모습으로 나타나신다.

✚ 묵상 : 예수님은 열매 없음과 외식을 책망하셨는데 무엇과 연관이 있기 때문일까요?(눅13:6~9,15~16)
예수님이 말씀하신 좁은 문과 하나님의 나라는 서로 어떤 연관이 있을까요?(눅13:23~30)

통일 주제 차이 (差異, 서로 어긋나거나 다름)

연합 내용 인간과 사건, 하나님과 자연법칙, 은사와 상식을 이해하는 데에는 사람마다 차이가 있다. 차이는 경우에 따라 옳고 그름이 될 수도 있고 다양성이 될 수도 있다. 중요한 것은 차이가 구원을 훼방할 때이다.

● 욥기 28장 하나님과 자연법칙에 대해 깨닫는 지혜의 차이

본장은 유명한 욥의 '지혜의 송가'이다. 먼저 욥은 사람이 지혜를 얻는 일이 땅속 깊이 감춰진 보석을 채취하는 것처럼 아주 어려운 일임을 노래한다. 그러나 지혜는 보석보다 더욱 값진 것이며, 그 지혜는 하나님의 계시에 의해서만 주어진다는 사실을 밝힌다. 그러므로 이것은 결국 하나님의 지혜와 같은 지혜가 없는 인간으로서는 욥의 처지를 해석할 수 없다는 논리이다.

✚ 묵상 : 욥은 사람의 능력을 어떻게 서술하였나요?(욥28:3~4,9~11)
욥은 왜 지혜와 명철을 하나님에게서만 찾을 수 있다고 했나요?(욥28:12,20,23~28)

● 고린도전서 14장 교회에 덕을 세우기 위해 사용하는 은사의 차이

은사는 교회에 유익을 주고, 덕을 세우기 위해 필요하다. 우리는 신령한 은사를 사모해야 한다. 은사를 꼭 신비한 어떤 능력으로 생각할 필요는 없다. 은사는 다양하며, 성령님은 교회의 유익을 위해 다양한 은사를 준다. 예언도 방언도 철저히 교회공동체의 유익이라는 목적에 부합하게 사용되어져야 한다. 간혹 성령님이 주신 은사를 과시용으로 쓰는 사람들이 있다. 마치 자신이 신령한 것처럼 보이기 위함이다. 은사를 뜻하는 영어 단어가 gift이다. '은사'라는 단어 자체가 하나님이 주신 선물이라는 뜻임을 기억하시오. 예언하는 자도 교회의 유익을 위해 자신을 통제할 수 있어야 한다. 하나님은 질서의 하나님이시며, 화평의 하나님이다.(33절)

✚ 묵상 : 바울은 교회에서 은사를 사용함에 있어 무엇을 가장 중요한 점으로 보았나요?
(고전14:3~5,12,17,19,26)
바울은 교회에서 방언의 은사와 예언의 은사를 어떻게 사용하라고 했나요?
(고전14:6~9,13~15,22~25,27~33)

기 도

- 하나님의 사랑과 은혜 속에서 구별된 삶을 영위하도록 인도하여 주옵소서.
- 예수님의 가치관과 교훈을 배우고 실천하여 불쌍한 영혼을 살리게 하옵소서.
- 우리 각 성도에게 은사를 주사 맡겨주신 교회를 온전히 세워가게 하옵소서.

2월 28 February

생명

출11-12:1-21 / 눅14 / 욥29 / 고전15

● 출애굽기 11장-12장 1-21절 장자진멸 재앙 속에서 건진 이스라엘의 생명

우리 시대의 다른 많은 사람들과 같이 바로는 빈번하게 하나님의 뜻을 거역하였다. 이것은 그에게도 슬픈 일이지만 우리 시대의 사람들의 행동의 상징이기에 더욱 슬픈 일이다. 흑암 재앙을 내렸지만 바로 왕은 이스라엘 백성을 해방시켜 보내지 않음으로 이제는 마지막으로 '재앙을 하나 더 내리겠다.'라고 경고했다.

하나님께서 한 가지 재앙을 애굽에 더 내린 후에야 너희를 쫓아내리라고 경고한 말씀 전에도 재앙을 내릴 때마다 반드시 예고한 뒤에 내리셨는데 그 예고의 목적은 이러하다. 하나님이 말씀을 하면 그대로 이루어진다는 하나님의 말씀의 신실성을 보여주기 위함이다. 그러므로 말씀의 경고와 예고는 그대로 믿고 대비하며 지켜 행해야할 것을 준비하게 하는데 그 목적이 있다.

✚ 묵상 : 여호와 하나님은 장자진멸 재앙을 통해 어떤 일을 하시려고 했나요?(출11:7,12:12)
흠없고 일년된 숫양의 피를 집 좌우 문설주와 인방에 바른 이유는 무엇일까요?(출12:13)

● 누가복음 14장 자기 십자가를 지고 따른 제자들의 새 생명

본장은 크게 두 단락으로 나눌 수 있다. 첫 번째 단락은 바리새인의 식탁에서 베푸신 예수님의 교훈으로 천국 시민의 자격이고, 두 번째 단락은 바리새인 집에서 나오신 후 주신 교훈으로 천국 시민의 자세에 관한 내용이다. 특히 여기서 다루는 예수님의 교훈들은 기득권자들에게는 엄중한 경고와 도전일 것이다.

안식일에 예수께서는 바리새인의 한 우두머리의 집에 떡을 잡수시러 들어가셨다. 그는 그 바리새인의 식사 초대를 거절하지 않으셨다. 그것은 그들에게 말씀을 전하고 그 영혼을 구원하는 기회가 되기 때문일 것이다. 건강한 자에게는 의사가 필요 없고 병자들에게 필요하듯이 의인들에게는 구주가 필요하지 않고 죄인들에게 필요하기 때문이라는 말씀이다(눅 5:31).

✚ 묵상 : 잔치에 청함을 받은 자가 상석에 앉는 것과 사양하는 것은 어떤 공통점이 있나요?(눅14:8,18)
예수님은 어떻게 해야 참된 제자가 될 수 있다고 말씀하셨나요?(눅14:26,27,33)

통일 주제 생명 (生命, 유기체가 태어나서 죽을 때가지의 살아 있는 상태)

연합 내용 생명은 소중한 것이다. 그렇지만 이 땅의 생명은 유한하다. 그러므로 주 안에서 주어진 참된 새 생명을 얻어야 한다.

● 욥기 29장 역경 속에서 신앙으로 이겨낸 욥의 참 생명

하나님을 경외함이 지혜의 근본임을 발견한 욥은 친구들과의 변론을 접고 자신의 아름답고 의로웠던 과거 시절을 회상한다. 이 같은 욥의 회상은 그처럼 지난날 자신과 함께 하셨던 하나님께서 지금은 침묵하고 계신다는 사실 때문에 무척 고통 받고 있음을 시사해 주는 것이다. 잊어버린 행복을 되찾고 싶은 필사적인 간절하고 애타는 바람 속에 미래 운명의 씨앗이 담겨 있다고 밝혀질 때, 이것은 은혜의 표지이다. 우리는 욥에게서 이것을 보게 된다. 우리는 욥이 표현하는 열망을 듣게 되는데 그 열망은 지금 욥이 느끼기에는 희망이 없으나 다가오는 기쁨을 향한다.

✚ 묵상 : 욥이 과거를 회상하면서 가장 원했던 것은 무엇이었나요?(욥29:2,4)
욥은 자신이 과거에 어떤 인간관계와 사회생활을 했었다고 고백했나요?(욥29:12~17)

● 고린도전서 15장 죽음을 통해 새롭게 얻게 되는 부활의 생명

이제 고린도전서 연구 가운데서 그 절정이라고 하는 부활의 교리 문제를 살펴보기에 이르렀다. 고린도교회의 분쟁 문제부터 시작하여 결혼 문제, 우상의 제물 문제, 여자들의 복장 문제, 성찬 문제, 그리고 은사문제를 살펴왔는데, 일반적으로 지금까지의 모든 일들이 하나하나 실제 문제였으나 부활의 교리 문제는 그야말로 교리 문제이고 실제 문제가 아니라고 말한다.

그러나 그러한 견해는 크게 잘못된 것으로 볼 것이다. 왜냐하면 죽음처럼 현실적인 문제가 없는 까닭이다. 그러므로 고린도교회의 온갖 복잡한 모든 문제 가운데서도 부활의 교리 문제는 실제 중의 실제 문제요, 또한 그러면서도 중대한 교리 문제임을 누구든지 간과(看過)해서는 안 될 것이다.

✚ 묵상 : 예수 그리스도는 부활하신 후 누구에게 나타나셨나요?(고전15:5~8)
바울은 죽은 자의 부활을 어떻게 설명하였으며 또 부활 후의 모습에 대해서는 어떻게 말씀하고 있나요?(고전15:15~16,38,42~44)

기 도

- 주님의 말씀에 순종하여 생명을 얻는 참 성도가 되게 하옵소서.
- 주님의 참 제자가 되기 위하여 주어진 계명을 따르게 하옵소서.
- 부활의 신앙을 갖고 복음을 담대히 전하는 참 전도자가 되게 하옵소서.

3월 01 March 구원

출12:22-51 / 눅15 / 욥30 / 고전16

● 출애굽기 12장 22-51절 430년의 종살이로부터 건져 주시는 구원

11장에서 애굽에서 처음난 장자로부터 가축의 첫 새끼들까지 다 죽이겠다고 예고한대로 그대로 이행할 것을 다시 한 번 모세와 아론에게 말씀하고, 그 재앙이 임하는 날 밤에 어떻게 행할 것을 가르쳐주었다.

첫 번째 유월절의 이야기는 그리스도의 복음의 고대판이다. 본장에서 교훈의 서열은 로마서 5장에서의 교훈의 서열과 유사하다.

하나님의 뜻은 깊고 오묘하시다. 이곳의 출애굽 역사는 하나님의 섭리의 길에서 우리가 어떻게 걸어가야 하는가를 보여준다. 또한 이곳의 장면은 장차 죄 중에서 우리가 한님의 은혜로 구원받는 것을 보여준다. 이곳에서 나오는 첫 장면은 장엄하다. 하나님의 모든 터가 장엄하고 엄숙하게 드러난다.

✚ 묵상 : 하나님께서 이스라엘 자손에게 유월절 예식을 꼭 지키라고 명령하신 이유는 무엇일까요?
(출12:27,40)
유월절 규례를 지킬 때 떡과 고기는 어떻게 먹어야 하며 그 이유는 무엇일까요?
(출12:39,46,출12:8~11참고)

● 누가복음 15장 세리와 죄인들과 탕자를 용서하시는 구원

당시 경멸의 대상이던 세리와 죄인들과 교제하시는 예수님의 모습이 언급되고 있다. 예수께서 사람들에게 말씀을 전하실 때 많은 세리들과 죄인들이 그에게 가까이 나아와 말씀 듣기를 원하였다. 당시에 죄인들로 알려진 그들 속에 하나님의 말씀에 대한 관심과 영혼 구원에 대한 갈망이 있었던 것 같다. 이것은 하나님의 은혜이었다.

✚ 묵상 : 예수님의 비유 중 어떤 주인에게 있어서 잃은 양 하나의 가치는 얼마나 될까요?(눅15:6)
예수님의 비유 중 허랑방탕하고 돌아온 탕자 동생에게 행한 아버지의 처사를 보고 형 맏아들은 왜 화를 냈나요?(눅15:29~30)

통일 주제 구원 (救援, 인류를 고통과 죄악과 죽음에서 구하는 일)

연합 내용 성경의 역사는, 욕심 있는 자들에 의해 멸망의 구렁텅이로 빠진 영혼들을 하나님이 예수와 참된 제자들을 통해 구원해 가시는 활동사이다.

● 욥기 30장 욥을 모든 것으로부터 버림받게 하신 후 정한 때에 구원

욥의 과거의 지위에 대한 묘사가 29장에서 31장까지 나타난다. 욥은 소위 친구들이라는 자들이 전에 자기의 선행에 존경심을 표했던 것을 생각하며 단호한 말로 그들의 논박을 비난한다.

욥은 하나님과 함께 하는 가운데 풍요롭고 의로웠던 지난날을 회고하였다. 이제 욥은 현재 자신이 처한 현실에 눈길을 돌린다. 그것은 지난날과는 지극히 대조되는 참담한 모습이었다. 온 몸이 병든 육체적 고통과 함께 이웃 사회로부터 소외당하고 특히 하나님과의 교제가 단절된 사실에 욥은 자기 연민에 휩싸여 탄식하며 절규한다. 욥처럼 경건한 하나님의 사람에게는 하나님과의 단절이 견디기 힘든 고통이었을 것이다.

✚ 묵상 : 친구들을 향하여 거친 평가를 쏟아낸 욥은 하나님 앞에서 합당할까요?(욥30:1,8)
욥은 혼자 독백하듯 어떤 심적인 절규를 하나님께 올렸나요?(욥30:24~25)

● 고린도전서 16장 연보를 통해 바울과 다른 교회를 세워가는 구원

이제 고린도전서 마지막 문제인 연보에 대하여 살펴보기로 한다. 많은 주석가들은 이 마지막 장의 연보 문제를 결론에 넣어서 취급하기를 좋아하는 것 같다. 그것은 본문이 짧기도 하고 말하자면 바울의 사정이나 디모데와 아볼로에 대한 말이 따라오고 있어서 아마도 그렇게 취급하는 것 같다.

그러나 교회의 공적 문제는 어디까지나 공적으로 다루는 것이 옳아 보인다. 그러므로 여기서는 결론에 넣어서 취급하지 않고 별도로 한 제목으로 삼아 이를 구체적으로 살펴보기로 한 것이다.

✚ 묵상 : 바울은 고린도교회 성도들에게 연보(헌금)를 어떻게 하라고 했나요?(고전16:2,17)
바울은 마지막으로 고린도교회 성도들에게 어떤 권면을 하고 있나요?(고전16:13,22)

기 도

- 매주 첫날 주일을 소중히 지키는 참 그리스도인이 되게 하옵소서.
- 한 영혼을 구원하기 위해 사랑과 정성을 다하는 바른 제자가 되게 하옵소서.

3월 02 March 대가

출13 / 눅16 / 욥31 / 고후1

● 출애굽기 13장 구원받은 이스라엘 자손이 지불해야할 대가

긴 속박 후에 마침내 새 생활이 시작되었다. 이스라엘 백성들은 출애굽 후에 제물을 바치게 되었다. 하나님이 그들을 구출하신 후에도 계속 그들을 인도하셨다.

하나님께서는 출애굽을 통해 구원의 은총을 체험한 이스라엘 백성들이 지켜야 할 무교절 규례를 상기시키면서 특별히 죽음에서 건짐 받은 처음 난 것이 마땅히 지켜야 할 도리를 알려주신다.

✚ 묵상 : 하나님은 이스라엘 자손이 무슨 사건을 잊어 버릴까봐 걱정하셨나요?(출13:14,16)
하나님께서 이스라엘 백성을 구름기둥과 불기둥으로 인도하셨다는 것은 무엇을 뜻하는 것일까요?(출13:21~22)

● 누가복음 16장 청지기나 부자가 구원받기 위해 지불해야할 대가

예수께서는 불의한 청지기의 비유를 가르치셨다. 바리새인들은 예수님의 가르침을 듣고서 그분을 조롱했고, 이에 예수께서는 바리새인들을 꾸짖으시고 그들에게 부자와 나사로의 비유를 가르치셨다.

이 '불의한 청지기의 비유'는 독립적인 의미의 산출이 아니라 14-15장에서의 '잃어버린 것'에 대한 3종류의 비유에 연이은 또 다른 관점에서의 비유임을 염두에 둔다면 보다 더 현실적인 해석이 가능하리라 본다. 본문은 성경에서 해석하기 어려운 부분들 중의 하나이다.

✚ 묵상 : 예수님은 옳지 않은 청지기 비유를 통해 제자들에게 무엇을 가르쳐 주셨나요?(눅16:9,11)
예수님은 누구의 마음을 염두에 두고 부자와 나사로 이야기를 하셨을까요?(눅16:14)

기 도

- 주여! 우리로 하여금 값없이 받은 구원을 찬송하며 바른 삶을 살게 하옵소서.
- 주여! 신비한 체험을 통해서 보다 오직 말씀으로 견고한 신앙을 갖게 하옵소서.
- 주여! 가족이나 이웃들을 구원하기 위해 합당한 대가를 지불하게 하옵소서.

통일 주제 대가 (代價, 어떤 일에 들인 노력이나 희생에 대해 받는 값)

연합 내용 믿음으로 구원을 얻는 자는 반드시 그 구원을 완성하기 위해 행함 즉 생활이 뒷받침 되어야 한다. 그것은 의무가 아니라 구원받은 자의 권리요 영적 정체성의 합당한 표현이다.

● 욥기 31장 욥이 바른 신앙을 지키기 위해 지불한 대가

욥의 독백은 계속된다. 여기서 욥은 자신이 도덕적으로 순결하다는 사실을 주장한다. 욥은 "언제나 내가…그렇게 하였던가?"라는 반어적인 표현을 16개나 사용하면서 자신의 지난날의 순전함과 도덕적인 완전함을 강조한다. 하지만 바로 여기에 자신의 의로움을 주장하는 것 자체가 허물인 것이다. 특히 욥기 본장의 구조에서 가장 두드러진 수수께끼는 35-37절에서 하나님께 극적이고 최고조에 이르는 호소를 했는데 왜 뒤이어 마지막 부분에 그의 땅과 관련된 이상해 보이는 짧은 단락이 나오느냐는 것이다(38- 40절). 마지막 단락에 특별한 역할이 있을 법하다.

✚ 묵상 : 욥이 보여 준 올바른 신앙의 뿌리는 무엇일까요?(욥31:14,23)
욥이 보여 준 올바른 신앙의 열매는 무엇일까요?(욥31:5,9,13,16,19,24,29,32)

● 고린도후서 1장 성도를 위해 사도와 제자가 지불해야할 대가

바울은 복음을 전하면서 많은 고난을 겪었다. 그러나 그는 그 과정에서 하나님의 위로를 경험했으며, 특별히 고난에 대해 하나님께 감사하고 있다. 감사의 내용은 '고난을 당함으로 자신과 같은 처지에 있는 자들을 이해하고 위로할 수 있었다'는 것이다. "하나님께 받은 위로로써 모든 환난 중에 있는 자들을 능히 위로하게 하시는 이시로다"(4절) 그는 복음전파를 위해 당한 고난을 '그리스도의 고난'이라고 표현한다.(5절) 고난을 통해 하나님께 더 가까이 나아가며, 고난 가운데 있는 지체들을 위로할 수 있습니다. 바울의 고린도교회 방문이 계획대로 진행되지 못하여 일부 사람들은 바울의 진실성에 의구심을 가졌지만, 바울은 자신이 임의로 변경한 것이 아니며(12절), 그가 전한 복음은 진실한 것임을 피력한다.(18절) 성경의 수많은 약속은 예수 그리스도안에서 성취되었다.(20절) 예수 그리스도를 통한 하나님의 뜻과 말씀에 대하여 우리는 언제나 '아멘'으로 화답해야 한다.(20절)

✚ 묵상 : 바울은 고린도교회 성도들이 위로와 구원을 받도록 하기 위해 어떤 대가를 지불했나요?(고후1:6)
바울은 자신이 전한 예수는 예(옳음)만 되셨다고 하면서, 성도들도 늘 무엇을 하여 하나님께 영광을 돌리라고 가르쳤나요?(고후1:19~20)

3월 03 March 동역

출14 / 눅17 / 욥32 / 고후2

● 출애굽기 14장 하나님은 이스라엘을 구원하기 위해 모세와 동역

출애굽의 절정인 홍해를 건너는 사건을 기록하고 있다. 본장에서는 약속의 땅을 향해 나아가는 이스라엘 백성에게는 어떠한 장애물도 아무 문제가 되지 못함을 생생하게 보여주는 사건이다. 동시에 이 사건은 신약에서 세례와 중생을 예표한다는 점에서 구속사적으로도 중요한 의미를 가진다.

✚ 묵상 : 하나님은 바로와 같이 마음이 완악하고 교만한 자를 어떻게 다스리셨나요?(출14:4,28)
하나님은 이스라엘 백성을 홍해로부터 구원하기 위해 어떤 방법을 사용하셨나요?(출14:19,21)

● 누가복음 17장 용서와 믿음과 감사가 있는 자들과 동역

성도들 간의 최악의 관계는 실족시키는 것이다.(1,2절) 범죄한 형제가 있다면 사랑으로 책망하고 바로 잡아 주어야 한다.(3절) 구원받은 성도는 '무익한 종'의 심정으로 맡겨진 일에 충성해야 한다.(7-10절) 우리는 우리가 받은 은혜보다 은혜를 주신 분에게 더욱 집중해야 합니다.(11~19절) 하나님 나라는 예수님의 말씀과 사역을 통해 임한다. 하나님 나라의 본질은 하나님의 통치이다. 진정 하나님의 통치를 받고 있다면, 하나님 나라가 임한 것이다.(20,21절) 이 땅에서의 마지막 날은 예수님이 영광과 위엄가운데 재림하는 날이다. 본문에는 예수님의 공개적인 재림(22-25절), 재림시 사람들의 삶의 특징(26-29절), 재림을 위한 준비(30-33절), 재림때 나뉠 운명(34-37절)에 대하여 말씀하고 있다.

✚ 묵상 : 예수님은 제자들에게 앞으로 자신과 제자들 서로 간에 함께 사역하기 위하여 어떤 기본적인 자세를 가져야 한다고 가르치셨나요?(눅17:3,10,30)
어려울 때 은혜를 구한 자가 은혜를 입으면 반드시 무엇을 해야 할까요?(눅17:15)

통일 주제 동역 (同役, 하나님이 맡기신 일을 같이 함)

연합 내용 하나님은 항상 세상을 향해 일하신다. 그 때마다 일꾼을 찾으신다. 그 일꾼이 온전하든 부족하든, 지혜롭든 연약하든, 노년이든 소년이든 그 그릇에 따라 그 때에 사용하심으로 구속사를 이루어 가신다.

● 욥기 32장 하나님이 욥과 세 벗을 향해 젊은 엘리후와 동역

갑자기 엘리후가 욥과 욥의 세 친구들 사이의 중재자로서 등장한다. 세 친구는 처음부터 편협한 인과응보에서 더 이상 진전이 없었다. 마찬가지로 욥도 세 친구들의 변론을 반박하면서 자신의 무죄 주장만 계속할 뿐이었다. 따라서 토론은 자연히 교착 상태에 빠질 수밖에 없었다. 이러한 때에 엘리후가 등장한 것이다. 변론에 나타난 엘리후의 성격은 신중한 면모를 보여준다. 확실히 욥에게 닥친 상황을 보는 엘리후의 식견은 욥의 다른 세 친구를 능가한다.

✚ 묵상 : 엘리후는 욥과 세 친구에 대해 평을 한 후 화를 낸 이유가 무엇일까요?(욥32:2~3)
엘리후가 가지고 있는 신앙관은 무엇일까요?(욥32:8,18)

● 고린도후서 2장 근심케 하는 자를 용서하고 사랑으로 동역

사도 바울은 자신의 진실성을 말하고 나서 그의 고린도 방문 여정 변경에 대하여 말하였으며 이제는 범죄자의 처리에 대한 문제를 여기서 다루고 있다. 역시 이 일도 바울의 변명이 되므로 여기서 그가 말하고 있고, 또한 그 일이 앞서 그가 전한 말들과 관계가 있으므로 여기서 이어서 말하고 있는 것이다. 서두에 이유접속사 '가르'(ga;r)가 있어서 이 사실을 확증하고 있고, 그러나 다른 내용에 대하여 전하는 것은 서로 간에 관계가 있기 때무이다.

✚ 묵상 : 바울이 고린도교회에 나갈 때 결심했던 내용은 무엇일까요?(고후2:1)
바울은 주의 일을 하는 자신과 동역자들이 사람들에게 무엇이 된다고 말했나요?(고후2:15~16)

기 도

- 우리가 하나님과 함께 일하는 자로서 순종과 겸손의 자세를 갖게 하옵소서.
- 우리가 기도 할 때나 기도 응답을 받았을 때 절대 감사를 잊지 않게 하옵소서.
- 주여! 우리로 하여금 모든 사람들에게 그리스도의 향기가 되게 하옵소서.

3월 04 March

찬양

출15 / 눅18 / 욥33 / 고후3

● 출애굽기 15장 하나님의 구원하심에 대한 모세와 미리암의 찬양

이 노래는 기록된 첫 번째 노래이고 하나님에게 드린 것이다. 그러기에 이 노래는 구원의 노래이다. 이후부터 노래는 하나님을 섬기는 일에서 중요한 자리를 차지한다. 세상의 감각적인 노래는 하나님께 드리는 노래가 아니고 속이고 유혹하는 노래이다. 그와 같은 노래는 하나님에게 영광이 되지 못한다. 구원과 노래는 같이 등장한다.

✚ 묵상 : 홍해의 기적을 통해 구원을 경험한 모세와 미리암은 백성과 더불어 하나님께 어떤 내용으로 찬양을 드렸나요?(출15:1,4~5)
홍해사건으로 찬양했던 백성은 마라의 쓴물을 만났을 때 어떻게 돌변했나요?(출15:24)

● 누가복음 18장 예수님의 사랑에 대한 과부와 아이와 맹인의 찬양

예수님은 항상 기도하고 낙심하지 말아야 함을 과부의 원한을 번거로움 때문에 풀어 주는 불의한 재판관의 비유를 통해 말씀하신다.(1-8절) 하물며 하나님은 어떤 분입니까? 불의한 재판관과 달리 자비로우시고, 의로우시며 택한 자의 기도를 들으시는 분이다. 그러나 자신이 의롭다고 생각하는 자의 기도는 듣지 않으신다.(9-12절) 애통하며 회개하는 자의 기도를 들으신다.(13,14절) 제자들은 예수님의 일을 방해한다고 생각해서 아이를 데려온 부모를 책망했으나 예수님은 도리어 '하나님의 나라가 어린아이와 같은 자의 것'이라고 말씀하신다.(16절) 자신이 의롭고 잘났다고 생각하는 자가 아니라 부족하다고 생각하는 자에게 하나님은 복을 주신다. 이어서 하나님 나라와 영생에 관하여 두 가지 내용의 기사가 더 등장한다. 하나님이 아닌 재물을 섬기는 자였던 부자 관리(18-27절), 베드로의 질문에 대한 예수님의 답변(28-30절)이다. 세 번째 수난예고를 하신 예수님은(31-34절) 여리고에서 한 맹인을 고치신다.(35-43절)

✚ 묵상 : 원한이 있는 과부와 구걸하는 맹인은 어떤 방법으로 문제를 해결했나요?(눅18:3,39)
예수님은 바래새인과 부자 관리의 어떤 점을 지적하셨나요?(눅18:14,24)

통일 주제 **찬양 (讚揚, 주의 위대함과 아름다움과 훌륭함 따위를 기리고 드높임)**

연합 내용 은혜를 입은 자는 하나님을 찬양하지 않을 수가 없다. 그 찬양은 표면적일 수도 있고 내면적일 수도 있다. 더 나아가 지속적으로 찬양하는 자는 미래에도 구원하시는 하나님의 충성된 일꾼일 수 밖에 없다.

● 욥기 33장 범죄한 자가 은혜를 입어 치유된 후 반성하며 찬양

엘리후의 첫 번째 변론이 나타난다. 여기서 엘리후는 사람이 하나님 앞에서 순전하다고 생각하는 것은 잘못임을 지적하면서 하나님께서 사람을 가혹하게 다루시는 것은 하나님께서 그에게 은혜를 주시기 위한 의로운 조치라는 사실을 주장한다. 그리고 고난은 때로 하나님께서 은혜를 베푸시는 한 수단임을 상기시킴으로써 불완전하나마 욥의 고난 문제에 새로운 접근을 시도하고 있다.

✚ 묵상 : 엘리후도 세 친구와 비슷한 말을 하지만 그의 말 속에 하나님에 관하여 좀 더 강조되는 부분은 무엇일까요?(욥33:24,26)
욥은 엘리후의 말을 들었을 때 어떤 심정이었을까요?(욥33:8~11,33)

● 고린도후서 3장 그리스도의 편지와 함께 큰 영광에 참여하는 바울의 찬양

바울의 대적자들은 바울의 사도직을 의심했다. 그들은 바울을 향해 추천서도 없는 거짓 사도라고 비난했다. 바울은 자신이 전한 복음을 통해 예수님을 영접한 고린도교회 성도들이 바로 자신의 사도직을 증명하는 추천서라고 말한다.(2절) 고린도교회 성도들은 구원의 실체가 되시는 예수님께 집중하지 못하고 여전히 율법에 매여 있는 바울의 대적자(율법주의자)들을 경계하고, 구원은 오직 새 언약(그리스도의 은혜의 복음)으로 말미암은 것임을 명심해야 한다.(6절) 바울은 바로 그 복음을 전하는 사도입니다. 율법을 받은 모세의 얼굴에도 영광의 광채가 있었으나, 그리스도는 율법의 한계를 뛰어넘어 율법을 완성하셨다. 구원의 실체, 영광의 실체이신 그리스도가 계심으로 더 이상 율법에 집착하지 말아야 한다.(7~11절) 율법의 광채는 그리스도가 오실 때까지만 유효한다.(14절) 그리스도 안에 참된 자유가 있다.(17절)

✚ 묵상 : 바울은 고린도교회가 자신에게는 하나님의 영으로 쓴 그리스도의 편지가 된다고 했는데 그렇다면 그 편지에는 어떤 내용이 적혀 있을까요?(고후3:3,6)
바울을 새 언약의 일꾼으로 부족함이 없게 하신 하나님은 어떤 분이실까요?(고후3:5~6,18)

기 도

- 주여! 우리로 하여금 찬양과 원망을 겸하여하는 자가 되지 않게 하옵소서.
- 주여! 우리가 새언약 즉 예수의 일꾼으로 부족함이 없게 하옵소서.

3월 05 March 주심

출16 / 눅19 / 욥34 / 고후4

● 출애굽기 16장 하나님이 양식으로 만나와 메추라기를 주심

물 문제가 해결되자 이제는 식량문제로 이스라엘은 홍역을 치른다. 연속되는 삶의 문제 가운데서도 하나님은 만나와 메추라기를 보낸 그분이 참 하나님이심을 다시 한 번 보여준다.

"이는 여호와께서 너희에게 주어 먹게 하신 양식이라"(15절). 다른 곳에서는 찾아볼 수 없는 놀라운 말씀이다. 요한복음 6장에서 예수는 " 내가 곧 생명의 떡이니라."(요 6:48)라고 가르치셨다. 이 상징에서 예수를 찾아보는 것은 어려운 일이 아니다.

하나님께서는 우리에게 이 하늘의 떡 앞에서 갈급한 마음을 주신다. 우리가 이와 같은 떡을 찾아서 먹을 때에 배부르게 된다. 하나님이 주신 떡은 세상에서 얻은 떡과는 다르다. 그 맛이 다르고 그 질이 다르며 그 결과도 다르다. 하나님이 마련하신 떡은 생명의 떡이다.

✚ 묵상 : 하나님은 이스라엘 자손에게 만나와 메추라기를 주시면서 무엇을 시험하셨나요?(출16:28)
하나님은 처음 보는 이 음식을 이스라엘 자손에게만 몇 년 먹이셨나요?(출16:35)

● 누가복음 19장 하나님이 각 사람에게 예수와 므나를 주심

예수님의 마지막 전도 여행 시 잃어버린 죄인을 찾는다는 누가복음의 중심 사상이 세리 삭개오가 예수님을 영접한 사건과 열 므나 비유를 통해서 확연하게 제시되고 있다. 그리고 예루살렘에 입성하시고 성전에서 가르치는 예수를 통해 공생애 최후의 한 주간이요 궁극적으로 위대한 승리의 삶을 완수하신 하나님의 아들의 모습이 잘 나타나고 있다고 본다. 또한 누가는 각 절마다 신선하고 깊은 복음의 의미를 전해주고 있다.

✚ 묵상 : 삭개오는 예수님을 영접한지 얼마 만에 소유의 반을 가난한 자에게 주겠다고 결단했나요?(눅19:8)
예수님은 장사하는 자들에게 성전을 무엇이라고 가르치셨나요?(눅19:46)

통일 주제 주심

연합 내용 하나님은 믿는 자에게 육신의 양식과 영혼의 양식을 주신다. 뿐만 아니라 다른 영혼을 구원하도록 예수의 복음도 주신다.

욥기 34장 하나님이 이 세상에 정의와 은혜를 주심

엘리후의 두 번째 변론이다. 엘리후는 욥이 내뱉은 탄식과 절규를 근거로 욥이 하나님의 공의를 부정했다고 정죄하기에 이른다. 이로써 엘리후 역시 욥의 내적인 번민을 제대로 이해하지 못하고 있음을 드러낸다. 하나님은 결코 사람을 불편부당하게 취급하지 않으시며, 하나님을 향한 욥의 이런 태도는 매우 잘못되었다고 공박한다.

✚ 묵상 : 엘리후는 욥을 평가할 때 가장 나쁜 점이 무엇이라고 했나요?(욥34:5,35~36)
엘리후가 말하는 하나님은 어떤 분이실까요?(욥34:10~12,21)

고린도후서 4장 하나님이 전파하는 자에게 복음과 직분을 주심

대적자들의 비난이 있었지만 바울은 낙심하지 않는다.(1절) 그는 복음의 진리를 있는 그대로 정직하게 드러냈다.(2절) 그러나 복음은 망하는 자들에게는 가리워져 있다.(3절) 들어도 깨닫지 못하는 것입니다. 악한 영이 불신자들의 마음을 혼미하게 하는 것이다.(4절) 바울은 자신의 몸에 그리스도라는 보배를 담고 있다고 말한다.(7절) 거듭되는 고난과 핍박 속에서 복음만이 구원의 진리임을 알기에 바울은 기꺼이 고난을 짊어진다.(8,9절) 심지어 예수님의 죽음을 자기 몸에 짊어지고 있다고 말한다.(10절) 죽음을 생각할 정도의 엄청난 고난을 겪고 있는 것이다. 그러나 그리스도의 고난에 동참함으로 그리스도의 생명의 복음이 나타나게 되었다. "예수의 생명이 또한 우리 몸에 나타나게 하려 함이라"(10절) , "예수의 생명이 또한 우리 죽을 육체에 나타나게 하려 함이라"(11절)

✚ 묵상 : 바울은 복음을 전하는 자가 여러 가지 상황에서 승리할 수 있는 것은 속에 무엇을 가지고 있기 때문이라고 했나요?(고후4:7~9)
바울은 믿는 자가 결코 낙심하지 않는 이유를 무엇 때문이라고 했나요?(고후4:16)

기 도

- 주여! 삶의 어려운 문제로 하나님을 원망하지 않게 하옵소서.
- 주여! 날마다 교회에서 기도하는 하나님의 마음에 합한 자가 되게 하옵소서.
- 주여! 보배이신 예수님을 마음에 간직하고 살아가는 승리자가 되게 하옵소서.

3월 06 March 불만

출17 / 눅20 / 욥35 / 고후5

● 출애굽기 17장 물이 없음에 대한 이스라엘 자손들의 불만

이스라엘의 자손들과 같이 우리가 속박에서 해방되어 하나님에게 성별되었다. 우리는 또한 원수에 의해서 공격받을 가능성도 있다(요 15: 20). 약자, 능력이 없는 자 그리고 소극적인 자가 먼저 공격을 당한다. 양다리 걸치는 그리스도인들이 먼저 사탄의 공격을 받는다. 숲 속에서 매복하고 공격 시기를 기다리는 원수에 대하여 경계를 하여야 한다.

존 번연(Bunyan)은 인간의 육신의 벽 속에서 호시탐탐 노리는 정욕의 원수를 경계하라고 하였다. 우리들의 경계자세가 희미할 때에 공격하여 우리로 넘어지게 한다.

바울은 "그 반석은 곧 그리스도시라."(고전 10:4)라고 하였다. 이와 같이 상징도 분명하다. 반석은 안전과 지속성과 힘을 말한다. 바로 그와 같은 반석이 그리스도이시다.

✚ 묵상 : 물이 없어 원망하는 이스라엘 자손에게 모세가 행한 두 가지 일은 무엇일까요?(출17:4,6)
이스라엘이 아말렉과 싸워서 승리할 수 있었던 것은 무엇 때문일까요?(출17:16)

● 누가복음 20장 예수의 비유에 대한 서기관들과 대제사장들의 불만

예수께서 예루살렘에 입성하자 위협을 느낀 유대 종교 지도자들이 노골적으로 적대감을 드러내고 살해 음모를 꾸미고 있다. 대제사장과 서기관들 그리고 사두개인들의 도전은 예수님의 권위를 확증하고 드러내는 역할을 하고 있다. 말하자면 기세등등했던 유대 지도자들은 오히려 예수님의 지혜로운 반대 질문과 준엄한 경고를 들어야 했던 것이다.

예수께서는 하나님의 지혜로 이들의 간계를 물리치시고 그들에게 하나님의 백성으로서 가져야 할 정당한 삶의 자세를 가르쳐 주셨다.

✚ 묵상 : 예수님은 서기관들과 대제사장들에게 자신을 비유로 어떻게 설명했나요?(눅20:13~15)
예수님은 부활이 없다고 주장하는 사두개인들에게 부활에 관하여 어떻게 설명했나요?(눅20:36,38)

통일 주제 불만 (不滿, 만족스럽지 않아 언짢거나 불쾌함)

연합 내용 사람은 삶 속에서 불만을 가지고 있다. 육체적이든 지식적이든 사상적이든 영적이든 불만을 가지고 있다. 모든 불만은 하나님과 그의 아들 예수 그리스도를 믿는 참된 신앙 안에서 해답을 찾을 수 있다.

● 욥기 35장 욥의 주장에 대한 엘리후의 불만

욥의 친구인 엘리후의 세 번째 변론인데 여기서 엘리후는 두 가지 주제에 대해 질문하고 스스로 답하는 형식을 취한다. 첫째, '하나님 앞에서 인간의 의로운 행실이 유익이 무엇인가?' 둘째, '기도에 응답받지 못하는 이유가 무엇인가?'하는 점이다. 이에 대한 엘리후의 답은 일반적이고 피상적이다. 엘리후의 말처럼 하나님은 초월적인 주권자이시지만 인간사에 무관심한 분이 결코 아니다. 하나님은 인간의 선악을 판단하시는 분이시다. 또한 엘리후는 욥의 기도가 응답받지 못하는 이유를 '욥의 교만과 회개하지 않음' 때문이라고 지적하고, 엘리후가 욥의 문제의 핵심을 제대로 파악하지 못했음을 시사한다.

✚ 묵상 : 엘리후는 욥에 대해 어떤 불만을 가지고 있었나요?(욥35:2~3)
엘리후는 욥이 계속 고통 중에 있는 것은 무엇을 하지 않았기 때문이라고 말했나요?(욥35:9~10,14)

● 고린도후서 5장 육체의 한계 속에 있는 바울의 선한 불만

그리스도인은 영원한 집을 사모하며 산다.(1,2절) 그리스도를 믿는 자는 영광스런 부활의 몸을 입게 되며, 불신자들은 벌거벗은 신세처럼 될 것이다.(3절) 믿는 자안에 내주하시는 성령님은 장차 우리가 하늘나라에서 영원히 누릴 복을 보장해 주신다.(4,5절) 그러므로 우리는 하늘의 상급을 소망하며 우리에게 영원한 나라를 선물로 주신 주님을 기쁘게 하는 자가 되어야 한다.(6-10절) 그리스도 안에서 새로운 피조물이 된 우리들은(17절) 우리 대신 죽었다가 살아나신 그리스도를 위하여 살아야 한다.(15절)

✚ 묵상 : 고린도교회의 성도에게 밝힌 바울의 간절한 소망은 무엇이었나요?(고후5:8~9)
바울은 하나님이 우리 믿는 자들에게 어떤 직분을 주셨다고 말했나요?(고후5:18)

기 도

• 주님의 일을 할 때에 다른 사람의 원망을 들어도 흔들리지 않게 하옵소서.
• 그리스도 안에서 새로운 피조물인 우리가 화목의 직분을 잘 감당하게 하옵소서.

3월 07 March 지식

출18 / 눅21 / 욥36 / 고후6

● 출애굽기 18장 재판 앞에 나온 백성을 다스리는 지식

모세의 장인 이드로가 그의 가족을 데리고 모세를 찾아왔다. 장인 이드로는 여호와께서 이스라엘을 애굽에서 인도하여 내신 모든 정보를 듣고 알고 있었다. 아마도 자기 딸을 통해서 듣고 알기도 했을 것이고, 또 상인들을 통해서도 알고 있었을 것이다.

하나님의 능력의 일은 바람같이 빨리 전파되어서 다른 사람들도 알게 되기 마련이다.

✚ 묵상 : 모세는 헤어졌던 가족과 언제 다시 만날 수 있었나요?(출18:2~3,5)
장인 이드로는 모세에게 어떤 통치방법을 가르쳐 주었나요?(출18:21,25)

● 누가복음 21장 값진 헌금과 멸망의 때를 분별하는 지식

두 렙돈은 노동자 하루 품삯인 한 데나리온의 2/100에 해당되는 금액으로 극빈자인 과부는 마음을 다한 헌금으로 예수님의 칭찬을 받는다.(1-4절) 웅장하고 아름다웠던 헤롯 성전은 곧 무너지게 될 것이며 예수님은 십자가에서 죽으시고 부활하심으로 새로운 성전을 세울 것이다.(5~6절) 마지막 때가 가까울수록 두려움을 조장하며 예수 그리스도에게서 떠나게 만드는 미혹에 더욱 주의해야 한다.(7-9절) 마지막 때가 오면 천재지변과 전쟁, 복음전도자에 대한 극심한 박해가 일어날 것이다.(10-13절) 박해의 때에 하나님은 당신의 종들에게 할 말을 주실 것이며 박해받는 백성들의 영혼을 보호하신다.(14-19절) 예루살렘은 결국 멸망하게 되고 예루살렘처럼 이 세상도 예수님의 재림과 함께 하나님의 심판을 받게 될 것이다.(20-28절) 무화과나무를 통해 계절의 변화를 예측하듯 종말에 관한 징조들을 보며 항상 깨어 준비하는 삶을 살아야 한다.(29-36절) 예수님은 체포되시기 전까지 부지런히 백성들에게 말씀을 가르치신다.(37-38절)

✚ 묵상 : 예수님은 누구를 예로 들어 진정한 헌금을 교훈하셨나요?(눅21:2~4)
예수님은 어떤 징조가 있을 때 화려한 성전이 무너진다고 예언하셨나요?(눅21:8~11)

통일 주제 지식 (知識, 교육, 경험, 또는 연구를 통해 얻은 체계화된 인식의 총체)

연합 내용 아는 것은 힘이다. 하나님에 대해서, 신앙생활에 대해서, 사명감당에 대해서, 삶의 문제를 풀어가는 것에 대해서 우리는 충분한 지식을 가지고 살아갈 때 죄와 악에 빠지지 않으며 실족하지 않는다.

● 욥기 36장 하나님의 속성과 능력을 아는 지식

엘리후의 네 번째 변론이다. 엘리후의 마지막 변론이며 결론부라고 할 수 있는 이 부분은 크게 하나님의 공의를 강조하는 전반부와 하나님의 주권을 강조하는 후반부로 나뉜다. 그 중에서 본 장의 핵심 주제는 '하나님의 공의'이다. 엘리후는 자신의 권면을 정리하면서 하나님은 공의로우시고 욥은 언약한 존재이며, 욥의 고난이 반드시 죄 때문만이 아니라 연단이라고 말한다. 그럼에도 불구하고 죽기를 소원하는 자세는 바람직하지 못하다고 지적한다.

✚ 묵상 : 욥에게 교훈하고 있는 엘리후의 단점은 무엇일까요?(욥36:1~4)
엘리후는 욥에게 하나님에 관하여 어떤 지식을 말하고 있나요?(욥36:5~7,15~,26)

● 고린도후서 6장 믿는 자의 자기이해와 성별하는 지식

바울은 화해의 사도로서 자신의 경험을 피력한 뒤 화해의 복음 안에서 관용하며 성결한 삶을 살라고 권면한다. 특히 바울은 복음 사역자로서의 자기 자신을 철저하게 복종시키고 절제함으로서 모범적인 신앙을 보여주고 있다.

또한 사도 바울의 가장 깊고 오묘한 신약 사상이며, 또한 친히 체험한 내용을 근거로 하여 화해와 교리의 본질적인 면을 전한 바울은 이제 그가 사도로서 어떻게 그 화해의 사명을 감당하고 있는가를 여기서 전하고 있다. 물론 화해의 사명을 그가 그리스도의 사도로서 감당하고 있음이 사실이나 그의 직무가 얼마나 영광스러운 직무인가를 전하고 있다.

✚ 묵상 : 바울은 자신을 가리켜 어떤 존재라고 선포하고 있나요?(고후6:1,4,9~10)
바울이 고린도교회 성도들에게 강조한 두 가지 교훈은 무엇일까요?(고후6:13~14)

기 도

- 주여! 다른 사람의 충고를 경히 여기지 않게 하옵소서.
- 주여! 종말적인 신앙을 가지고 세상을 향하여 담대히 나아가게 하옵소서.
- 주여! 하나님을 아는 지식이 충만하기 위하여 성서의 사람이 되게 하옵소서.

3월 08 March 예비

출19 / 눅22 / 욥37 / 고후7

● 출애굽기 19장 이스라엘 자손이 성결함으로 여호와의 임재를 예비

이 언약은 먼저 하나님이 주인공이시고, 이스라엘에게 과거사를 상기하고, 그 언약의 대상은 모세가 아니고 '너희'이다. 이것은 모세와 맺은 일대일의 언약이 아니고 이스라엘과 맺은 언약임을 보여준다. 그 언약은 이스라엘이 언약의 내용을 지키면 열국 중에서 여호와의 소유가 되고 하나님에 대하여 제사장 나라가 된다는 것이다. 제사장 나라가 된다는 것은 하나님을 위하여 특별히 성별되었음을 의미한다.

그리스도의 상징으로서 모세의 선지자와 제사장의 성격은 이곳에서 매우 분명하다. 선지자로서 모세는 백성들에게 여호와께서 자기에게 명하신 그 모든 말씀을 전술하였다. 제사장으로서 모세는 백성의 말로 여호와께 고하였다. 이것은 그리스도 자신의 사역에서 잘 드러난다. 선지자로서 그리스도는 우리에게 하나님의 뜻을 드러냈고 제사장으로서 그리스도는 우리를 위하여 중보기도를 한다. 이것은 전에도 지금도 그리고 앞으로도 변함이 없다.

✚ 묵상 : 이스라엘은 출애굽을 단행한지 얼마 후에 시내광야에 도착했나요?(출19:1)
여호와는 모세를 만나 이스라엘 백성으로 하여금 항상 무엇을 준비하라고 지시하셨나요?(출19:10,12,15)

● 누가복음 22장 제자들이 객실,성찬,기도로 예수님의 유월절을 예비

누가는 대제사장들과 서기관들의 악한 음모를 시작으로 복음서의 마지막 내용(눅 22:1-24, 53)으로 서술하였다. 역사적인 패러다임인 '출애굽의 사건'은 이스라엘을 애굽의 노예생활에서 건져내셨던 일이 또 다시 율법의 노예가 된 이스라엘을 예수님에 의해 건져내시는 것이다. 유대 종교지도자들은 세례요한 사역 때부터 반대편의 입장에 서 있었고, 그들의 적대적 행동은 마지막 주간에 이르러 더욱 더 격렬해 졌다. 예수를 죽이려는 대적자들의 계획이 구체적으로 실현되고 있다. 지상 성역의 마지막을 앞두고 예수께서는 성찬을 제정하시고 제자들에게 남에게 봉사하라고 가르치셨으며 베드로에게는 형제들을 강화하라 명하셨다. 구주의 속죄 희생이 겟세마네 동산에서 시작되었다. 예수님은 체포되어 가야바 앞에서 심문을 받으시기에 이른다.

✚ 묵상 : 예수님은 유월절 전 마지막 밤에 제자들에게 무엇을 기념케 하셨나요?(눅22:19~20)
예수님의 고난 때 예수님의 기도와 제자들의 기도는 어떻게 다를까요?(눅22:44,46)

통일 주제 예비 (豫備, 필요한 때를 위해 미리 준비해 놓음)

연합 내용 하나님은 항상 계획적이시다. 즉흥적으로 행하지 않으신다. 그러므로 성도도 하나님의 예비하심처럼 늘 예비하는 자세로 사역과 삶을 살아야 한다. 그 예비함 중의 하나는 구별과 성별이다.

● 욥기 37장 하나님이 자연의 창조와 다스리심으로 질서를 예비

36장과 계속 이어지는 내용으로 엘리후의 마지막 네 번째 권면이다. 이 부분의 중심 주제는 '하나님의 주권'이다. 여기서 엘리후는 기상과 기후의 변화를 통해 하나님의 초월성을 변론한다. 요약하면 겨울이 보여 주는 하나님의 주권, 여름에 보여 주는 하나님의 주권, 그리고 하나님의 섭리의 초월성이다. 이 같은 엘리후의 변론이다.

✚ 묵상 : 엘리후는 하나님의 창조와 다스리심을 어떻게 비유적으로 설명했나요?(욥37:4,6,10)
엘리후는 욥에게 어떤 권면을 했나요?(욥37:2,14)

● 고린도후서 7장 바울과 성도는 하나님의 일꾼으로서 거룩함으로 구원을 예비

새 언약의 백성으로서 구별된 삶을 살 것을 강조한 바울은 복음을 이용해 자신의 이익을 구하지 않았음을 분명하게 밝힌다.(1-2절) 도리어 고린도 교회 성도들과 같은 운명 공동체라고 말하면서 "너희들은 나의 자랑이며 말하지 못할 것이 없는 거리낌 없는 관계"라고 말한다.(3-4절) 마침 바울이 전한 교훈을 고린도 교회 성도들이 받아들여 다시금 진리를 사모하고 죄에 대해 애통하며 바울을 다시 보기 원한다는 소식을 듣고 바울은 큰 위로와 기쁨을 얻는다.(5-7절) 디도 편으로 보낸 바울의 편지(=고린도 교회의 잘못을 지적하는 내용)가 잠시 고린도 교회 성도들을 근심하게 했지만 그들은 회개하고 돌이켰다.(8-9절) 하나님의 뜻대로 하는 근심은 구원과 생명으로 인도한다.(1-12절) 디도의 방문을 환대하며 바울이 전한 교훈을 수용한 고린도 성도들은 그들에 대한 바울의 신뢰가 참인 것을 입증했다.(13-16절)

✚ 묵상 : 바울은 고린도교회의 회개를 위해 편지를 썼는데 그 결과는 어떻게 되었나요?(고후7:8~9)
바울은 누구 편에 서신을 주고 받으며 소식을 듣고 위로를 받았나요?(고후7:6,13)

기 도

- 주여, 우리로 하여금 항상 깨끗하고 거룩하게 하옵소서.
- 주여, 신앙생활 중 고난을 받을 때 시험에 들지 않게 계속 기도하게 하옵소서
- 주여, 주의 일을 하는 자들에게 위로를 줄 수 있는 자가 되게 하옵소서.

3월 09 March 관계

출20 / 눅23 / 욥38 / 고후8

● 출애굽기 20장 십계명을 통한 하나님과 이스라엘 백성의 관계

여호와께서 우리를 위하여 큰 일을 행하셨고 우리는 그 일에 대하여 기쁘고 감사할 뿐이다. 모세가 이와 같은 면에서 우리에게 좋은 교훈을 제시한다. 모세가 시내 산에서 하나님과 함께 있었을 때에 하나님이 이스라엘을 위하여 행하신 바 놀라운 사역을 이스라엘에게 상기시켜 주셨다. 그리고 이 일을 통하여 이스라엘이 하나님에 대하여 가져야 할 의무도 언급하였다.

✚ 묵상 : 하나님이 이스라엘 백성에게 계명을 내릴 수 있는 근거는 무엇일까요?(출20:2)
십계명의 내용을 크게 분류하여 볼 때 그 두 영역은 무엇일까요?(출20:3,16)

● 누가복음 23장 십자가의 예수와 선한 강도, 여자, 요셉의 관계

예수께서 본디오 빌라도와 헤롯 안디바에게서 재판을 받으셨다. 그들 중 어느 누구도 유대인들이 기소한 범죄에 대해 죄를 발견하지 못했으나, 그럼에도 빌라도는 십자가형에 처하도록 예수님을 넘겨주었다. 특히 이방인들에 대한 관심이 남달랐던 누가는 유대인이 완악하고 배타적이었기 때문에 예수를 십자가에 못 박는 비극이 일어났다고 강조하고 은연중 이방인들에게 예수를 영접할 것을 촉구하는 내용이다.

한편 예수께서는 자신을 십자가에 못 박은 로마 군인들을 용서하셨으며, 십자가에 달린 한 강도에게도 말씀을 전하셨다. 예수께서 돌아가신 후, 아리마대 사람 요셉이 예수님의 시신을 무덤에 안치했다.

✚ 묵상 : 총독 빌라도가 예수 그리스도에게 물어 본 근본적인 질문은 무엇일까요?(눅23:3)
예수님과 함께 십자가에 달린 두 행악자는 각각 어떤 말을 했나요?(눅23:34,39,41)

통일 주제 관계 (關係, 둘 또는 여러 대상이 서로 연결되어 얽혀 있음)

연합 내용 인간에게 있어서 관계는 생존의 양식이다. 인간은 하나님과 예수님, 그리고 하나님이 창조하신 자연과 교회에 대하여 올바른 관계를 가짐으로 복된 금생과 내생을 살아갈 수 있다.

● 욥기 38장 창조주 하나님과 우주, 자연만물의 관계

마침내 인간의 모든 변론과 논쟁이 끝나고 하나님의 현현과 개입이 소개된다. 먼저 하나님은 세상의 창조와 우주의 통치자라는 신묘막측(神妙莫測)한 질문으로 욥의 무지함을 깨우쳐 주신다. 요점은 간단하다. 인간은 인간의 모든 논리와 이성을 초월하는 하나님의 주권 앞에서 겸손히 굴복해야 한다는 것이다.

✚ 묵상 : 여호와 하나님은 어디에서 욥에게 말씀하셨나요?(욥38:1)
여호와 하나님은 욥에게 무엇에 관한 질문을 하셨나요?(욥38:4~41)

● 고린도후서 8장 연보를 통한 마게도냐교회와 바울의 관계

마게도냐 교회는 극심한 경제적 어려움과 신앙적 핍박가운데 있었지만, 예루살렘 교회를 풍성한 연보로 도왔다.(2절) 그들의 섬김과 나눔은 자발적으로 이루어졌다.(3절) 바울은 고린도 교회도 마게도냐 교회와 같이 예루살렘 교회를 위하여 그리스도의 사랑을 실천하기를 권면한다.(6절,10~15절) 바울은 고린도 교회가 예루살렘 교회를 돕는 헌금을 준비하는 일을 디도에게 맡긴다. 상당한 무게의 금화, 은화를 모으는 일이기에 위험한 일이었고, 또 거액의 헌금으로 인하여 비방의 위험도 있었다.(20,21절) 바울은 디도와 함께 신뢰할 만한 두 명의 형제에게 이 일을 맡긴다.(18절,22절)

✚ 묵상 : 바울은 연보(헌금)를 어떻게 드리는 것이라고 가르쳤나요?(고후8:3,14)
바울이 칭찬하는 제자인 디도의 사역과 자세는 무엇이었나요?(고후8:6,16~19,23)

기 도

- 주여, 우리로 하여금 하나님께서 주신 계명을 온전히 준행하게 하옵소서.
- 주여, 우리가 아무리 악할지라도 주님을 의지하고 온전히 기도하게 하옵소서.
- 주여, 날마다 형편에 따른 헌금보다 믿음에 따른 헌금을 훈련하게 하옵소서.

3월 10 March 자유

출21 / 눅24 / 욥39 / 고후9

● 출애굽기 21장 신분과 채무에 매였던 억압으로부터의 자유

율법의 언약에서 하나님이 시내 산에 내려오심은 죄의 종들에게 해방의 해를 선언하기 위함이 아니었다. 나팔은 있었으나 요빌의 나팔은 아니었다. 시내 산에서 나팔을 불었을 때에 백성들은 두려워서 멀리 서 있었다. 요빌의 해에(희년)영적 자유와 안식을 알리는 나팔을 불었다. 그리고 이것은 장차 올 메시야의 천년 기간의 예언적인 것이기도 하다. 우리 앞에서 이 사건은 그들의 옛 주인의 노예 상태에 머물러 있기를 원하였던 사람들의 고집과 자살적인 행위를 설명하여 준다.

✚ 묵상 : 하나님이 모세에게 주신 십계명 중 5계명과 부모폭행 및 저주 행위는 어떤 연관성이 있을까요? (출21:15,17)
나의 가축이 타인의 가축에 손해를 입혔을 경우 어떻게 해결해야 할까요?(출21:35)

● 누가복음 24장 죽음과 의심에 매였던 절망으로부터의 자유

예수님의 무덤은 비었으며(1-3절) 여인들이 예수님의 부활을 증거하나 사도들은 믿지 않았다.(8-12절) 엠마오로 가는 두 제자에게 부활하신 예수님이 나타났으나 처음에 그들은 예수님을 알아보지 못했다.(13-24절) 만약 두 제자가 예수님의 고난과 십자가에서의 죽음이 예언의 성취인 것을 믿었다면, 부활도 믿었을 것이다. 이에 예수님은 "미련하고 선지자들이 말한 모든 것을 마음에 더디 믿는 자들이여"(25절)라고 말씀하시며 예언의 성취를 믿지 않는 그들을 책망한다. 고난, 죽음, 부활 모두 예언의 성취다. "성경대로 그리스도께서 우리 죄를 위하여 죽으시고 장사 지낸 바 되었다가 성경대로 그리스도께서 사흘 만에 다시 살아나사"(고전15:3,4절) 예수님은 제자들에게 나타나셔서 여인의 증언과 엠마오로 가는 두 제자의 증언, 자신의 죽음과 부활에 관한 성경의 예언이 성취되었음을 확증한다. 이제 제자들은 이 일을 전하는 자로 살아가야 한다. "너희는 이 모든 일의 증인이라"(48절)

✚ 묵상 : 안식 후 첫날 새벽에 예수의 부활 소식을 제일 먼저 들은 사람은 누구일까요?(눅24:1,5~6,10)
부활 소문을 듣고 엠마오로 가던 두 제자는 부활하신 예수님이 나타나셔서 무엇을 풀어줄 때 눈이 밝아지고 마음이 뜨거워졌나요?(눅24:27,32)

통일 주제 자유 (自由, 남에게 구속을 받거나 무엇에 얽매이지 않고 자기 뜻에 따라 행동하는 것)

연합 내용 하나님은 모든 피조물에게 질서 안에서 자유를 주셨다. 그 자유를 주 뜻인 말씀 안에서 실천하는 자는 주님의 지속적인 복을 누릴 수 있다.

● 욥기 39장 동물과 가축에게도 허락하신 생존의 자유

앞장에 이어지는 메시지로 역시 하나님의 초월적인 주관성을 보여준다. 하나님은 짐승들의 본능과 습성에 대해서, 새들 중 특정적인 타조에 대해서, 짐승들 중 특정적인 말에 대해서, 그리고 매와 독수리에 대해서 언급하신다. 이 같은 언급은 하나님의 무한하신 지혜와 초월적인 주권을 보여 주는 것이다.

✚ 묵상 : 하나님은 욥에게 어떤 것까지 질문하셨나요?(욥39:1~2,27)
하나님은 욥에게 어떤 것을 깨닫게 하시려고 질문을 계속 하시는 것일까요?

● 고린도후서 9장 다른 이를 위해 정한대로 즐겨내는 연보의 자유

바울은 헌금(연보)할 때 어떤 원칙과 마음으로 해야 하는지를 가르치고 있다. 고린도 교회는 책망받기도 했지만, 그럼에도 불구하고 열정적으로 주님을 섬겼던 교회다.(고전12장,14장 참고 : 은사가 풍성함) 헌금에 대해서도 마찬가지다. 바울은 고린도 교회의 연보에 대하여는 '더 말할 필요가 없다'라고 한다.(1절) 마게도냐 사람들에게 아가야(고린도) 지역에서는 1년 전부터 준비했다고 자랑할 정도였다. 이렇게 자랑까지 했는데 나중에 마게도냐인과 함께 고린도 교회를 방문했을 때, 약속한 연보(약정한 헌금)가 준비되어 있지 않으면 부끄러움을 당하니 처음 품었던 마음이 해이해지지 않도록 권면하고 있다.(4절) 헌금을 드릴 때는 각자 마음에 정하여 미리 준비하여 드리고, 억지로가 아닌 자원하는 마음으로 드려야 한다.(5-7절) 하나님이 풍성한 은혜를 주셔서 하게 하시는 것이 헌금이다.(8절) 헌금은 씨앗과 같으며(10절) 헌금의 목적은 첫째, 성도들의 부족함을 채우는 것이며(12절전반부) 둘째, 하나님께 대한 넘치는 감사의 표현이다.(12절후반부)

✚ 묵상 : 바울은 성도가 연보(헌금)를 드릴 때 어떤 자세로 해야 함을 말했나요?(고후9:5~7)
하나님은 감사함으로 연보하는 자에게 어떤 축복을 내리실까요?(고후9:8,10)

기 도

- 주여! 부모를 공경하고 부모에게 순종하게 하옵소서.
- 주여! 곤고한 중에서도 진실한 감사의 예물을 드릴 수 있게 하옵소서.

3월 11 March

지불

출22 / 요1 / 욥40 / 고후10

● 출애굽기 22장 피해를 입힌 자가 그 상응하는 대가를 지불

21장에 이어 22장에서도 절도나 과실에 대한 손해 배상과 거룩한 하나님의 백성이 갖추어야 할 육체와 영혼의 순결 그리고 약한 자를 위한 사회보장 법이 소개 된다. 이런 법의 재정을 통해 하나님은 이스라엘 백성이 당신을 향해서는 말할 것도 없고 이웃에 대해서도 사랑과 공의의 삶을 실천하기를 원하고 계신다.

이곳에서의 내용은 주로 민법을 다룬다. 이 법은 우리가 하나님 앞에 이웃과 어떤 관계를 가져야 하는가를 알게 한다.

✚ 묵상 : 재산의 손실에 대해 배상하는 기준은 무엇에 근거해야 할까요?(출22:1,10~11)
하나님이 가장 싫어하시는 일은 무엇일까요?(출22:18,20,29)

● 요한복음 1장 허물과 죄로 물든 죄인의 죄값을 대신 지불

본장은 본서를 총괄하는 서론의 성격을 지니고 있다. 그 중심 주제는 물론 말씀(로고스, "lovgo")의 성육신(成肉身)이다. 그러나 이 말씀을 예수께서 육신을 입으시기 전의 존재 양식과 의미에 대한 여러 표현 중의 하나라고 생각하면 별 무리가 없을 것이다. 즉 빛, 생명, 영, 능력이라는 말과 같이 예수의 속성 중 하나를 예수와 동격화 시켜서 말한 것으로, 이것은 본서 전체에 흐르는 주제의 집약이기도하다. 예수 그리스도에 대한 이 같은 소개는 서사시를 연상하게 한다. 그것은 간결한 문장 속에 그리스도의 신성(神性)이 무게 있게 묘사되었을 뿐 아니라, 고도의 신학성이 가미되었기 때문이다. 일반적으로 공관복음서에서 느낄 수 없었던 본서 특유의 신학적인 채취를 처음부터 맡게 된다.

✚ 묵상 : 태초에 계신 말씀이시며 육신이 되어 우리 가운데 거하신 분은 누구실까요?(요1:1,14)
세상 죄를 지고 가는 하나님의 어린양이신 예수님은 어떤 사람을 제자로 선택하셨나요?(요1:42~43)

통일 주제 지불 (支佛, 돈을 내어 줌)

연합 내용 하나님의 통치 안에는 공의가 있다. 그러므로 자연이든 인간이든 영적이든 육적이든 바른 결과를 위해서는 반드시 대가를 지불해야 한다.

● 욥기 40장 하마를 위해 모든 것을 준비하시고 양식으로 지불

욥을 향한 하나님의 두 번째 말씀이다. 여기서 하나님은 과연 인간은 스스로 의로운 존재가 될 수 있으며, 또한 스스로를 구원할 수 있는 존재인가 하는 근본적인 질문을 욥에게 던지신다. 그런 후에 '하마'라는 강력한 피조물의 예를 들어, 한낱 연약한 피조물과 능력에 도전한 인간이 창조주이신 하나님의 주권과 능력에 도전하는 것이 얼마나 부질없는 행동인가를 밝혀 주신다.

✚ 묵상 : 하나님은 자신의 능력을 알게 하기 위해 욥에게 어떤 일을 시키셨나요?(욥40:11~13)
한 마리의 하마(베헤못)를 위해 모든 것을 제공하시는 하나님은 어떤 분이실까요?(욥40:10)

● 고린도후서 10장 사도 바울은 고린도교회 앞에 진실한 사역을 지불

바울은 정통 유대교뿐 아니라 교회로부터도 비난과 공격을 받았다. 고린도 교회 안에 바울을 이중적인 사람이라고 비난하는 자가 있었다.(1절) 바울은 대면해서도 담대한 태도로 대하길 원하느냐고 묻는데 그가 담대할 때는 복음의 대적자를 만날 때이다.(2절) 바울이 정통 유대인이고 가말리엘의 문하생이지만 그런 조건을 자랑하지 않는 이유는 하나님의 능력은 그런 육신의 자랑에 속한 것이 아니기 때문이다.(3-7절) 대적자들이 바울은 이중적이라고 비난하는 것과는 달리 바울은 말과 행동이 일치한 참 사도이며 교회를 세우려는 목적에 충실하게 사역했기에 부끄러움이 없다.(8-11절) 대적자들은 자신의 학벌, 인맥, 가문 등을 자랑하는 자였으나 바울은 고린도 성도들의 믿음이 자라고 풍성해지는 것을 자랑하고자 한다.(12-15절) 대적자들이 교회 내에서 자기 입지를 굳히는데 집중할 때 복음이 널리 전파되는 것에 더 집중한 바울은 스스로 칭찬하는 것은 어리석으며 주님의 칭찬만이 참된 것이라고 말한다.(16-18절)

✚ 묵상 : 바울을 싫어했던 고린도교인들은 바울의 어떤 점을 약점으로 지적했나요?(고후10:7,10)
바울이 고린도교인들에게 외친 자신의 진실함과 성실함은 무엇이었나요?(고후10:13,15~16)

기 도

- 주여! 나의 손실을 아파하는 것처럼 타인의 손실을 아파하게 하옵소서.
- 주여! 우리 가운데 빛으로 오신 주 예수님을 늘 바라보게 하옵소서.
- 주여! 외적인 약점을 부끄러워하지 말게 하시고 영적인 강점을 믿게 하옵소서.

3월 12 March 지킴

출23 / 요2 / 욥41 / 고후11

● 출애굽기 23장 하나님의 백성이 공평과 절기와 계명을 지킴

지금까지 제반 규정들을 알려주신 하나님은 이제 마지막으로 각종 소송이나 안식일, 절기에 관련된 법규들을 제정, 공포해 주신다. 그리고 결론적으로 약속의 땅에서 이 법을 준수하는 올바른 자세를 말씀하고 계신다. 그 자세는 순종과 성결이다.

✚ 묵상 : 매주 일곱째 날과 매년 세 번 절기를 지키라고 말씀하신 이유는 무엇일까요?(출23:12,17)
하나님이 약속의 땅에서 가나안 일곱 족속을 점차적으로 쫓아내시는 이유는 무엇 때문일까요?(출23:29~30)

● 요한복음 2장 예수님이 어머니의 부탁과 유월절을 지킴

예수님은 '가나의 혼인잔치'에서 공생애 기간 첫 번째 표적을 나타내셨다. '아직 자신의 때가 이르지 않았다'고 하셨지만, 어머니의 부탁으로 물이 포도주로 변하는 표적을 나타내셨다. 나중 것(예수님이 물로 만드신 포도주)이 처음 것(처음부터 주인이 준비해 놓은 포도주)보다 더 좋았다.(10절) 메시야가 오셔서 도래한 시대는 처음의 시대(율법의 시대)보다 비교할 수 없을 정도로 더 좋다. 새 포도주로 인한 연회장의 기쁨은 메시야 시대의 도래에 따른 구원의 기쁨을 보여 준다. 물로 포도주를 만든 사건은 표적(예수님이 메시야임을 증명하는 증표)이다. 자신의 몸을 성전으로 비유하신 예수님은 성전을 더럽힌 자들에 대하여 분노하시며 성전을 정화하셨다. 지금의 성전을 허물고 사흘 만에 다시 세우신다는 선포를 통해 십자가의 죽음과 부활을 예고한다.(19-22절)

✚ 묵상 : 갈릴리 가나의 혼인잔치에서 예수님은 어떤 일을 행하셨나요?(요2:7~9,11)
예수님은 성전을 무엇이라고 정의하셨나요?(요2:16)

통일 주제 지킴

연합 내용 우리는 예수님을 영접함으로 구원을 얻는다. 또한 그 구원을 지키고 완성하기 위해 어떤 어려움과 괴로움 가운데서도 절기와 계명과 복음을 지켜야 한다.

● 욥기 41장 여호와가 모든 것을 창조하시고 주권으로 지킴

하마를 등장시켜 인간의 미약함을 밝히신 하나님은 이제 같은 맥락으로 '악어'를 등장시키신다. 즉 하나님은 '악어'를 통해 인간이 얼마나 미약한 존재인지를 밝히신다. 이 목적을 위해 하나님은 인간이 악어를 포획하는 일이 불가능하다는 사실을 보이시고, 또한 악어의 탁월한 신체 구조와 막강한 힘에 관해 설명하신다. 말하자면 하나님은 악어를 통해 창조주에게 도전하는 인간의 어리석은 교만을 여지없이 깨뜨린 것이다.

✚ 묵상 : 하나님은 자신이 창조한 것 중 악어(리워야단)를 통해 무엇을 말씀하셨나요?(욥41:10~11)
하나님은 악어(리워야단)의 힘과 체구 등을 자세히 언급함으로써 무엇을 말씀하시려고 의도하셨나요?(욥41:12,33~34)

● 고린도후서 11장 바울이 다른 복음으로부터 고린도교회를 지킴

사도 바울은 자기를 자랑하는 인물이 못된다. 그것은 그가 이미 죽었으며 그리스도께서 그의 속에 살아계시는 까닭이기도 하고(갈 2:20), 또한 그는 그리스도를 아는 지식이 가장 고상함을 알고 있는 까닭에 그리스도 이외에 다른 것을 좋게 여길 수 없는 지도자가 되어 있었기 때문이다(빌 3:8).

그러므로 그는 여기서 여러 번 어리석은 자랑을 감히 한다고 만하며 그가 자랑하고 있음을 우리가 본다. 그것은 어리석으나 그가 자랑함으로 고린도교회에 유익을 주고 그 교회를 바로 세울 수 있다는 확신이 있기 때문이며, 더구나 그 일을 통하여 거짓 사도들을 고린도교회에서 두 번 다시 활동하지 못하도록 못 박기 위함이었다.

✚ 묵상 : 바울은 고린도교인들을 다른 복음으로부터 지키기 위해 어떤 열심을 가졌나요?(고후11:2~3)
바울은 복음을 전하고 교회를 지키기 위해 어떤 고난을 당했나요?(고후11:23~27)

기 도

- 주여! 하나님과의 화목을 지키고 사명감당을 위해 주일을 성수하게 하옵소서.
- 주여! 바울처럼 하나님의 열심을 갖게 하사 고난도 능히 감당하게 하옵소서.

3월 13 March 만남

출24 / 요3 / 욥42 / 고후12

● 출애굽기 24장 모세가 말씀을 받기 위하여 하나님을 만남

하나님께서는 모세에게 말씀하셨다. "너는 아론과 나답과 아비후와 이스라엘 장로 칠십 명과 함께 여호와께로 올라와 멀리서 경배하고 너 모세만 여호와께 가까이 나아오고 그들은 가까이 나아오지 말며 백성은 너와 함께 올라오지 말지니라"(1-2절). 아론과 그의 두 아들들 나답과 아비후와 이스라엘 장로 70인은 모세와 함께 시내 산에 올라와 아마 산 중턱에 멀리서 하나님께 경배해야 했고, 모세는 산꼭대기로 올라가고 백성은 산 밑에 머물러 있어야 했다.

21장부터 23장에 걸쳐 계명과 규례를 선포하신 하나님은 이제 택한 백성 이스라엘과 더불어 언약을 체결하신다. 즉 하나님은 영원토록 이스라엘의 하나님으로서 그들의 보호자가 되겠다고 하시고 이스라엘은 하나님의 백성으로서 영원한 하나님께 순종하기로 다짐하는 것이다. 이런 시내 산 언약은 오늘날 그리스도의 보혈로 그분의 백성 된 우리 성도들에게 여전히 유효한 언약인 것이다.

✚ 묵상 : 모세가 백성과 더불어 하나님께 드린 제사는 어떤 요소를 갖추었나요?(출24:4~7)
모세는 백성에게 전할 말씀을 받기 위해 어떤 자세를 가졌나요?(출24:12,14,18)

● 요한복음 3장 니고데모가 거듭남을 위하여 예수님을 만남

저자는 예수와 니고데모 사이의 대화를 통하여 참 구원의 길이 무엇인가를 보여 주고 있다. 경건한 산헤드린 회원이자 바리새인인 니고데모와 예수 간의 질의응답을 통해 진리와 구원에 이르는 길이 제시되고 있다. 이어서 헤롯 안디바에 의해 순교하기 전에 세례 요한이 예수 그리스도에 대해서 최후로 증언한 부분이다. 세례 요한의 증언은 예수의 신적 권위를 드러내며, 자신은 메시야가 아니라는 것, 따라서 자신은 쇠하지만 예수는 흥하리라는 내용이다. 그리고 사도 요한이 예수의 신성에 대해 증언하는 내용을 담고 있다.

✚ 묵상 : 예수님은 니고데모에게 거듭남이 구원에 이르는 길이라고 가르치셨습니다. 그렇다면 사람은 무엇으로 거듭날 수 있을까요?(요3:5,15~16)
세례 요한은 자기 제자들에게 예수님을 어떻게 소개했나요?(요3:28,30~31,34~35)

통일 주제 만남

연합 내용 인생의 최고의 사건은 하나님을 만나는 것이다. 그 만남의 목적이 무엇이든 만남의 결과는 찬란하다. 그러므로 인간은 만남의 주도권이 하나님에게 있음을 알고 극히 겸손히 사모하고 또 찾고 찾아야 한다.

● 욥기 42장 욥이 참 회개와 축복을 위하여 여호와를 만남

마지막인 본장에서는 해피 엔딩(happy ending)으로 종결되는 욥기의 대단원이다. 마침내 그의 고난은 끝이 났고 그의 종말에는 더 많은 축복을 받게 되었다. 하나님의 초월적인 주권 앞에서 욥은 마침내 엎드려 회개하고 욥의 기도를 통해 우매한 말로 하나님과 욥을 어리석게 판단한 욥의 친구들도 죄사함을 받는다. 그리고 욥은 건강을 회복하고 모든 면에서 이전보다 갑절의 축복을 받아 누리게 된다.

✚ 묵상 : 욥은 여호와 하나님께 무엇을 회개하였나요?(욥42:3,5~6)
여호와 하나님은 욥에게 어떤 복을 주셨나요?(욥42:10,12~13,16)

● 고린도후서 12장 바울이 연약함을 극복하기 위하여 기도 중 하나님을 만남

대적자들은 자신들이 환상과 계시를 경험했다고 말하며 영적 권위를 높이려 했다. 바울은 오히려 자신의 약한 것들을 자랑한다.(5절) 영적 체험은 다른 사람보다 영적으로 우위에 서라고, 자랑하라고 주시는 것이 결코 아니다. 바울은 육체의 가시가 있었다. 정확히 어떤 것인지는 알 수 없지만 그가 여러 번 낫기를 간구한 것을 보면 꽤 심각한 질병이었던 것은 분명하다.(7-10절) 그는 이 약함으로 인해 오히려 그리스도의 능력 안에 머물 수 있었다고 고백한다.(9절) 바울은 자신을 높이려는 의도는 없었으나 분명히 사역자로서의 자부심은 가지고 있었다.(11-15절) 그는 재물이나 평판이 아닌 진정 영혼(사람)을 얻고자 했다.(16-19절) 바울이 갖는 두려움은 자신의 인기와 명예의 추락이 아니라 고린도 성도들이 과거에 지었던 죄로 되돌아가는 것에 대한 것이었다.(20,21절) 그의 진실한 성도 사랑의 모습을 볼 수 있었다.

✚ 묵상 : 은사를 많이 받은 바울은 하나님께 무엇을 구했나요?(고후12:7~9)
바울은 고린도교회 교인들을 대할 때 무엇이 두렵다고 했나요?(고후12:20~21)

기 도

- 주여! 하나님의 말씀을 받기 위하여 항상 영육간에 정결하게 하옵소서.
- 주여! 세례요한처럼 겸손하게 자신의 위치를 알고, 오실 예수님을 담대히 전하는 주님의 일꾼이 되게 하옵소서.
- 주여! 나에게 치유가 일어나지 않더라도 남의 치유를 위해 기도하게 하옵소서.

3월 14 March 제시

출25 / 요4 / 잠1 / 고후13

● 출애굽기 25장 하나님은 모세에게 임재 장소인 성소를 제시함

구약의 성막과 성전은 예수 그리스도와 신약 교회를 상징했다. 신약성경은 예수 그리스도를 성전이라고 부르며(요 2:21), 교회를 예수 그리스도의 몸이며(엡 1:23), 하나님의 성전이라고 부른다(고전 3:16).

문제는 구약이 성막의 영적 진리를 가르치느냐 아니면 신약의 교훈이 그것을 가르치느냐에 있는 것이 아니고 신약에서 이와 같은 영적 진리를 찾아내느냐 하는 것이다. 모든 사람이 같은 시야를 가진 것은 아니다. 이는 모든 사람이 같은 빛과 경험을 한 것이 아니기 때문이다. 우리 그리스도인의 경험이 깊으면 깊을수록 우리의 시야가 더 깊은 곳에 들어간다. 더 깊은 그림자를 추적하고 살필수록 그 안에서 모세에게 산에서 보여주신 바 그 모형을 주신 하나님께 찬양을 드리게 된다. 그 자세에서 이 같은 상징을 다루기도 한다.

✚ 묵상 : 하나님께서 성소를 지을 때 그 모든 재료를 무엇으로 하라고 하셨나요?(출25:2,8)
하나님께서 법궤 위에 속죄소를 만들라고 하신 이유는 무엇일까요?(출25:17,21~22)

● 요한복음 4장 예수님은 수가성 여자에게 생명의 복음을 제시함

당시 멸시받고 소외된 사마리아 수가 성에서 예수께서 한 여인과 대화함으로써 전도의 기회를 마련한 사건과 헤롯 안디바 궁정 관리의 아들을 고치신 사건을 소개하고 있다. 이는 예수께서 유대인뿐 아니라 사마리아와 이방인들까지 구원의 대상으로 삼으신다는 사실을 보여준다.

✚ 묵상 : 예수님은 사마리아 수가성 여자에게 어떻게 구원의 복음을 전하셨나요?(요4:7~8,13~14,18,23,26)
많은 사람들이 예수님을 믿게 된 것은 무엇 때문이었나요?(요4:39,41,53)

기 도

- 하나님이 임재하시는 예배당을 항상 정결하게 하는 우리가 되게 하옵소서.
- 예수님이 소외당한 여자를 섬세하게 구원하셨던 것처럼 우리도 행하게 하옵소서.
- 솔로몬과 바울이 선민을 걱정하고 권면함을 알아 저희도 늘 깨어있게 하옵소서.

통일 주제 제시 (提示, 글이나 말로 어떤 의사나 근거를 드러내 보이거나 가리킴)

연합 내용 사람은 혼자의 힘으로 살 수 없다. 물론 성도도 마찬가지다. 그러므로 늘 성삼위일체 하나님의 제시하시는 말씀을 기도 중에 듣고 또 주의 종을 통해 제시하시는 길을 가는 것이 바람직한 생활이다.

● 잠언 1장 솔로몬이 백성을 향하여 지혜 와 명철을 제시함

지혜의 글로 불리는 잠언의 첫 부분으로서 잠언을 기록한 목적과 함께 지식의 근본을 밝혀주고 있으며, 지혜로운 삶을 통하여 악을 멀리하고 항상 지혜를 추구하는 삶을 살라는 권면으로 구성되어 있다. 특히 여기서는 우리가 추구해야 할 지식이 하나님과 어떤 관계에 있는지 주목해야 할 것이다. 잠언의 원어 '마샬'은 '비교하다'라는 뜻으로서 진리를 알기 쉽고 오래 기억하도록 비유나 대구법을 통해 간결하게 묘사한 글이나 금언들이다.

✚ 묵상 : 솔로몬은 백성을 향해 악한 자를 따르지 말고 무엇을 어떻게 얻으라고 했나요?(잠1:7)
지혜와 지식과 명철을 얻으려하지 않는 사람은 어떻게 된다고 했나요?(잠1:26~27)

● 고린도후서 13장 바울이 고린도교회 죄에 대해 권징치 않기를 제시함

사도 바울은 고린도를 3차 방문계획에 대하여 그 뜻을 전달하고 나서 이제는 그의 결심을 여기서 전하고 있다. 과거에는 고린도교회를 아끼는 까닭에 제아무리 멸시와 천대를 받았다 하여도 참고 견디었으나 그러나 3차 방문 때에는 그가 어떤 태도로 고린도교회에 임할 것인가 하는 일에 대하여 그의 강한 의지를 여기서 말하고 있는 것이다. 한마디로 회개 한다면 좋으나 그렇지 않다면 용서하지 않고 치리하여 교회 안에서 일체의 악과 불의한 세력을 몰아내고 거룩하고 사랑이 넘치는 은혜가 충만한 새 교회로 고치겠다고 하는 바울의 메시지이다. 또한 13장 13절은 성삼위를 거론한 축도는 고란도 교인에게 그들이 받은 복을 상기시켰을 것이다. 주 예수 그리스도로부터 오는 은혜(참고, 8:9), 하나님으로부터 오는 사랑(11절), 성령을 통한 하나님과의 교재 그리고 서로 간의 교제(참고, 1:22; 5:5) 등의 복을 다시 기억하도록 해주었을 것이다. 예수가 성부 앞에 언급된 것은 그의 희생적 죽음이 하나님 사랑의 궁극적 표현이기 때문이다.

✚ 묵상 : 바울이 고린도교회에 방문하면 주 예수 안에서 무엇을 하겠다고 했나요?(고후13:2,7)
바울은 늘 자신이 전도한 교회들에 대하여 어떤 마음을 갖고 있었나요?(고후13:10)

3월 15 March 이유

출26 / 요5 / 잠2 / 갈1

● 출애굽기 26장 하나님이 모세에게 성막을 만들게 하신 이유

본장은 성막과 그 덮개들과 널판과 띠와, 또 성소와 지성소를 막는 휘장과 성막문 휘장을 어떻게 만들 것인지를 지시하신 말씀이다. '제단은'단순히 '높은 곳'을 의미하거나 들어올리는 것을 의미한다.

제단은 제물과 더불어서 십자가상에서 그리스도의 오묘한 상징이다. "모세가 광야에서 뱀을 든 것 같이 인자도 들려야 하리니 이는 그를 믿는 자마다 영생을 얻게 하려 하심이니라"(요 3:14-15). 제단을 통하여 이스라엘은 들어 올려져 하나님과 친교를 누렸다. 그리스도의 십자가는 야곱이 본 사닥다리와 같이 하늘에 닿은 사닥다리이다. 그것은 하나님의 길이요 하나님께 이르는 길이다.

✚ 묵상 : 하나님이 모세에게 성막의 제작내용을 자세히 말씀하신 이유는 무엇일까요?
하나님이 성막을 제작할 때 가장 신경 쓰신 내용은 무엇일까요?(출26:1,9,17,31)

● 요한복음 5장 예수님이 38년된 중풍병자를 고치신 이유

본장은 공관복음에는 소개되어 있지 않은 내용으로써 예수께서 공생애 기간 동안 두 번째 유월절을 지키기 위해 예루살렘에 올라가서 행하신 이적과 교훈으로 구성하고 있다. 또한 예수께서는 베데스다 연못에서 38년 된 병자를 고치셨는데 이 일로 인해 격렬한 안식일 논쟁이 일어났다. 이에 대해 예수께서는 스스로 하나님과 같은 일을 하심을 주장하시고 그 증거를 제시한다.

✚ 묵상 : 예수님이 고쳐주신 38년된 중풍병자는 무엇 때문에 병에 걸렸었나요?(요5:5,14)
메시야를 기다리던 유대인들이 하나님께로부터 생명과 구원의 능력을 받아 가지고 오신 예수님을 인정하지 않는 가장 큰 이유는 무엇 때문일까요?(요5:30,43)

기 도

- 성막에 기울여진 정성처럼 교회에 대한 우리의 마음도 참되게 하옵소서.
- 예수님을 온전히 영접하여 오래된 문제와 질병을 반드시 해결받게 하옵소서.
- 성경이 전하는 온전한 복음만 듣고 믿고 따르게 하옵소서.

통일 주제 이유 (理由, 어떤 일을 일어나게 하는 까닭이나 근거)

연합 내용 모든 일에는 우연이란 없다. 다 이유가 있다. 왜냐하면 하나님이 하시는 모든 일은 계획적이며 완전한 목적이 있기 때문이다. 그러므로 믿는 자가 하는 모든 일은 주 뜻 안에서 타당한 이유를 갖게 된다.

● 잠언 2장 솔로몬이 백성에게 지혜와 지식을 강조한 이유

본장에서 음란한 여인의 유혹에 빠진 자의 비참한 파멸을 예로 들어 지혜가 인생에 얼마나 선한 영향과 유익한 결과를 가져다주는지를 교훈하고 있다. 그리고 주는 지혜를 살펴보면, '하나님을 바르게 알게 하고, 분별력과 명철을 분별하며, 파멸의 근원인 그릇된 교제를 방지하고, 음행에서 지켜줌으로 바른 삶을 살도록 도와주고 있음을 볼 수 있다.

✚ 묵상 : 지혜와 명철과 지식에 귀를 기울이면 어떤 유익이 있을까요?(잠2:5,9~12,20)
지혜와 명철의 사람은 정직하고 완전한 자가 되어 어디에 존재하게 될까요?(잠2:21)

● 갈라디아서 1장 바울이 갈리디아교회 성도에게 편지를 쓴 이유

바울 서신을 보면 언제나 헬라 문화의 영향을 받고 있는 지역에서 쓰는 서신의 형태를 따라 문안을 하고 인사를 하는 것을 볼 수 있다. 그것이 먼저 발신자, 다음 수신자, 그리고 문안의 내용을 쓰는 것이며 다만 다른 것이 있다면 일반적인 문안이나 인사하는 말에 기독교적 색채를 농후하게 가미하여 사도 바울이 개인적인 서신으로 쓰고 있는 것이 아니라 어디까지나 하나님의 종으로서, 그리고 하나님의 사자로서, 하나님의 사신(message)으로 쓰고 있다는 의식을 강하게 심은 것이다. 이미 우리는 갈라디아서 서론에서 살펴본 대로 갈라디아교회에 율법주의적 거짓교사들이 들어와서 갈라디아교인들의 신앙을 거의 변절시켜 버리고 있어 그에 대한 대책으로 갈라디아서를 썼다는 것을 말하고 있다. 그러므로 사도 바울은 갈라디아서의 서론 가운데서는 다른 일반 바울 서신과는 달리 자신의 사도직의 변호와 아울러 그가 전하고 있는 복음의 순정성을 강하게 풍기려 하고 있음을 본다. 그러므로 바울은 아예 서론부터 그의 의도를 나타내며 그가 갈라디아 교회로 하여금 바른 신앙과 바른 생활을 하게 하려고 마음을 쓰고 있음을 볼 수 있다.

갈라디아서의 발신자는 둘로 되어 있다. 그 하나는 '사도 바울'이고, 또 하나는 '함께한 모든 형제'라고 하였다. 물론 사도 바울이 주된 발신자이며 "함께 있는 모든 형제"라고 함은 바울이 이 서신을 쓸 때에 함께 있던 성도들을 가리킨 것이다.

✚ 묵상 : 바울에게 들려온 갈라디아교회의 가장 큰 잘못은 무엇이었나요?(갈1:6,8,9)
바울은 자신이 전하는 복음이 어디에서 온 것이 아니라고 했나요?(갈1:11~12,19)

3월 16 March 사명

출27 / 요6 / 잠3 / 갈2

● 출애굽기 27장 밤낮 성막의 등불을 보살피는 제사장들의 사명

성막은 이스라엘의 역사에서 중요한 역할을 수행하였다. 그리고 그것은 여러 가지의 상징적인 의미도 가지고 있다. 놋 제단은 한 제단이면서 두 개의 다른 요소로서 "조각목"과 "놋으로"(1-2절) 만들었다. 모세가 산에서 이와 같은 계시를 받지 아니하였더라면 사람은 이와 같은 생각을 하지 못하였을 것이다. 인자와 그리스도처럼 제단도 두 가지 성격을 가져야 한다. 상징은 온전하다.

조각목은 예수의 인간적 동정을 상징하고, 놋은 하나님의 아들로서 강하고 담대한 성품을 상징한다. 이들 두 요소가 한 단에 있다. 이것은 인간의 구원의 요소를 보여준다. 그리스도의 인성은 신성과 그와 같이 밀접하게 관계되는 데서 없어지지 아니한다.

✚ 묵상 : 하나님이 모세에게 제단과 성막 뜰을 어떻게 만들라고 하셨나요?(출27:1~8,9~19)
하나님은 아론과 그의 아들들에게 어떤 사명을 주셨나요?(출27:21)

● 요한복음 6장 생명의 떡으로 오신 구원자 예수님의 사명

예수님은 오병이어의 기적을 통해 그 옛날 광야에서 만나로 백성들을 먹이시던 하나님의 역사를 재현한다.(1-15절) 이어서 어두운 바다를 가로질러 풍랑과 사투를 벌이고 있던 제자들에게 오셔서 평안케 하심으로서 홍해를 가르시고 이집트의 군대로부터 백성들을 지켜 내신 하나님의 역사를 재현한다.(16-21절) 오병이어의 기적을 통해 배부른 경험을 한 군중들은 예수님을 다시 찾아왔는데, 예수님은 당신 자신이 하늘에서 내려온 생명의 떡임을 선포하신다.(22-59절) 예수님은 장차 승천하실 것을 말씀하시면서(62절) "살리는 것은 영이니 육은 무익하다"고 말씀하신다.(63절) 예수님을 통해 육에 속한 것, 곧 정치적 문제, 경제적 문제를 해결하려는 자들이 있는데, 그들을 향해 "믿지 않는 자"라고 선언한다.(64절) 우리는 대세를 좇아 살아가는 자들이 아니라 "영생의 말씀이 주께 있음을 알기에" 예수 그리스도를 좇아 살아가는 자이다.(68절)

✚ 묵상 : 예수님은 유월절 즈음에 어린아이의 보리떡 5개로 몇 명을 먹이셨나요?(요6:10)
오병이어 기적 이후 예수님은 제자들에게 자신이 누구임을 가르치셨나요?(요6:35)

통일 주제 사명 (使命, 맡겨진 임무)

연합 내용 하나님의 섭리를 따라 이 땅에 태어난 선택된 영혼은 반드시 감당해야 할 사명이 있다. 이런 사명자는 자신에게 주어진 일이 어떤 것이든, 또 어떤 고난이 따르든 감사함과 충성됨으로 감당해야 한다.

● 잠언 3장 주를 신뢰하고 인정하여 복된 삶을 살 아들의 사명

본장에서 저자는 '내 아들이라'라는 자상한 호칭을 사용하여 지혜가 주는 정신적 보상과 물질적 축복을 상기 시키고 있다. 반면 이런 복된 결과를 주는 지혜를 저버리는 자가 당하게 될 비극에 대해서도 가르치신다.

✚ 묵상 : 솔로몬은 지혜, 지식, 명철을 추구하는 것에 대해 한 단어로 어떻게 말했나요?(잠3:1)
솔로몬은 참된 지혜와 명철이 무엇을 통해서도 온다고 언급했나요?(잠3:11~13)

● 갈라디아서 2장 유대인과 헬라인에게 복음을 전한 두 사도의 사명

먼저 본서 가운데 1단계인 바울이 사도직과 복음에 대한 변호에서 먼저 바울의 복음의 신적 기원을 살펴본바 있다. 이어서 2단계로서 예루살렘 총회의 바울에 대한 인식에 대하여 살펴보기로 한다.

그런데 지금 살펴보려고 하는 이 본문의 내용은 사도행전 15장에 나오는 예루살렘 총회 때에 상경한 일에 대하여 전하는 것으로 해석된다. 그러므로 총회가 모이기 이전에 바울이 한 번 더 예루살렘에 상경한 일이 있었고(행 11:29, 30; 12:25), 그 일에 대하여 왜 바울이 침묵하고 있는가에 대하여 이런 저런 말이 있음을 본다. 그러나 그 일은 바울과 바나바가 예루살렘교회와 유대에 있는 그리스도인들에게 구제 헌금을 모아 그것을 전달하기 위한 일이였으므로 바울의 사도권이나 그의 전하는 복음의 기원에 대하여는 하등의 관계가 없었던 일이므로 이에 대하여 침묵하고 있는 것으로 풀이된다.

✚ 묵상 : 바울은 갈라디아교회 성도에게 자신의 어떤 점을 강하게 어필했나요?(갈2:2,7~8)
바울이 게바 베드로를 야단친 이유는 무엇 때문일까요?(갈2:11~14)

기 도

- 주여! 우리로 하여금 성전의 기도등불을 끄지 않도록 강한 의지를 주옵소서.
- 주여! 작은 것이라도 정성껏 주님께 드려 주의 나라를 세워가게 하옵소서.
- 주여! 인간적인 자신을 지키기 위해 본을 버리고 비굴해지는 일이 없게 하옵소서.

3월 17 March 단절

출28 / 요7 / 잠4 / 갈3

● **출애굽기 28장** **여호와께 성결하기 위해 거룩한 옷을 입어 속된 것으로부터 단절**

하나님의 지시에 따라서 하나님 앞에서 하나님을 섬기어야 할 사람들의 여러 가지 모습과 더 나아가서 이들이 하나님 앞에서 하나님을 섬길 때에 어떤 옷을 입어야 하는가를 보게 된다.

아론은 하나님의 선택으로 제사장이 되었다. 이것은 하나님의 주권적 사역을 의미한다. 그리고 아론은 하나님과 사람 사이에서 놀라운 사역을 수행하였다. 이것도 하나님의 정하신 절차에 따라서 되어졌다. 이와 같은 것은 모두가 그리스도의 사역의 상징적 의미를 보여준다.

✚ 묵상 : 하나님은 모세에게 제사장을 영화롭고 아름답게 하기 위하여 어떤 옷을 지어 입히라고 하셨나요?(출28:2~3,40)
제사장이 입는 옷에 한 금방울, 한 석류를 돌아가며 단 이유는 무엇일까요?(출28:34~35)

● **요한복음 7장** **사명을 감당하기 위해 때가 이를 때까지 위험으로부터 단절**

예수님의 형제들 역시 예수님을 종교적, 정치적 메시야로 이해하고 있다.(3,4절) 아직 예수님의 때가 이르지 않았기에 하나님 나라의 비밀은 숨겨져 있다.(6,8절) 예수님은 자신의 가르침이 보내신 자의 것이며(16절) 하나님의 뜻을 행하려는 자는 당신의 가르침이 하나님으로부터 온 것인지 판단할 수 있고(17절) 하나님의 가르침을 전하는 자는 하나님의 영광을 추구하기에 그 속에 불의가 없다는 사실을 들어(18절) 당신의 가르침의 출처가 하나님이심을 선언한다. 예수님은 '생수의 강'을 흘러 넘치게 하실 분, 곧 믿는 자에게 성령을 주실 분이다.(37-39절) "내가 주는 물은 그 속에서 영생하도록 솟아나는 샘물이 되리라"(4:14)

✚ 묵상 : 예수님에 대해 유대인들은 죽이려하고 형제들은 믿지 않은 이유가 무엇일까요?(요7:1,5,7)
예수님은 자신을 믿는 자에게 무엇이 배에서 흘러나올 것이라고 하셨나요?(요7:38~39)

통일 주제 단절 (斷絶, 어떤 대상과의 관계나 교류 등을 끊어 버리거나 피함)

연합 내용 하나님의 사람은 소중하게 얻은 구원과 사명을 지키기 위해 날마다 피해야 할 것들을 단절해야 한다. 만약 교만하여 속된 것을 방심하고 방치하다가 받아들이게 되면 어리석은 자가 되어 모든 것을 잃게 된다.

● 잠언 4장 의인의 복된 삶을 살기 위해 악한 마음과 굽은 말로부터 단절

본장은 3장에 이어 저자는 계속해서 지혜의 중요성을 상기시키시면서 지혜자와 악인의 길을 비교하여 지혜가 주는 유익이 어떠한 것인지를 분명히 깨닫게 하고 있다.

특히 2절에서 선한 도리로 연결되지 않는 것은 지혜가 아니다. 모든 교훈의 중요한 핵심으로 이 선한 도리를 가르쳐야 한다.

✚ 묵상 : 솔로몬이 강조한 교육방식은 무엇일까요?(잠4:1,3~4)
솔로몬은 무엇을 지키며 무엇을 버리고 멀리하라고 했나요?(잠4:23~24)

● 갈라디아서 3장 믿음으로 얻은 구원과 성령을 지키기 위해 율법으로부터의 단절

3장은 이신칭의(以信稱義) 교리를 상세하게 논증하고 있다. 율법과 복음을 비교함으로써 믿음으로 의로워지는 진리를 설명했다. 그러나 갈라디아 교인들은 행위를 통해 구원을 얻으려고 시도하고 있었다. 본문은 율법과 복음의 연관관계와 차별성을 논증함으로써 율법주의자나 율법폐기주의자의 주장의 허구성을 밝히고 있다.

지금까지 바울의 사도직과 그의 복음에 대한 변호(1:6-2:21)를 살펴보았다. 일반적으로 이 증언의 내용은 갈라디아서 전체에 대한 서론격이라고 이해한다. 로마서와 똑같은 내용을 갈라디아서에서 전하고 있다고 볼 때에 이러한 해석은 마땅하다고 하겠다. 그러나 갈라디아교회가 바울을 배신하고 바울의 사도직을 불신임하며, 그가 전하는 복음을 거짓복음이라고 혹평하고 있는 실정을 감안한다면 반드시 그렇게 볼 수도 없을 것 같다. 도리어 어떤 면에서는 더 중요하고 더 심각한 본론이라고 할 것이다.

✚ 묵상 : 바울이 갈라디아교회 사람들을 어리석게 본 이유는 무엇 때문일까요?(갈3:2~3)
믿음으로 구원을 얻은 자에게 초등교사 역할을 한 것은 무엇일까요?(갈3:24~25)

기 도

- 주여! 사명을 감당하기 위해 갖추어야 할 것을 온전히 준비하게 하옵소서.
- 주여! 마지막까지 주신 사명을 온전히 감당하기 위해 지혜롭게 하옵소서.
- 주여! 믿음으로 얻은 구원과 사명을 지키기 위해 견고한 마음을 주옵소서.

3월 18 March 위임

출29 / 요8 / 잠5 / 갈4

● 출애굽기 29장 아론과 아들들이 거룩한 제사장의 직분을 위임받음

이곳의 내용은 여러 면에서 우리들의 관심을 끌기에 족하다. 그것은 여러 가지 규례가 나를 섬길 제사장의 직분에 관하여 규정을 하고 있기 때문이다. 언약궤가 어느 곳에 있다는 것은 그곳의 전체가 복을 받는 것을 의미한다. "여호수아가 옷을 찢고 이스라엘 장로들과 함께 여호와의 궤 앞에서 땅에 엎드려"(수 7:6), 이것은 여호수아가 궤에 대하여 어떤 자세를 가졌는가를 보여준다. 이스라엘은 아이 사람들 앞에서 도망을 하였으며 은밀한 죄 때문에 패배를 당하였다.

이것이 여호수아로 하여금 땅에 엎드리게 만들었으며 여호와 앞에서 겸손하고 자복하는 자세를 갖게 만들었다. 은밀한 죄는 하나님을 섬기는 일에서 우리로 하여금 많은 실패를 갖게 한다. 만일 여호수아 같은 자가 그와 같은 실패로 그리스도를 욕되게 하였을 때에 우리도 가끔 그 앞에 엎드리는 자세가 필요하다.

✚ 묵상 : 아론과 그의 아들들이 제사장의 직분을 위임받을 때 무엇을 행했나요?(출29:1,9)
하나님은 회막에서 제사장의 제사를 통해 이스라엘 자손과 무엇을 하셨나요?(출29:42~43)

● 요한복음 8장 예수님이 하나님에게 구원자의 사명을 위임받음

모세의 율법은 우상 숭배와 간음, 살인 등은 사형에 해당하는 죄라고 규정하고 있다. 본장에서는 간음 중에 잡힌 여인에 관한 기사가 언급되고, 바리새인과의 진리 논쟁, 자신의 부활 승천에 관한 예고, 하나님의 자녀와 마귀의 자녀에 대한 비교 등이 언급된다. 예수께서는 자신을 세상의 죄악을 밝히는 진리와 구원의 참 빛이시며, 자신으로 말미암아 구원에 이르게 됨을 가르치셨다.

✚ 묵상 : 예수님은 현장에서 잡힌 간음한 여자를 어떻게 구원하셨나요?(요8:7,11)
예수님은 유대인들과의 논쟁에서 무엇을 강조하셨나요?(요8:23~24,42,58)

통일 주제 위임 (委任, 어떤 일을 다른 사람에게 맡김)

연합 내용 인간에게는 자유의지가 있다. 그 자유의지가 불완전하고 타락한 것이라 할지라도 주님은 사는 동안 그의 의지를 인정하신다. 더나가 예수를 영접하여 양자가 되면 그 자녀에게는 모든 것을 믿고 위임하신다.

● 잠언 5장 다음세대가 자기 자신 및 삶의 돌봄을 위임받음

잠언 5장은 육적인 거룩함을 강조한다. 첫 번째 단락(1-14절)에서는 음녀의 유혹에 대한 경고다. '음녀'로 번역된 '차르'라는 단어는 외간 여자라는 뜻으로 비정상적인 관계 가운데 있는 여인을 뜻한다. 음녀에게로 가는 자는 결국 모든 것을 잃게 될 것이라고 말씀한다. 예전이나 지금이나 실제로 이 말씀대로 되는 것을 흔히 볼 수 있다. 음녀의 유혹을 이길 수 있는 방법은 아내와 영적, 육적 친밀함을 유지하는 것이다.(15-23절)

✚ 묵상 : 솔로몬은 아들에게 무엇을 지키라고 했나요?(잠5:2)
솔로몬은 자신의 삶을 통해 깨달은 것 중 특히 무엇을 강조했나요?(잠5:3,20)

● 갈라디아서 4장 성도가 아빠 아버지에게 아들의 유업을 위임받음

예수님이 오시기 전, 사람들은 율법의 지배 아래 있었으나 예수님이 우리를 율법의 저주에서 속량하셨다.(1-5절) 또한 성령이 임하여 우리는 하나님을 아빠 아버지라 부르게 되었다. 그러므로 율법으로 다시 돌아가 믿음으로 받은 구원을 헛되게 해서는 안 될 것이다.(8-11절) 십자가 복음은 물론 율법도 지켜야 구원받는다고 주장하는 율법주의자의 꾐에 빠져 바울조차 꺼리는 상태가 된(16절) 갈라디아 교회를 위해 바울은 다시 한번 해산의 수고를 한다.(19절) 율법을 따르는 육체의 증거는 구원의 조건이 될 수 없다. 그리스도 안에서 우리는 약속의 자녀들이며, 상속자다.(21-31절)

✚ 묵상 : 바울이 갈라디아교회에 언성을 높일 수 밖에 없었던 이유는 무엇일까요?(갈4:9,21)
바울은 율법과 복음(예수)을 어떤 비유로 명쾌하게 설명했나요?(갈4:22~26)

기 도

- 주여! 내게 주어진 직분을 잘 감당하게 하옵소서.
- 주여! 날마다 근신하여 생활 중 만나는 모든 유혹을 능히 이기게 하옵소서.
- 주여! 미숙했던 때로 다시 돌아가지 않도록 강한 신앙의 의지를 주옵소서.

3월 19 March 구별

출30 / 요9 / 잠6 / 갈5

● 출애굽기 30장 하나님 앞에서 거룩한 것과 속된 것을 구별

향단과 분향 예물에 관한 지침(1-10절)과 속전에 관한 지침(11-16절), 놋 물두멍에 관한 지침(17-21절), 거룩한 관유에 관한 지침(22-33절), 거룩한 향에 관한 지침(34-38절)이다. 제사장은 매일 향단 위에 향의 연기를 피워야 한다.(7,8절) 성소의 향은 하나님께 드려지는 기도의 상징이기도 하다. "나의 기도가 주의 앞에 분향함과 같이 되며 나의 손 드는 것이 저녁 제사같이 되게 하소서"(시141:2) 부자나 가난한 자나 동일하게 드리는 속전은 과거 노예에서 구원하여 주신 은혜를 기억하며 드리는 것으로서, "내 생명이 하나님께 속한 것"이라는 고백이 담겨 있다.(14,15절)

✚ 묵상 : 회막에 있는 성구의 재료와 위치는 오늘 우리에게 어떤 의미를 줄까요?(출30:1,6)
회막에서 사용되는 관유와 향은 어떻게 만들며 어떻게 관리해야 할까요?(출30:32,37)

● 요한복음 9장 예수를 믿는 자와 믿지 않는 자를 구별

유대인들은 질병에 대해 죄의 결과라고 생각했다. 그래서 제자들은 맹인을 보고서 누구의 죄로 인한 것인지를 묻는다.(1-2절) 예수님은 오랜 편견을 거부하시고 하나님의 일을 나타내기 위함이라는 새로운 해석을 하시며 그의 눈을 뜨게 한다.(3-7절) 우리는 고난과 불행, 질병을 통해 오히려 세상을 감동시키고 하나님의 영광을 크게 드러낸 하나님의 손에 붙들린 사람들을 수없이 보아 왔다. 눈을 뜨게 된 맹인은 자신을 고치신 예수님을 전하나 바리새인들은 실제 일어난 사건을 두고서도 끝내 치유자 되시는 예수님을 인정하지 않는다.(8-22절) 그들이야말로 눈 뜬 장님이었다. 맹인이었다가 눈을 뜬 사람은 예수님을 정죄하려는 바리새인들의 모순을 지적한다.(23-34절) 맹인이었던 자는 예수님을 다시 만나 그가 하나님으로부터 온 자임을 시인하였지만 바리새인들은 예수님에게서 영적 맹인이라는 평가와 함께 심판의 선언을 듣는다.(35-41절)

✚ 묵상 : 예수님은 날 때부터 맹인된 사람을 어떻게 치료하셔서 보게 하셨나요?(요9:6~7)
예수님은 맹인과 바리새인이 논쟁할 때 자신을 누구라고 말씀하셨나요?(요9:5,39)

통일 주제 구별 (區別, 어떤 것과 다른 것을 차이에 따라 나눔)

연합 내용 하나님은 부정한 것과 악한 것을 미워하신다. 그러므로 하나님의 은혜로 구원을 받은 선택된 백성은 성별과 구별의 의무를 갖는다. 이를 경히 여기는 자는 구원에서 멀어짐을 알아야 한다.

잠언 6장 법을 지키는 자와 거역하는 자를 구별

본장에서는 계속해서 실제 생활 가운데서 적용할 수 있는 지혜의 사례들이 소개되고 있다. 즉 재정 보증, 게으름, 하나님이 미워하시는 것들, 음행과 관련하여 지혜로운 자의 올바른 처신법을 가르치고 있다.

✚ 묵상 : 솔로몬이 다음세대에게 항상 경계하도록 가르친 내용은 무엇일까요?(잠6:6)
솔로몬은 하나님이 싫어하시는 일곱 가지가 무엇이라고 말했나요?(잠6:17~19)

갈라디아서 5장 율법을 따르는 자와 성령을 따르는 자를 구별

갈라디아서가 짧은 서신이라고 하나 이미 우리가 살펴보고 지나온 대로 그 내용이 깊고 빛나는 복음의 진수인지를 지금까지 살펴보았다. 믿음으로 의를 얻어서 하나님의 자녀가 되었다면 반드시 그에 상응하는 경건한 생활이 뒤따라야 할 것이다. 믿음으로 의를 얻고 방종한다면 그것은 믿음이 잘못되었다는 증거일 것이다.

따라서 작은 로마서라고도 하는 갈라디아서에서도 그리스도인의 행위에 대하여 적지 않은 분량의 말씀으로 이를 증언하고 있는데 여기에 그리스도인의 진정한 자유가 있고, 그 자유를 선용하는 데에 성령의 열매가 풍성하게 맺을 것을 설명하고 있다.

✚ 묵상 : 바울은 거듭 믿는 자가 어디에 빠지는 것을 경계했나요?(갈5:1,4,11)
바울은 성령을 따라 행하라고 했는데 그 성령의 열매는 무엇일까요?(갈5:22~23)

기 도

- 주여! 오래된 질병도 치유되게 하옵소서.
- 주여! 하나님이 미워하시고 싫어하시는 것들을 멀리하게 하옵소서.
- 주여! 저희로 하여금 자기 의에 빠지지 않고 성령의 임재에 거하게 하옵소서.

3월 20 March 판단

출31 / 요10 / 잠7 / 갈6

● 출애굽기 31장 성구를 잘 만들기 위해 명령하신 바를 정확히 판단함

하나님은 어느 때를 불문하고 사람들을 부르시어 자신의 사역을 수행하게 하신다. 이것은 하나님의 사역에서 특이하다. 사람이 원해서 하나님의 사역을 수행하는 것이 아니고 하나님이 부르시어 사람이 일을 수행하게 하신다.

하나님께서는 브살렐과 오홀리압을 주역으로 삼고 지혜로운 자들을 선택하여 그들에게 회막 기물 제작에 필요한 지혜와 능력을 부여하셨다. 하나님의 거룩한 사업은 하나님의 주권적인 개입과 하나님이 주시는 지혜와 능력으로 가능한 것이다.

✚ 묵상 : 여호와 하나님은 브살렐과 오홀리압에게 회막과 그에 속한 모든 것을 만들 수 있도록 무엇을 충만히 부어 주셨나요?(출31:3,6)
여호와가 이스라엘자손에게 반드시 지키라고 한 날은 어떤 날일까요?(출31:13,16)

● 요한복음 10장 예수의 아들 됨을 믿기 위해 그의 한 일을 옳게 판단함

예수님은 양의 문 즉, 구원에 이르는 문이다.(1-10절) 예수님은 양으로 생명을 얻게 하지만 예수님 외에 자신을 구원의 문으로 주장하는 자는 영혼을 죽이고 멸망시킨다. 또한 예수님은 선한 목자다.(11-21절) 선한 목자는 양을 잘 알고 있으며 양을 위해 기꺼이 자신의 목숨을 버린다. 그래서 세례 요한은 예수님을 가리켜 세상 죄를 지고 가는 하나님의 어린 양으로 소개했다.(1:29) 여전히 예수님을 불신하고 있는 유대인들은 정체를 밝힐 것을 요구한다.(22-24절) 예수님은 그들에게 "내 양이 아니므로 믿지 않는다"고 말씀하시며 "만물보다 크신 하나님에게서 그의 양을 빼앗을 자 없으므로 자신에게서 양을 빼앗을 자가 없다"고 선언하신다.(25-30절) 이 말은 예수님과 하나님이 동등하다는 의미다. 신성모독이라며 반발한 유대인들이 돌로 치려 했지만 예수님은 자신이 행한 표적이 곧 자신의 신분을 나타내고 있으니 행한 일을 보고 믿으라고 말씀하신다.(31-39절) 많은 사람들이 예수님의 말씀과 표적을 보고 믿었다.(40-42절)

✚ 묵상 : 예수님은 자신을 양의 선한목자라고 말씀하셨습니다. 선한목자는 어떤 특징을 갖고 있을까요?(요10:3~4,11,14~15)
예수님은 믿지 않고 돌로 치려는 유대인들에게 어떻게 설명했나요?(요10:25~26,37)

통일 주제 판단 (判斷, 일정한 논리나 기준에 따라 사물의 가치와 관계를 결정함)

연합 내용 인간은 하나님의 형상을 따라 지음 받았으므로 지성적인 존재이다. 특히 주님을 영접한 자는 하나님의 형상을 회복함으로 지혜와 명철과 총명을 얻는다. 죄악에서 자신을 지키고 세상에서 사명을 감당하기 위해 끊임없이 상황을 판단하여 자신을 보호할 영적 의무를 갖는다.

● 잠언 7장 젊은이가 미래를 위해 단호하게 성적 유혹을 판단함

6장 후반부에서 음행의 폐해와 위험성을 분명하게 지적한 저자는 본장에서는 어리석고 충동적인 청년이 음녀의 유혹에 빠져 음행에 사로잡히는 모습을 사례로 들어 음녀에게 미혹된 자의 위험성을 실감 있게 교훈하고 있다.

✚ 묵상 : 솔로몬은 지혜와 명철을 어느 정도로 가까이하라고 말했나요?(잠7:4)
솔로몬은 음녀와 이방여인에게 빠지면 어떤 결과가 온다고 말했나요?(잠7:23,26)

● 갈라디아서 6장 형제의 범죄를 보고 자신을 향한 시험과 유혹을 판단함

성도의 교재는 교회 안에서 그리스도인이 해야 할 귀중한 특권이기도 하고 사명이기도 하다. 그것은 믿음이 하나님을 전심으로 사랑하는 데에 있음과 같이 성도의 교재는 자기의 이웃을 자기 몸과 같이 사랑하는 데에 있는 까닭이다. 하나님을 믿는 믿음을 무시하고 친교만 가지려 하는 일은 잘못된 것이지만, 하나님을 믿고 그를 예배하는 일에만 마음을 쓰고 성도의 교재를 무시하는 일 또한 옳은 것이 못된다.

그러므로 현대 교회가 지나치다고 할 정도로 성도들 간에 친교를 도모하고 그 일을 위하여 교회가 최대한의 시간과 경비와 기회를 만들어서 전체 교우들에게 제공하는 일은 참으로 권장할만한 귀한 일이다. 현대 교회의 제자훈련도 이러한 면에서 참으로 바람직한 현상이라 할 수 있다.

✚ 묵상 : 바울은 갈라디아교회에 덕행 중 어떤 그리스도인의 자세를 권면했나요?(갈6:2,5)
바울은 가르침을 받는 자가 말씀을 가르치는 자와 모든 좋은 것을 함께하라고 권면하면서 자신에게는 무엇이 있다고 강조했나요?(갈6:6,17)

기 도

- 주여! 저희에게 하나님의 영을 충만히 부어주사 사명을 잘 감당하게 하옵소서
- 주여! 선한 목자이신 예수님의 음성을 따라 더 풍성한 삶을 살게 하옵소서.
- 주여! 우리 모두가 바울처럼 충성된 그리스도의 흔적을 갖게 하옵소서.

3월 21 March 축복

출32 / 요11 / 잠8 / 엡1

● **출애굽기 32장 우상숭배한 백성을 진멸치 않고 용서하신 축복**

애굽의 압제와 홍해의 물에서 구원하실 뿐 아니라 언약 백성으로 율법을 주신 하나님을 배신하는 매우 추악한 범죄를 이스라엘 백성이 범하고 만다. 실로 금송아지 숭배는 죄악된 인간의 현주소를 말하고 있는 것이다.

또한 이스라엘 백성들의 타락 장면이다. 그들이 우상을 섬기지 말라는 십계명을 받았음에도 불구하고 금으로 송아지 형상의 우상을 세워서 하나님이라고 섬긴 것은 하나님에 대한 참된 지식의 결핍이며, 그들의 마음이 완악해서이다. 하나님께서 시내 산에서 모세에게 나타나 그들로 하여금 지도자 모세를 신뢰할 수 있는 증거를 주셨다.

✚ 묵상 : 아론은 백성의 원성을 듣고 금을 거둔 후 조각칼로 무엇을 만들었나요?(출32:2,4)
모세는 금송아지를 만들어 우상숭배하는 백성을 진멸하려는 하나님의 진노를 돌이키시게 한 후 백성에게 어떤 행동과 명령을 내렸나요?(출32:12,14,20,26)

● **요한복음 11장 병으로 죽은 나사로를 다시 살리신 재생의 축복**

예수님은 "나는 부활이요 생명"이라고 선언하신다.(25절) 예수님이 일으키실 마지막 날의 부활은 육체(부활체)의 부활을 의미한다. 나사로의 부활은 그것을 보여주는 표적이다. 예수님은 부활의 첫 열매이시다. "이 말씀을 하시고 손과 옆구리를 보이시니 제자들이 주를 보고 기뻐하더라"(요20:20) 죄로 인해 사망권세에 매여 있는 인간에 대하여 비통해 하며, 눈물을 흘리신 예수님이지만(33,35절), 예수님은 그저 동정만 하시는 분이 아니라 실제로 이 문제를 극복하셨으며, 우리로 하여금 넉넉히 이기게 하시는 분이다. 대제사장과 바리새인들은 나사로를 살린 예수님을 죽이려고 모의한다. 그러나 "한 사람이 백성을 위하여 죽어서 온 민족이 망하지 않게 되는 것이 유익하다"는(50절) 대제사장의 말은 복음의 진리를 그대로 드러낸다. 예수님을 처형하는데 성공한 그들이지만, 하나님 역시 이 일을 통해 인류구원의 길을 여시는데 성공하셨다. 악인들의 악한 의도가 결코 하나님의 선의를 꺾을 수 없다.

✚ 묵상 : 나사로의 죽음을 접한 예수님은 어떤 반응을 보이셨나요?(요11:11,35)
예수님께서 죽은 나사로를 살리신 것은 어떤 두 가지 목적이 있었나요?(요11:4,42)

통일 주제 축복 (祝福, 하나님이 복을 내림)

연합 내용 하나님이 믿는 자에게 주시는 축복은 다양하다. 일반적으로 예정과 선택의 축복, 용서와 속죄의 축복, 성숙과 풍요의 축복, 치유와 부활의 축복, 양자와 후사의 축복이다. 이런 축복은 놀라운 은혜의 은혜이다.

● 잠언 8장 지혜와 명철을 얻고 행할 때 얻는 놀라운 축복

음녀의 유혹에 넘어가는 어리석은 청년의 사례를 들어 음행의 위험성을 가르친 솔로몬은 본장에서 참된 생명으로 인도하는 지혜의 위대함을 노래하고 있다. 이를 통해 솔로몬은 생명을 얻는 유일한 수단은 지혜를 얻는 것임을 강조하고 있다.

✚ 묵상 : 솔로몬은 지혜와 명철이 어디에 있으며 어떤 자에게 다가온다고 했나요?(잠8:1~3,17)
솔로몬은 하나님이 천지만물을 창조하실 때에 함께 했던 지혜와 명철을 찾고 얻어 그대로 순종하며 사는 자에게는 어떤 복이 있다고 했나요?(잠8:34~35)

● 에베소서 1장 예정하사 그리스도 안에서 아들이 되게 하신 축복

바울은 자신을 그리스도 예수의 사도로 소개하면서 에베소 및 그리스도 안에 있는 신실한 자들에게 하늘에 속한 신령한 복을 소개한다.(1-3절) 하늘에 속한 신령한 복은 하나님이 그리스도를 통해 우리에게 주시는 것으로 우리를 거룩하고 흠이 없게 하시려고 오직 은혜로 우리를 택하셔서 아들 되게 하신 것을 말한다.(3-6절) 이를 위해 그리스도께서 십자가에 달려 보혈을 흘리셨으며 이 구원의 신비를 깨달을 수 있는 지혜와 총명을 우리에게 주셨다.(7-12절) 믿는 자 안에 거하시는 성령님이 우리의 구원을 끝까지 보증한다.(13-14절) 바울은 지혜와 계시의 영을 주셔서 하나님을 알게 하시고 풍성한 영적 지식을 통해 부르심의 소망, 우리가 받을 기업의 영광, 우리에게 베푸신 크신 능력을 알게 하여 주시길 기도한다.(15-19절) 부활 승천하신 그리스도는 교회의 머리가 되시며 그의 몸이 되는 교회를 충만하게 한다.(20-23절)

✚ 묵상 : 바울은 하나님이 예수 그리스도 안에서 에베소교회 성도들에게 어떤 신령한 복을 주셨다고 가르치고 있나요?(엡1:3,5,7,11,13)
바울은 하나님이 우리에게 신령한 복을 주신 이유가 무엇이라고 했나요?(엡1:6,12,14)

기 도

- 주여! 우리가 고난가운데 있고 답답할지라도 우상을 좇지 않게 하옵소서.
- 예수님이 우리의 상황을 보시고 눈물을 흘리실 만큼 사랑받는 자가 되게 하옵소서.
- 하나님께로부터 신령한 축복을 받은 자녀답게 늘 성별하게 살도록 하옵소서.

3월 22 March 자세

출33 / 요12 / 잠9 / 엡2

출애굽기 33장 하나님과 동행하기 위해 옛 생활을 버리는 자세

왜곡된 사람들 중에서 "모세와 같이" 하나님의 부르심을 입은 자들은, "모세와 같이 온유한 사람이"(민 12:3) 되어야 한다. 보배가 귀하더라도 보배가 담긴 그릇은 질그릇이다(고후 4:7). 이 기도에서 하나님을 영화롭게 하는 네 가지의 내용이 나온다.

위대하고 신실한 자의 큰 약속은 크고 놀랍고 중요한 특권이다. 우리의 하나님이 말씀만 하시면 그의 말씀은 신실하고 정확하게 이루어진다. 하나님이 우리에게 지극히 크고 보배로운 약속을 주사 그로 인하여 우리가 그의 신성에 동참자가 되게 하셨다.

✚ 묵상 : 여호와 하나님은 왜 이스라엘 자손과 함께 가지 않으시겠다고 하셨나요?(출33:3,5)
모세가 함께 가실 것을 간절히 구하자 하나님은 무엇을 요구하셨나요?(출33:5,14)

요한복음 12장 예수를 믿은 자들이 모든 것으로 헌신하는 자세

예수님을 위한 잔치가 베다니에서 열렸을 때 마리아는 값비싼 향유를 예수님의 발에 붓고 자신의 머리털로 예수님의 발을 닦는다.(1-3절) 가룟 유다는 마리아의 행위를 비난하지만 예수님은 여인의 행위가 영원히 기억될 것이라고 말씀하신다.(4-8절) 대제사장들이 예수님을 제거하려는 음모를 꾸미는 가운데 나귀를 탄 예수님은 백성들의 환영을 받으며 예루살렘에 입성하신다.(9-18절) 누구도 인류 구원을 위한 하나님의 뜻을 막을 수 없다.(19절) 예수님은 영광을 얻을 때가 왔다고 말씀하신다.(20-26절) 이는 한 알의 썩는 밀알이 될 때가 왔음을 의미한다. 예수님은 십자가의 죽음을 통해 아버지의 영광을 드러내고 많은 사람들을 구원으로 이끌 것이다.(27-33절) 예수님이 비추시는 빛을 믿으면 빛의 아들이 된다.(34-36절) 그러나 많은 표적에도 불구하고 사람들은 믿지 않았다.(37-43절) 이는 완고함과 사람의 영광을 더 중히 여기는 마음 때문이다. 예수님은 믿지 않는 자들을 안타까워하시며 자신을 믿는 것이 곧 하나님을 믿는 것임을 다시 한번 강조한다.(44-50절) 예수님은 하나님 아버지의 말씀을 그대로 전한다.

✚ 묵상 : 예수님은 마리아의 헌신과 가룟 유다의 괘변에 어떻게 말씀하셨나요?(요12:5,7~8)
예수님은 자신을 믿고 따르는 자들에게 어떤 교훈을 말씀하셨나요?(요12:23~24,47)

통일 주제 자세 (姿勢, 사물이나 현상에 대해 가지는 마음가짐이나 태도)

연합 내용 인간에게 습관은 매우 중요하다. 옛 습관은 구원을 얻은 자에게 버려야 할 자세다. 그러므로 예수를 믿고 따르는 모든 자는 악한 자세를 버리고 선한 자세, 즉 헌신과 지혜와 순종의 자세로 살아가야 한다.

● 잠언 9장 지혜를 얻기 위해 거만과 어리석음을 버리는 자세

본장에서는 지혜와 어리석음을 의인화하여 지혜로운 자와 어리석은 자가 각각 잔치를 베풀고 사람들을 초대하는 비유를 통해 지혜를 따르는 자와 어리석음을 선택하는 자의 운명을 분명하게 각인시켜 주고 있다.

✚ 묵상 : 지혜가 끊임없이 어리석은 자와 지혜없는 자를 부르는 이유는 무엇일까요?(잠9:6)
솔로몬은 지혜의 근본이 무엇이며 명철은 무엇이라고 말했나요?(잠9:10)

● 에베소서 2장 은혜로 구원을 받은 자들이 성전 되어가는 자세

본래 우리는 불순종의 아들들 가운데 역사하는 마귀에게 속해 있었으며 하나님의 진노 아래 놓인 자였다.(1-3절) 그러나 긍휼이 풍성하신 하나님이 그리스도와 함께 우리를 살리셨으니 오직 은혜요 선물이다.(4-9절) 은혜로 받은 구원이지만 우리는 선한 일을 위하여 지음 받았다.(10절) 하나님의 은혜와 상관없었던 이방인이 이제는 하나님과 사귐이 있는 관계가 되었다.(11-13절) 하나님과 우리 사이를 막았던 죄의 담을 허문 그리스도의 십자가는 유대인과 이방인의 막힌 담도 허물었다.(14-18절) 이방인을 배척하는 유대교와 달리 바울은 복음 안에서 이방인은 동등한 성도요 하나님의 권속이라고 선언한다.(19절) 교회는 다양한 구성원들이 그리스도를 중심으로 공동체를 이루어 가는 곳이다.(20-22절)

✚ 묵상 : 바울은 이방인이 그리스도인이 되기 전에 어떤 상태라고 말했나요?(엡2:3,11~12)
바울은 예수님과 그리스도인을 무엇으로 비유하여 가르쳤나요?(엡2:20~22)

기 도

- 주여! 저희의 잘못된 자세를 용서하시고 항상 저희와 동행하여 주옵소서.
- 주여! 저희에게 헌신의 마음을 주사 주 예수 그리스도를 온전히 섬기게 하옵소서.
- 주여! 저희가 주의 처소인 성전이 되기 위하여 주 안에서 서로 연결하게 하옵소서.

3월 23 March 부탁

출34 / 요13 / 잠10 / 엡3

● 출애굽기 34장 철저한 우상숭배의 금지와 절기 지킴을 부탁

얼굴이 빛나기를 바라는 사람들은 많이 있다. 그러나 그와 같은 것을 하기 위한 영적 훈련은 원하지 아니한다. 바라는 만큼 힘써서 믿음의 연단의 길을 가야한다. 하나님의 영광을 보는 것은 앉아서 게으름을 피울 때에 되어지는 것이 아니다. 그의 얼굴이 빛난 것은 물론이다.

이 요구는 상한 마음에 기쁨을 갖게 하고, 의에 주린 마음에 하나님의 크신 은혜를 베풀어 주는 기회가 된다. 하나님은 바로 이와 같은 때를 통하여 놀라운 역사를 행하신다. 하나님의 때가 되면 그의 영광을 드러내신다는 것을 인정할 때에 이와 같은 요구를 한다.

✚ 묵상 : 처음과 다르게 두 번째로 십계명을 받을 때는 그 돌을 누가 준비했나요?(출34:1)
여호와께서 이스라엘 자손에게 새로운 언약을 주실 때에 명령하신 두 가지 내용은 무엇일까요?
(출34:14~15,18,22)

● 요한복음 13장 섬김을 통해 서로 사랑하라는 새 계명 지킴을 부탁

예수님은 자기 사람을 끝까지 사랑하신다.(1절) 예수님은 사랑의 권세로 세상을 통치하시는 분임을 제자들의 발을 씻김을 통해서 보여주신다.(3-11절) 섬김의 본을 보이신 예수님은 제자들도 서로의 발을 씻어 주어야 한다고 말씀하신다.(15절) 제자들은 '예수님의 권세를 위임받은 보냄 받은 자'입니다. 이를 알 때 겸손한 종이 될 수 있다.(16절) 예수님은 제자 중 배신자가 나올 것을 예고하십니다. 미리 알게 하심은 제자들이 시험에 들지 않게 하려는 것이다.(19절) 가룟 유다는 결국 만찬장을 먼저 나가게 되는데, 이때 예수님은 '인자가 영광을 받았고, 하나님도 인자로 인하여 영광을 받으셨다'고 하신다.(31절) 예수님은 배신당하고, 또 죄 없이 죽임을 당함으로서 영광을 얻으신다. 제자들이 힘써 지켜야 할 계명이 있다. "서로 사랑하는 것"입니다. "서로 사랑하라 내가 너희를 사랑하는 것 같이 너희도 서로 사랑하라"(34절) 예수님은 끝까지 사랑하셨다.(1절) 새 계명을 지킬 때, 우리는 비로소 그리스도의 제자로서 인정받게 될 것이다.

✚ 묵상 : 예수님이 주와 선생이심에도 제자들의 발을 씻기신 이유는 무엇일까요?(요13:8,20)
예수님이 십자가를 지시기 전에 제자들에게 주신 새 계명은 무엇일까요?(요13:34)

통일 주제 부탁 (付託, 어떤 일을 해 달라고 당부하거나 맡김)

연합 내용 인간은 원죄와 자범죄의 존재다. 늘 타락한 자신과 사단의 유혹 앞에 놓여 있다. 따라서 주님과 영적 지도자의 부탁을 듣고 지켜야 한다.

● 잠언 10장 재물과 장수의 복을 받도록 의인의 언행을 부탁

본장에서부터 총 여섯 개로 구성된 잠언의 두 번째 부분이 시작되는 곳이다. 본장에서 악인과 의인에 대한 한 쌍의 진리들이 전개되는 것을 본다. 이 둘의 뚜렷한 대조가 계속해서 나타난다. 또한 본장에서는 지혜 자체에 대해 강조했던 앞부분과는 달리 반의대구법(反意對句法) 형식으로 의인과 악인을 대조하여 교훈한다. 이중에서도 10장은 의인과 악인의 마음 상태와 행동 그리고 언어 습관 등이 대구를 이루면서 대조된다는 것이 특징이라 할 수 있다.

✚ 묵상 : 솔로몬의 잠언 10장은 의인과 악인의 무엇을 강조하고 있을까요?(잠10:4,6,16)
솔로몬은 여호와 하나님이 어떤 자에게 재물과 장수의 복을 주신다고 했나요?(잠10:3,14,19~22,27)

● 에베소서 3장 예수 사랑의 너비 길이 높이 깊이를 깨닫기를 부탁

바울은 복음을 비밀로 언급하여 자신이 그것을 감당하는 일꾼으로 부름 받았음을 고백한다. 복음에는 하나님의 능력이 나타나며, 전 인류를 진리로 연합시킨다. 그러므로 사도(교회)는 어떤 환경에서도 전도 사역을 최우선으로 해야 한다. 후반부는 성도를 위한 바울의 간구와 찬양인데 그 주제는 믿음에로의 성숙이다. 하나님의 지체는 그리스도의 장성한 분량까지 성장하는 것을 목표로 삼아야 한다.

✚ 묵상 : 바울은 에베소교회의 성도들에게 하나님이 자신에게 어떤 은혜를 주셨다고 말했나요?(엡3:3~4,7~9)
바울이 에베소교회 성도를 위하여 간절히 기도한 내용은 무엇일까요?(엡3:16~19)

기 도

- 주여, 저희로 거짓된 우상숭배를 멀리하고 주의 복된 날을 성수하게 하옵소서.
- 주여, 죄와 허물을 씻어주신 예수그리스도의 뜻을 따라 서로 사랑하게 하옵소서.
- 주여, 저희로 의를 행하게 하사 구원의 은총과 재물과 장수를 누리게 하옵소서.

3월 24 March

성령

출35 / 요14 / 잠11 / 엡4

● 출애굽기 35장 하나님의 영에 감동된 자가 자원하여 드리고 정교하게 만듦

본격적으로 성막 건축을 준비하는 내용이다. 성막 건축에 소용될 각종 재료는 백성들이 자원하여 바쳤고, 성막 건축에 동원되는 일꾼들은 하나님으로부터 지혜와 은사를 받았다. 이처럼 하나님의 거룩한 사역은 인간적인 열심히 이루어지는 것이 아니라 하나님의 후원과 인도하심으로 이루어진다.

✚ 묵상 : 모세가 이스라엘 자손에게 전한 하나님의 명령 두 가지는 무엇일까요?(출35:2,5,10)
하나님의 영으로 감동된 자가 자원하는 마음으로 드리고 지혜로운 능력과 기술로 만든 것은 무엇일까요?(출35:21,29,31)

● 요한복음 14장 보혜사 성령을 받은 자가 주의 일도 하고 보다 더 큰 일도 함

"너희는 내가 가는 곳에 올 수 없다"(13:33), "베드로가 세 번 주를 부인하리라"(13:38)는 예수님의 말씀은 제자들에게 근심과 불안을 가져다주었다. 그러나 그들이 근심하지 말아야 할 이유는 아버지 집에 거할 곳이 많아 거처를 예비하러 가시기 때문이다.(1-4절) 도마가 예수님이 가시는 길을 모른다고 하자 예수님은 내가 곧 길이요, 진리요, 생명이며 아버지께로 가는 유일한 길이라고 선언하신다.(5-6절) 예수님을 알면 아버지도 알게 된다.(7절) 그러자 빌립이 아버지를 보여 달라고 요구하였고 예수님은 당신의 말이 곧 아버지의 말씀이며 지금까지 행하신 표적들은 아버지께서 그의 안에 계신 증거라고 말씀하신다.(8-11절) 제자들은 예수님의 이름으로 큰 일을 행할 것이다.(12-14절) 예수님이 떠나시면 또 다른 보혜사가 오셔서 예수님이 아버지 안에, 제자들이 예수님 안에, 예수님이 제자들 안에 있음을 알게 할 것이며 서로 사랑하라는 새 계명을 지키게 하실 것이다.(15-24절) 성령님이 친히 제자들을 가르치고 인도할 것이며 예수님은 아버지께서 명하신 대로 행하심으로써 평안을 주실 것이다.(25-31절) 이는 십자가의 길을 말씀하시는 것이다.

✚ 묵상 : 예수님은 제자들을 향하여 누구처럼 버려두지 않겠다고 말씀하셨나요?(요14:3,18)
예수님이 제자들에게 약속하신 가장 큰 선물과 위로는 무엇일까요?(요14:16,26)

통일 주제 성령 (聖靈, 성부, 성자와 함께 성삼위의 한 분)

연합 내용 신앙생활은 믿어주는 것이 아니다. 은혜로 믿게 된 것이며 더 큰 믿음으로 나아가게 되는 것이다. 그러므로 연약한 의지보다 성령의 도우심과 역사하심으로 성서적인 신앙생활이 가능한 것이다.

● 잠언 11장 여호와의 신을 경외하는 자가 정직 성실 공의롭게 행동함

본장은 의인과 악인의 삶의 태도에 대해 교훈하고 있다. 특히 여기서는 공동체 속에서 타인과의 관계를 통해 나타나는 삶의 모습을 비교하고 있다. 동시에 이웃에게 의를 행하며 선하게 살라는 교훈을 주고 있다. 또한 이웃에게 의를 베푸는 자가 누릴 상급과 축복에 대해서도 언급함으로써 하나님이 인정하시는 아름다운 삶의 가치를 알게 한다.

✚ 묵상 : 솔로몬은 하나님이 어떤 자를 기뻐하신다고 말했나요?(잠11:1,20)
솔로몬은 어떻게 하는 자가 세상에서 잘 된다고 말했나요?(잠11:3,5,6,11,16,19,24)

● 에베소서 4장 성령으로 하나되어 한 몸으로 세워져가는 새사람을 입음

우리는 성령 안에서 '부르심에 합당한 성품'(겸손,온유,오래참음,용납)의 삶을 살아야 하며(1,2절) 성령의 하나 되게 하심을 지켜 나가야 한다.(3-6절) 또한 승천하신 그리스도의 선물인 직분을 잘 감당하며, 그리스도의 장성한 분량에 이르도록 자라가야 한다.(7-16절) 이방인처럼 살지 말며(17-19절), 의와 진리의 거룩함으로 지음 받은 새로운 신분에 합당한 삶을 살아야 한다.(20-24절) 마지막으로 새로운 신분을 얻은 자의 구체적인 윤리적 지침이 나온다.(25-32절)

✚ 묵상 : 바울은 에베소교회가 성령 안에서 한 몸으로 세워져 가기 위해 반드시 무엇이 필요하다고 말했나요?(엡4:2~4,11~12)
바울은 에베소교회의 성도들에게 마귀에게 틈을 주지 말고 특히 말을 할 때 어떻게 하라고 권면했나요?(엡4:25,27,29)

기 도

- 주여, 성령에 감동된 자가 되어 모든 주의 일을 자원함으로 하게 하옵소서.
- 주여, 성령 안에서 성서적인 인격과 은사를 갖추어 교회를 세우게 하옵소서.

3월 25 March

풍성

출36 / 요15 / 잠12 / 엡5

● 출애굽기 36장 회막과 성소를 위해 자원하여 드린 예물의 풍성함

하나님께서는 마음이 지혜로운 브살렐과 오홀리압과 여러 일꾼들을 부르셔서 성막을 제작하는 은혜를 주시고, 백성들은 가지고 있던 많은 귀중품들을 가져올 때에 넘치므로 모세가 중단을 시키기까지 하였다. 본문에는 성막 본체의 4중 덮개, 성막 본체의 널판, 널판을 연결할 띠, 기둥, 휘장 등 전체적인 기사가 나오고 있다.

36장 이하는 26장 이하의 내용을 다시 반복하는 기분이 든다. 26장 이하의 내용은 성막을 만들라는 하나님의 지시를 기록한 것이고, 이번에는 그것을 하나님의 지시대로 만들었다는 것을 기록한 것이다. 성막 건립에 대해 이처럼 지시와 실행을 기록한 것은 성막 제도가 매우 중요했기 때문일 것이다. 성막 제도는 하나님의 구원 계획인 예수 그리스도를 증거하기 때문에 매우 중요하다.

✚ 묵상 : 여호와가 모세에게 명령한 성소를 만들 때 이스라엘 자손은 성소에 드릴 예물을 얼만큼 가지고 왔나요?(출36:3,5)
모세를 통해 명령한 성소의 모든 것을 만들 때 어떤 사람이 봉사했나요?(출36:1,4)

● 요한복음 15장 포도나무이신 예수에 붙어 맺는 열매의 풍성함

1절의 "나는 참포도나무요"라고 하는 또 하나의 '나는…이다.' 이것은 예수가 자신의 신성을 주장하시면서 선언하신 7번의 'I AM' 진술 가운데 마지막이다(6:35; 8:12; 10:7, 9; 10:11, 14; 11:25; 14:6). 이 선언으로 시작되는 본장은 아마도 예수께서 예루살렘 인근의 포도원을 지나시며 제자들에게 주신 말씀인 듯하다. 예수와 성도 사이의 연합을 강조하는 포도나무 비유와 성도가 하나 되어야 한다는 교훈이 언급된다. 그리고 세상의 미움을 받게 될 때 성도는 상황에 낙심하지 말고 믿음을 잃지 말 것을 권면하고 있다.

✚ 묵상 : 예수님은 자신을 무슨 나무에 비유하셨나요?(요15:1)
가지인 우리가 많은 열매를 맺기 위한 가장 중요한 내용은 무엇일까요?(요15:4~5)

통일 주제 풍성 (豊盛, 넉넉하고 많음)

연합 내용 하나님은 풍성하신 분이시다. 그러므로 하나님을 믿는 자는 그 풍성하심에 거할 수 있다. 그 풍성하심에 거하기를 원하는 자마다 하나님을 향해 자원하는 마음과 주 예수 안에 거하는 생활 그리고 성령충만을 유지하는 구별된 삶을 살아야 한다.

● 잠언 12장 훈계 지혜 성실 참음 진실로 맺는 열매의 풍성함

본장에서는 의로운 자의 삶과 악인의 삶을 대조하면서 의로운 자의 아름다운 삶과 그 입으로 맺는 아름다운 열매를 소개한다. 특히 후반부에는 언어생활의 중요성이 강조 된다.

✚ 묵상 : 솔로몬은 훈계와 징계를 싫어하는 사람을 무엇과 같다고 했나요?(잠12:1)
솔로몬은 함부로 말하는 자를 무엇과 같다고 비유했나요?(잠12:18)

● 에베소서 5장 주의 사랑과 성령의 충만함으로 맺는 열매의 풍성함

본장에서는 새 삶으로 부름 받은 성도의 생활 원리가 보다 구체적으로 언급된다. 성도는 죄악된 일을 버리는 소극적 측면이 아니라 하나님을 닮아가는 성별된 생활을 적극적으로 추구하여야 한다. 이것이 빛의 자녀로서의 삶이라고 규정된다. 또한 22절부터는 부부간의 생활원리를 다루고 있다. 가정은 공동체의 최소 단위이면서도 가장 중요한 것이기에 그 성공 여부는 교회와 사회생활의 성패에까지 영향을 준다.

특히 3절의 "음행…탐욕", 이는 하나님의 거룩하심과 사랑에 절대적으로 대립되는 이런 죄들이 존재한다(참고, 5절). 이런 죄들을 통해 사탄은 자녀들 가운데서 이루어지는 하나님의 신성한 일을 파괴하려고 하며, 하나님의 자녀들은 가능한 한 그분의 형상과 뜻을 멀리 떠나게 하려고 한다. 성경의 다른 많은 부분과 마찬가지로 이 절은 다른 형태의 죄인 성적 죄와 더러움과 탐욕 사이의 밀접한 관계를 보여준다.

✚ 묵상 : 바울은 에베소교회에게 빛의 자녀답게 어떤 열매를 맺으라고 말했나요?(엡5:8~9)
바울은 예수 그리스도와 교회의 관계를 어떤 비유로 설명했나요?(엡5:22~25,28,33)

기 도

- 주여, 하나님의 성전을 지을 때에 자원하는 마음과 풍성한 물질을 주옵소서.
- 주여, 예수 안에서 풍성한 열매를 맺는 참된 제자가 되게 하옵소서.
- 주여, 항상 훈계를 좋아하고 남을 위한 말을 함으로 복의 사람이 되게 하옵소서.

3월 26 March 연결

출37 / 요16 / 잠13 / 엡6

● 출애굽기 37장 성소 등잔대의 꽃받침과 가지들과 줄기가 연결

본장에서는 성막 본체 안 지성소와 성소에 들어갈 각종 성물 제작에 대한 내용을 기술하고 있다. 법궤 1-9절, 떡상 10-16절, 등대 17-24절, 분향단 25-29절의 순서로 제작이 되었다. 25장부터 31장까지에서 성막에 대한 규례는 중요도 순으로 그리고 지성소를 기준으로 안에서 밖으로 진행하는 순서로 주어졌지만, 실제 제작은 먼저 성막 본체 외부를 제작하고 후에 실내에 배치될 내무 기구가 제작되는 순서를 따르고 있다.

성막의 내부에 안치될 성물 제작에 관한 내용들이다. 하나님의 특별한 사명을 부여받은 사람들이 하나님을 위하여 계속 일을 하였다. 그리고 이곳에서 그와 같은 노력의 모습이 보인다.

✚ 묵상 : 왜 하나님은 궤, 속죄소, 상, 등잔대, 제단의 뿔을 순금으로 싸라고 하셨나요?(출37:2,11,24)
하나님이 등잔대의 꽃받침과 가지들을 줄기와 연결시킨 이유는 무엇일까요?(출37:22)

● 요한복음 16장 승천하신 예수와 강림하신 성령이 사역으로 연결

예수님이 그러했듯이 제자들도 박해를 받게 될 것이다.(1,2절) 이에 제자들의 마음에 근심이 가득하다.(6절) 예수님은 박해와 맞서야 하는 제자들에게 성령을 보내시겠다고 약속하신다.(7절) 박해로 인해 예수님에 대한 믿음이 흔들릴 수 있다. 성령님은 오셔서 세상을 책망하실 것이다. 누가 죄인이며, 누가 결국 최후에 심판을 받게 될 것인지를 깨닫게 하실 것이다. 성령님은 제자들을 진리 가운데로 인도하실 것이다.(13절) 제자들의 근심은 오래가지 않을 것이다. 예수님이 보내실 성령님은 또 다른 보혜사이기 때문이다. 지금 제자들 곁에 계시는 예수님의 역할을 성령님이 오셔서 대신하실 것이다. 성령님을 통해 예수님을 다시 보게 될 것이다.(16절) 그리스도인은 환난과 박해를 두려워하지 않는다. 왜냐하면 성령님이 함께 계시며, 또한 예수님이 이미 세상을 이기셨기 때문이다. "너희가 환난을 당하나 담대하라 내가 세상을 이기었노라"(33절)

✚ 묵상 : 예수님은 보혜사 진리의 성령이 오시면 어떤 일을 하신다고 말씀하셨나요?(요16:8,13)
예수님은 자기의 이름으로 구하면 어떤 결과가 온다고 말씀하셨나요?(요16:23~24)

통일 주제 연결 (連結, 어떤 대상을 다른 대상과 서로 이어서 맺음)

연합 내용 세상의 모든 것은 조화를 이루며 함께 존재한다. 이것은 천지만물을 창조하신 하나님의 뜻이다. 악한 영은 인간을 끊임없이 분열시키려고 하지만 삼위일체 하나님은 성도를 늘 하나로 연결하고 연합하신다.

● 잠언 13장 의인의 삶이 형통과, 죄인의 삶이 패망과 연결

본장에서는 지혜로운 자의 또 다른 특징에 대해 교훈하고 있다. 그러나 여기서는 그 결과로 나타나는 물질적인 복과 관련하여 설명함으로 의인의 길에 대한 선택을 강하게 권고하고 있으며, 악인의 반대되는 특징도 함께 지적하고 있다.

✚ 묵상 : 솔로몬은 어떤 자가 재물을 쌓고 누린다고 했나요?(잠13:4,11,22)
솔로몬은 자녀 교육을 어떻게 해야 한다고 했나요?(잠13:24)

● 에베소서 6장 부모와 자녀, 상전과 종, 예수와 성도가 도리로 연결

부모에 대한 순종은 윤리적인 차원을 넘은 영적 차원(주안에서)이며 부모의 자녀 교육 역시 윤리적 차원을 넘은 영적 차원(주의 교훈과 훈계)이다.(1-4절) 종과 주인의 관계 역시 마찬가지다. 종은 육체의 상전에 대해 그리스도께 하듯 순종해야 하며 주인 역시 자신의 실제 주인이 하늘에 있음을 알고 종에 대하여 인격적인 대우를 해야 한다.(5-9절) 성도의 삶은 곧 영적 전투다. 언제라도 투입되면 이길 수 있는 그리스도의 군사로서 늘 준비되어 있어야 하기에 하나님의 전신갑주(=진리, 의, 평안, 믿음, 구원의 확신, 하나님의 말씀)를 입어야 한다.(10-17절) 영적 전투를 위해서는 반드시 기도가 필요하다.(18-20절) 바울은 에베소 성도들과의 영적 교제를 위해 두기고를 보내는 내용을 끝으로 편지를 마무리한다.(21-24절)

✚ 묵상 : 바울은 에베소교회에게 부모와 자녀 사이에 대하여 어떤 도리를 가르쳤나요?(엡6:1~4)
바울은 에베소교회에게 마귀를 물리치기 위하여 무엇을 입으라고 했나요?(엡6:11~17)

기 도

- 주여, 지체 간에 서로 사랑함으로 연결하여 주의 몸된 교회를 세우게 하옵소서.
- 주여, 주 예수의 이름으로 성령 안에서 무시로 기도하여 응답받게 하옵소서.
- 주여, 마귀의 간계를 물리치기 위하여 하나님의 전신갑주를 입게 하옵소서.

3월 27 March 감당

출38 / 요17 / 잠14 / 빌1

● 출애굽기 38장 성막 성소에 제반 기구와 비용을 온전히 자원함으로 감당

번제단(1-7절)과 물두멍(8절)과 성막 뜰(9-20절)이 제작된다. 번제단은 제물을 불태워 하나님께 드리는 제단이고, 물두멍은 제사장들이 성막에 들어가기 전 손과 발을 씻는 기구다. 이 당시 제사장들이나 오늘날의 성도들에게 하나님이 요구하시는 것의 첫 번째는 바로 정결함(거룩함)이다. 성막 뜰은 사방으로 울타리를 침으로서 바깥 공간과 구별하였다. 우리는 하나님의 말씀이라는 울타리를 통해 우리 삶의 영역을 거룩한 영역으로 구별해야 한다.

✚ 묵상 : 하나님이 번제단과 물두멍을 놋으로 만들라고 하신 이유는 무엇일까요?(출38:1~2,8)
성경에 성막과 성소 그리고 제반 기구를 만든 사람들과 사용된 비용을 모두 기록한 이유는 무엇일까요?(출38:21~26)

● 요한복음 17장 맡은 일을 이루신 예수의 소망인 하나됨을 제자들이 감당

17장은 일명 '예수님의 대제사장적 기도'라고 부른다. 예수님은 십자가를 져야 할 때가 온 것을 아시고 하나님의 뜻에 온전히 순종함으로 자신을 보내신 하나님의 뜻을 이루게 해 달라고 기도하신다. 이 내용이 집약된 기도 문구가 바로 "아들을 영화롭게 하사 아들로 아버지를 영화롭게 하게 하옵소서"(1절)이다. 영생은 "유일하신 참 하나님과 그가 보내신 자 예수 그리스도를 아는 것"이다.(3절) 여기서 아는 것은 단순한 지식이 아니라 전인격적으로 그리스도를 사랑하고, 그분과 연합하는 체험적 지식을 의미한다. 대제사장으로서 예수님이 드린 기도는 첫째, '하나 되게 하소서'(9-13절) 둘째, '악한 자에게서 구하소서'(14-16절) 셋째, '거룩하게 하소서'(17-19절) 넷째, '내가 저들도 사랑하였음을 알게 하시고, 믿게 하시고, 하나 되게 하옵소서'(믿음의 다음세대들을 위한 중보, 20-23절) 다섯째, '아버지의 영광을 보게 하소서'(모두를 위한 중보기도, 24-26절)로 이루어져 있다.

✚ 묵상 : 예수님은 하나님께 기도하실 때에 영생에 대해 어떻게 말씀하셨나요?(요17:3)
예수님은 자신의 제자들에 대하여 하나님께 어떤 기도를 드리셨나요?(요17:11,21~22)

통일 주제 **감당 (堪當, 어떤 일이나 사실을 견디어 내거나 받아들임)**

연합 내용 예수를 영접한 성도에게는 특권과 책임이 있다. 자녀의 특권을 누리는 성도는 주께서 맡기신 사명을 감당할 책임도 있는 것이다. 성전에 관한 것, 관계에 관한 것, 축복에 관한 것, 복음에 관한 것 등이다.

● 잠언 14장 여호와를 경외하고 복을 받기 위하여 감정과 수고를 감당

의로운 자와 불의한 자의 개인적 삶과 특성에 대해 가르친 저자는 본장에서 이를 공동체 차원에서 조명하고 있다. 미련한 자와 지혜로운 자가 국가와 사회에 어떤 영향을 미치는지를 보여주며, 동시에 국가의 운명은 사회 구성원이 어떤 존재인가에 따라 좌우됨을 교훈하고 있다.

✚ 묵상 : 솔로몬은 여호와를 경외하는 증거로 무엇을 제시했나요?(잠14:2,26~27,31)
솔로몬은 인간에게 있어서 특별히 어떤 성품을 주의하라고 말했나요?(잠14:17,29)

● 빌립보서 1장 바울과 빌립보교회가 복음을 위하여 협력과 고난을 감당

그리스도 예수의 헌신된 종인 바울과 디모데는, 예수를 따르는 빌립보의 모든 이들과 목회자와 사역자들에게 이 편지를 쓴다. 우리는 하나님 우리 아버지와 우리 주 예수 그리스도께서 주시는 은혜와 평화로 문안한다.

오늘날 우리가 편지를 쓴다면 우리 이름을 제일 나중에 쓰는데 바울 당시에는 보내는 사람의 이름을 제일 먼저 썼다. "그리스도 예수의 종 바울", 유대인 이름인 사울 대신에 헬라식 이름인 바울을 쓴 것은 그 당시의 문화가 헬라문화였기에 바울이라는 이름을 사용할 경우 이해력과 호소력이 더욱 있었을 것이다.

✚ 묵상 : 바울은 빌립보 성도, 감독들, 집사들에게 무엇이 기쁘다고 말했나요?(빌1:4~5,18)
바울은 빌립보 성도, 감독들, 집사들에게 무엇을 권면했나요?(빌1:27~29)

기 도

- 주여, 주의 일을 위해 사용되는 모든 비용을 감사함으로 드리게 하옵소서.
- 주여, 교회의 지체인 모든 성도들이 한 마음 한 뜻으로 하나가 되게 하옵소서.
- 주여, 복음을 위하여 고난과 죽음을 초월했던 바울을 늘 따라가게 하옵소서.

3월 28 March 성결

출39 / 요18 / 잠15 / 빌2

● 출애굽기 39장 아론과 아들들 제사장의 거룩한 직분과 성결

본장의 전반부 1-31절은 먼저 성막 제도와 연결시켜 28장에서 주신 제사장 복식에 대한 규례가 하나님의 지시대로 함께 제작 완료하였음을 기록하고 있다. 제사장 복식의 규례 중 일반 제사장의 복식은 대제사장 복식의 일부분만을 취하여 구성한 것이므로 그 제작에 대한 기사다 대제사장 복식을 중심으로 전개되고 있다. 후반부 32-43절은 제사장 복식과 아울러 모든 성막 제도의 제작이 종결되었음을 그 세부 품목의 열거와 함께 기록하고 있다.

앞에서 나온 대로 성막에 관한 모든 것들이 준비된 다음에 성막에서 봉사할 때 대제사장이 착용할 복장이 만들어지고 성막이 완성되었다.

✚ 묵상 : 여호와께서 아론과 제사장이 성소에서 섬길 때 입을 옷을 정교하고 화려하게 만들도록 하신 이유는 무엇일까요?(출39:1,3,6~7,41)
성막의 모든 역사를 마쳤을 때 모세는 어떤 두 가지 일을 했나요?(출39:33,43)

● 요한복음 18장 빌라도의 심문 후 무죄선언과 예수의 성결

예수님이 체포되었다. 본격적으로 십자가를 향해 가신다. 이는 아버지께서 주신 잔이다.(11절) 예수님이 이 땅에 오신 이유다. 베드로는 예수님의 제자임을 부인하고(25-27절), 예수님은 대제사장과 빌라도에게서 심문받는 것을 부인(거절)한다.(19-24절, 28-38절) 즉, 자기변호를 하지 않으신다. 빌라도는 예수님의 무죄를 확인했지만 무죄로 그냥 풀어주는 것에 대한 부담도 상당해서 유월절에 죄인 하나를 풀어주는 관례를 이용해서 예수님을 놓아주려 한다. 그러나 이마저도 여론의 강력한 반대에 부딪힌다.(38-40절)

✚ 묵상 : 예수님이 잡히시던 날 밤에 베드로는 어떤 상반된 행동을 했나요?(요18:10,17,25~27)
빌라도는 예수님을 재판한 후 어떤 결론을 내렸나요?(요18:38~40)

통일 주제 성결 (聖潔, 천박하고 속된 것이 없이 거룩하고 깨끗함)

연합 내용 하나님은 죄로 인하여 죽게 된 영혼들에게 예수 그리스도를 보내주심으로 구원하셨다. 구원받고 거듭난 성도들은 늘 성결한 삶을 살아야 한다. 성결한 언행일치의 삶과 빛된 직분감당의 삶을 살아야 한다.

● 잠언 15장 대답 말 혀 입술을 다스리는 의인의 성결

본장은 의로운 자와 불의한 자의 언어생활을 반의대구법 형식으로 소개하고 있다. 본장에서 저자는 독자들을 향해 하나님이 인정하시는 삶이 무엇인지 생각할 수 있는 여지를 마련해 주고 있다. 또한 비록 가난한 가정이라 할지라도 사랑으로 충만한 환경이라면 초라한 음식도 진수성찬이 되는 것이다.

✚ 묵상 : 솔로몬은 지혜와 지식, 명철과 총명, 훈계와 견책이 의인의 무엇을 통하여 나온다고 말했나요?(잠15:2,4,7,12,14,23,26,28,32)
솔로몬은 가정의 진정한 평안이 어디에 있다고 말했나요?(잠15:16~17,22)

● 빌립보서 2장 예수의 마음을 닮은 빌립보성도의 흠없는 삶의 성결

칼빈은 여기서 삼위일체를 설명한다. 즉 하나님의 형상(The form of God)은 하나님의 위엄(his majesty)을 의미한다고 해석한다. 또한 그리스도는 하나님과 동등하다고 해석한다. 그는 "하나님과 동등 됨을 취할 것으로 여기지 아니하시고"(6절)라는 말씀은 그리스도는 영원한 신성을 가지고 계신 분이시며, 또한 그의 낮아지심은 자발적인 것이요 필연적이 아님을 말하는 것이라고 한다.

✚ 묵상 : 바울은 빌립보 성도들에게 예수 그리스도를 어떻게 설명했나요?(빌2:5~8)
바울이 복음전파와 선교사역을 하면서 신뢰했던 대표적인 두 사람과 그 이유는 무엇일까요?(빌2:19~20,25~28)

기 도

- 주여, 저희가 예수님을 따를 때 어떠한 상황에서도 일관되게 하옵소서.
- 주여, 저희가 교회생활과 사회생활을 할 때 말과 행동이 의롭게 하옵소서.
- 주여, 목회자와 성도가 늘 주 안에서 서로 신뢰하는 관계가 되게 하옵소서.

3월 29 March 달성

출40 / 요19 / 잠16 / 빌3

● 출애굽기 40장 하나님이 명령하신 성막제작의 모든 작업을 달성

출애굽기 40장의 내용은 모세가 여호와의 성막을 세웠다는 사실과 하나님의 영광이 그 성막에 가득했다는 사실 등에 관한 것이다. 그리고 완성된 성막을 하나님께 봉헌하고 하나님으로부터 최종적으로 인정받는 내용이다.

성막이 드디어 낙성되어 봉헌식을 거행하게 되었다. 1-16절은 봉헌식의 규례를 하나님께서 모세에게 주시는 장면이다. 하나님께서 거하실 처소의 상징인 성막의 여러 규례를 인간의 설계에 맡기지 않으시고 오직 당신의 뜻대로 계시하셨던 것처럼, 그 마지막 봉헌식의 절차도 하나님께서 직접 규정하셨다. 이는 하나님의 임재와 사역은 전적으로 하나님의 주권과 의지로만 계획되고 진행이 되는 것임을 보여주고 있다. 17-32절은 모세가 하나님께서 주신 규례대로 지은 성막에 여러 부분을 제 위치로 배치하여 낙성하고, 봉헌식을 실행한 내용이다. 그리고 그 증거로 불과 구름의 형상으로 하나님의 영광이 나타나셨다.

✚ 묵상 : 하나님의 일을 할 때 가장 중요한 자세는 무엇일까요?(출40:19,21,23,25,27,29,32)
성막에 하나님의 임재는 언제 충만했나요?(출40:33~35)

● 요한복음 19장 하나님이 주신 대속의 사명을 십자가 위에서 달성

죄 없는 예수님을 처형하는 것에 대해 부담을 갖게 된 빌라도는 예수님을 채찍질한 후 풀어 주려고 했다. 그러나 자신의 정치적 입지가 흔들리게 될 것을 고려하여 결국 사형판결을 내리게 된다.(16절) 예수님은 예정된 길을 가고 있다. 유일하게 남아 있던 제자 요한에게 어머니를 부탁한 예수님은 인류 구원의 대업을 이루면서도 완전한 사람으로서의 최고의 도리("네 부모를 공경하라")를 다했다. 예수님은 결국 십자가에서 죽으셨다. 당신의 죽음으로 마침내 죽음을 정복했다.

✚ 묵상 : 유대인들의 고발로 인하여 재판에 넘겨진 예수님은 빌라도와의 재판 과정에서 어떤 말씀과 자세를 보이셨나요?(요19:9~11)
예수님이 십자가에서 운명하시기 전에 하신 세 말씀은 무엇일까요?(요19:26~27,28,30)

통일 주제 달성 (達成, 뜻한 바를 이루어 목적에 다다름)

연합 내용 하나님은 인생에게 목적을 두고 행하신다. 그러므로 성도는 경건생활을 통해 그 목적을 발견하고 선한 목표를 정한 후 달성하기 위하여 날마다 주 안에서 경주해야 한다.

● 잠언 16장 응답 감찰 인도 작정하시는 하나님의 뜻과 기준을 달성

본장에서는 삶을 좌우하고 결정하는 모든 것이 하나님의 절대 주권에 달려 있음을 교훈하고 있다. 그래서 저자는 이런 절대 주권자이신 하나님께 모든 삶을 맡기도록 권면하고 있다.

✚ 묵상 : 솔로몬은 인간이 삶 속에서 항상 무엇을 해야 한다고 말했나요?(잠16:3,6~7,19,24,32)
솔로몬은 하나님이 인간을 향해 무엇을 하신다고 말했나요?(잠16:1,2,9,33)

● 빌립보서 3장 가장 고상한 예수 그리스도의 사명을 달려감으로 달성

바울은 3장에서 한 번 더 권면하고 있다. 육체적인 조건으로 의롭게 되지 않고 오직 그리스도를 믿음으로 말미암아 의롭게 됨을 강조한다. 바울 자신은 '그리스도를 믿음으로 말미암아 얻는 의'를 위해 육체의 자랑을 잃어버리고 배설물로 여긴다고 했다. 그리고 우리에게 자신을 본받으라고 말하고 있다. 그러므로 그 의로써 우리는 그리스도와 함께 영광의 몸으로 부활하여 하늘의 시민권을 얻게 된다.

✚ 묵상 : 사도 바울이 예수를 영접한 후 가장 소중하게 여겼던 것은 무엇일까요?(빌3:8)
예수의 일꾼이 된 사도 바울의 인생의 목표는 무엇이었나요?(빌3:11~14)

기 도

- 주여, 우리로 하여금 늘 주님의 뜻과 말씀에 순종하게 하옵소서.
- 주여, 우리로 하여금 마지막까지 변하지 않는 신앙을 갖게 하옵소서.
- 주여, 우리로 하여금 성도의 도리와 목표를 끝까지 실천하게 하옵소서.

3월 30 March 오름

레1 / 요20 / 잠17 / 빌4

● 레위기 1장 가축의 번제가 여호와께 향기로운 냄새로 오름

성막을 완성한 후 여호와께서는 회막에서 모세를 부르시고 그에게 제사 의식의 세부 사항에 대해 규정해 주셨다. 1장은 그중에서도 번제에 관한 규례이다. 특별히 여기서는 제사를 드리는 백성의 관점에서 제사 규정들을 제시하였다. 그러므로 본장은 하나님 앞에서 지켜야 할 이스라엘 전체의 종교적 실천에 대한 서론이라 할 수 있다.

특히 본장은 이스라엘 백성들이 성막에서 드려야 할 제사에 관해 언급함으로써 성막의 완성으로 끝을 맺은 출애굽기와 자연스럽게 연결되고 있다. 그리고 본장에서는 여러 제사 중에 가장 중심이 되는 번제에 관한 규례를 다루고 있다. 번제는 제물을 잡아 그 피를 단 사면에 뿌리고 나머지는 전부 단 위에서 불살라야 했다. 희생 제물을 불에 태워 드리는 번제는 하나님께 그 냄새를 피워 올리는 제사였기 때문이다.

✚ 묵상 : 여호와께서 회막에서 제사를 드릴 때 어떤 제물로 드리라고 했나요?(레1:1~2)
여호와께 드리는 번제는 어떻게 진행해야 될까요?(레1:4~6,9,12~13)

● 요한복음 20장 부활의 주님이 성령을 주시고 하나님께로 오름

막달라 마리아, 그리고 베드로와 요한이 차례로 예수님의 빈 무덤을 발견하게 된다.(1-10절) 그러나 아직까지 부활에 대해 완전히 깨닫지는 못한다.(9절) 드디어 무덤 밖에서 울던 막달라 마리아에게 부활하신 예수님이 나타나셨고, 이어서 제자들에게도 나타나셨다. 그들은 역사적인 부활의 증인이 되었다. 부활을 의심했던 도마는 누구보다도 확실한 신앙고백을 드린다. "나의 주님이시요 나의 하나님이시니이다"(28절) 요한은 예수님이 하나님의 아들 그리스도이심을 믿게 하고, 그의 이름을 힘입어 생명을 얻게 하기 위해 이 글을 썼다.(31절)

✚ 묵상 : 예수님의 부활을 생생하게 목격한 사람은 누구일까요?(요20:11~18)
부활의 예수님이 두려워 떨고 있는 제자들에게 나타나셔서 주신 최고의 선물 두 가지는 무엇일까요?(요20:19,21~22,26)

통일 주제 오름 (미숙한 곳에서 성숙한 곳으로, 땅에서 하늘로 올라감)

연합 내용 성경은 일반적으로 하늘을 선하고 온전한 것으로 말하고 땅을 악하고 거짓된 것으로 말한다. 그러기에 예수님과 참된 성도는 죄악된 땅에 살면서 끊임없이 연단받고 사역하여 영원한 하늘나라를 소유한다.

● 잠언 17장 주를 향한 자가 연단과 참음을 통해 지혜에 오름

본장에서는 대인관계에서 중요한 요소인 화목과 정직에 대하여 권면하고 있다. 저자는 지혜로운 자는 정직과 화목을 위해 애쓰는 반면 어리석은 자는 반목과 질서로 분란을 일으키는 특성이 있음을 반의대구법형식으로 교훈하고 있다.

✚ 묵상 : 솔로몬은 여호와께서 인간의 무엇을 연단하신다고 말했나요?(잠17:3)
솔로몬은 미련한 자가 얻게 될 결과를 어떻게 말했나요?(잠17:12,16,21)

● 빌립보서 4장 주 안에서 자족함을 배움으로 모든 것을 행할 능력에 오름

바울은 빌립보 성도들이 주의 말씀 안에 굳게 서기를 권하고 복음의 일꾼이지만 서로 반목하고 있는 두 여인에게 같은 마음을 품을 것과 또한 성도들이 그녀들을 힘껏 도와 관용을 나타냄으로써 교회 안에 하나님의 평강이 회복되기를 원하고 있다.(1-5절) 또한 바울은 염려 대신 감사의 마음으로 간구하면 하나님의 평강이 마음과 생각을 지켜 주신다고 말하며 기도생활에 대해서도 권한다.(6-7절) 바울은 그리스도인의 신앙 덕목으로 참됨, 경건함, 의, 정결, 사랑받음, 칭찬(=좋은 평판), 덕(=윤리)과 기림(=하나님과 사람으로부터 칭찬받음)등 8가지를 강조하며 자신이 보여준 모범을 따르라고 말한다.(8-9절) 그는 그에게 능력주시는 예수 그리스도 안에서 어떤 환경에서도 자족하는 일체의 비결을 배웠다.(11-13절) 바울의 전도 사역에 적극 동참한 빌립보 교회에 하나님이 더욱 풍성함으로 채워 주시길 기원하며 문안인사와 함께 글을 마친다.(14-23절)

✚ 묵상 : 바울이 빌립보 성도에게 마지막으로 강조한 것은 무엇일까요?(빌4:4~6)
바울은 복음을 전하면서 주 안에서 무엇을 배웠다고 했나요?(빌4:11~13)

기 도

• 주여, 우리로 하여금 온전한 제사, 거룩한 예배를 드리게 하옵소서.
• 주여, 우리에게 성령을 통하여 부활신앙을 주사 흔들리지 않게 하옵소서.
• 주여, 우리로 하여금 어떤 상황 속에서도 기쁨을 잃지 않게 하옵소서.

3월 31 March 화목

레2-3 / 요21 / 잠18 / 골1

● 레위기 2-3장 소제와 화목제를 드림으로 하나님과 화목

유일한 곡식제사인 소제는 비둘기 번제마저 드리기 어려운 가난한 자들이 드렸던 제사다. 소제에서 중요한 것은 넣을 것과 넣지 말아야 할 것의 구별이다. 언약의 불변성과 하나님의 신실하심을 상징하는 소금은 반드시 넣어야 하며, 부패와 변질을 상징하는 누룩과 꿀은 넣지 말아야 한다. (2장) : 화목제는 하나님과 화목하고, 공동체의 화목이 있을 때 감사함으로 드리는 제사다. 화목제는 하나님께 일부만 드리고, 남은 고기는 사람들과 나누어 먹는다. 우리는 예수 그리스도의 보혈의 공로로 인하여 하나님과 화평하게 되었다. 그러므로 우리는 공동체의 화목을 위해 힘써야 한다.(3장)

✚ 묵상 : 곡식으로 드리는 소제에 반드시 넣지 말아야 할 것과 넣을 것은 무엇일까요?(레2:11,13)
동물로 드리는 화목제의 제물은 어떤 동물들일까요?(레3:1,6,12)

● 요한복음 21장 예수님의 찾아오심과 질문으로 제자와 화목

예수께서 하나님의 아들이심을 믿고 생명을 얻게 하려고 저술된 본서는 사실상 20장 31절에서 결말을 맺었다. 본장은 일종의 후기(後記)로서 다음 두 가지 목적에서 첨가된 것 같다. 첫째, 실추되었건 베드로의 권위 회복 경위를 밝히고(15-19절), 둘째는 사도 요한이 예수의 재림시까지 죽지 않을 것이라는 초대 교회 내의 헛소문을 교정하기 위함(20-23절)이다. 한편 본장은사복음서 중 오직 본서만의 단독 기사이다.

✚ 묵상 : 베드로, 도마, 나다나엘, 세베대의 아들들, 다른 제자 둘이 함께 물고기 잡으러 나가 153마리를 잡았을 때 누가 함께하셨나요?(요21:2~6,11~12)
예수님께서 시몬 베드로에게 세 번 질문하신 내용은 무엇일까요?(요21:15~17)

통일 주제 화목 (和睦, 서로 뜻이 맞아 바른 관계로 정다움)

연합 내용 사람은 하나님의 조화 속에 창조되었다. 하나님과 조화를 이루고, 사람과 조화를 이루는 화목의 존재였다. 하지만 죄로 인하여 부조화를 이룬 인생은 제사와 예배, 예수 그리스도의 속량으로 하나님과 화목케 되었다.

● 잠언 18장 관계의 소중함을 알고 바른 말을 함으로 화목

본장은 사회생활에서 추구해애 할 덕목 중 하나인 화목한 삶에 대해 가르치고 있다. 저자는 올바른 인간관계를 유지하기 위한 지혜로운 행동, 즉 친구와의 우정이나 친절을 권면하면서 이기주의나 분파주의를 경계하도록 교훈하고 있다.

✚ 묵상 : 솔로몬은 인간관계의 소중함을 어떻게 설명했나요?(잠18:1~2,8,19)
솔로몬은 질병의 원인과 치료가 무엇에 달려 있다고 했나요?(잠18:14)

● 골로새서 1장 예수와 바울의 고난으로 골로새성도가 하나님과 화목

사도 바울은 그의 동역자 디모데와 함께 골로새 성도들에게 문안 인사를 전하면서 골로새교회의 믿음과 소망과 사랑의 소문을 듣고, 또 온 천하에서도 열매를 맺어 자라고 있음에 대해 감사한다. 바울은 골로새 교인들이 신령한 지혜와 총명으로 하나님의 뜻을 알고 주께 합당하게, 기쁨으로 견딤과 참음에 이르고 성도의 기업에 참여하게 되기를 기도한다. 그리고 그리스도께서 우리 성도에게 행하신 일들을 명하고 있다. 그리스도의 십자가로 화평을 얻어 만물이 화목하게 되어 거룩하고 흠 없고 책망할 것 없는 자로 하나님 앞에 서게 되었음을 가르친다. 그리고 영광의 소망이신 그리스도에 대해 간증한다.

✚ 묵상 : 에바브라는 바울에게 골로새 성도들의 어떤 모습을 전해 주었나요?(골1:4~5)
바울은 예수 그리스도가 골로새 성도들을 위하여 어떤 사역을 하셨다고 증언하고 있나요?(골1:13~14,21~22)

기 도

- 주여, 우리가 하나님께 예배로 나아갈 때에 온전한 규율을 지키게 하옵소서.
- 주여, 우리가 예수 그리스도와 함께 할 때 많은 것을 얻음을 믿게 하옵소서.
- 주여, 흠없고 책망할 것이 없는 자가 되게 하신 은혜를 늘 감사하게 하옵소서.